半岛生态与社会文化发展研究

Research on Ecological and Social Culture Development of Shandong Peninsula

姚中杰 主编

图书在版编目（CIP）数据

半岛生态与社会文化发展研究/姚中杰主编．—北京：经济管理出版社，2014.4

ISBN 978-7-5096-3007-5

Ⅰ.①半…　Ⅱ.①姚…　Ⅲ.①生态环境建设—研究—山东半岛 ②社会发展—研究—山东半岛　Ⅳ.①X321.252 ②D675.2

中国版本图书馆 CIP 数据核字（2014）第 052511 号

组稿编辑：申桂萍
责任编辑：申桂萍　胡　茜
责任印制：黄章平
责任校对：张　青

出版发行：经济管理出版社
（北京市海淀区北蜂窝 8 号中雅大厦 A 座 11 层　100038）
网　　址：www.E-mp.com.cn
电　　话：（010）51915602
印　　刷：北京京华虎彩印刷有限公司
经　　销：新华书店
开　　本：720mm×1000mm/16
印　　张：16.5
字　　数：288 千字
版　　次：2014 年 4 月第 1 版　2014 年 4 月第 1 次印刷
书　　号：ISBN 978-7-5096-3007-5
定　　价：58.00 元

山东省社会科学规划重点研究基地

——半岛经济研究基地成果汇编（第五辑）

半岛生态与社会文化发展研究

主　编　姚中杰

副主编　梁启华　蔡岩兵　马然富　李建伟

编　委（以姓氏笔画为序）

马然富　马　宇　王广成　王发明　刘　冰

刘传庚　李中东　李建伟　范　辉　姚中杰

梁启华　蔡岩兵

前 言

编辑山东省半岛经济研究基地研究成果，已成为山东工商学院半岛经济研究院的一项重要任务，这不仅便于山东省半岛经济研究基地上级批复部门检阅，更是展示基地依托单位研究特色和实力的窗口，还是及时将成果转化为政府决策和现实生产力的需要。而这都离不开基地依托单位长期的研究积累和扎实过硬的研究实力。

作为一所财经类高等院校，山东工商学院的科研、教学一向关注对地方经济、区域发展的研究探讨。建校近三十年来，广大教师、学者、科研人员紧紧围绕山东省特别是胶东半岛区域有关市县经济、社会发展，先后开展了胶东制造业基地建设、区域资源与生态保护、半岛城市群建设、生态省建设、经济文化强省建设、低碳经济发展、山东半岛蓝色经济区建设、人口老龄化与社会发展、胶东文化与产业发展等多方面的研究，彰显了学校服务地方经济社会发展的科研目标、研究特色和整体优势。据不完全统计，自1988年以来，学校承担涉及山东地方经济社会发展的基金项目近100项，承担相关纵、横向研究课题300余项，出版相关专著30余部，发表论文2000余篇，获得各级各类奖励80余项。其中，《山东生态省建设进程监测评价体系研究》、《山东区域创新能力综合评价和比较分析》、《烟台城市竞争力与山东其他区域中心城市的比较与分析》、《烟台地区战略性产业选择研究》、《烟台北部沿海产业带发展规划》等一批研究课题得到省、市领导的批示，并引起有关决策部门的重视，为政府决策起到了重要的参考作用。

基于半岛经济研究上的特色和优势，2006年11月，山东省社科规划办公室发文（鲁社规字［2006］10号），决定建立山东省半岛经济研究基地，挂靠山东工商学院。山东工商学院半岛经济研究院作为基地的工作协调和专职研究机构，对近年来全校涉及半岛区域经济社会发展的研究成果进行了系统梳理。此前，已编辑出版了《半岛经济社会与文化强省研究》（第一辑）、《半岛论坛学术报告》（第二辑）、《半岛蓝色经济区建设研究》（第三辑）三部研究成果，本次出版的《半岛产业结构调整与管理创新研究》（第四辑）、《半岛生态与社会文化发展研究》（第五辑），正是前三辑山东省半岛经济研究基地研究成果的延续，是基地依托单位专兼职科研人员自 2010～2013 年上半年发表的最新研究成果，也包括部分尚未发表的文章。在此，向本书的文章作者表示感谢！

由于时间仓促，编者水平有限，成果收集肯定会有所遗漏，编辑的成果也可能存在很多问题和缺憾，在此表示真诚的歉意！

编　者

2013 年 10 月 18 日

山东省社会科学规划重点研究基地

——半岛经济研究基地简介

基地概况

山东工商学院是一所以经济、管理学科为主，经、管、文、法、理、工多学科协调发展的高等学校。建校近三十年来，学校一贯紧跟省委、省政府关于大力发展半岛经济的战略部署，全面服务地方经济社会发展，突出半岛经济研究特色。2006 年 11 月，山东省社科规划办公室发文（鲁社规字［2006］10 号），决定建立“山东省半岛经济研究基地”，挂靠山东工商学院。成功申报省级研究基地标志着我校“以半岛经济研究见优”的研究特色步入了山东省在该研究领域的“学术高地”。在此基础上，2007 年 4 月，学校党委研究决定成立半岛经济研究院（独立建制），负责组织、协调、整合校内外研究力量并牵头开展科研攻关。半岛经济研究院是以山东半岛区域和产业经济发展为研究对象的、开放式的专职研究机构，是我校服务地方经济社会发展的重要对接平台之一，现有科研及工作人员 5 名，设院长 1 名，副院长 2 名。研究队伍中有山东省高等学校首席专家 1 人，山东省有突出贡献的中青年专家 1 人，教育部“新世纪优秀人才支持计划”入选者 1 人；还聘请了山东省以及烟台市政府部门、科研机构、兄弟院校等校内外专家、学者 20 余名任兼职研究员。

近年来，山东工商学院以半岛经济研究基地为平台，承担了国家自然科学基金项目 3 项、国家社会科学基金项目 2 项、省部级项目 30 多项，发表学术论文 200 多篇，编辑出版了《半岛蓝色经济区建设研究》、《半岛经济社会发展与文化强省研究》、《半岛论坛学术报告》等研究成果 6 部，获得“山东省人文社会科学优秀成果”一等奖 1 项、二等奖 3 项、三等奖 4 项。一大批研究成果得到了山东省及烟台市各级部门的应用，其中，“关于建立我省煤炭储备配送基地的建议”得到了山东省政府领导的重视与批示，现在已经全面实施，为山东省的能源保障及安全做出了贡献。另外，半岛经济研究基地参与主编了《山东经济蓝皮书》，参与了“山东省半岛蓝色经济区建设规划”、“烟台市海洋与海岛经济发展规划”、“烟台市创新型城市发展规划”等系列论证工作。此外，还与烟台市发展和改革委员会签署了战略合作协议，促进了政府职能部门和高校科研机构的有效结合，提升了我校科研创新和服务烟台实施“蓝黄战略”的能力。

职能定位

半岛经济研究基地的定位是：突出半岛经济区域特色，坚持学术研究与服务地方经济相结合，打造学校学术品牌。主要职能包括：

◇ 承担国家级项目和省部级重大项目的学术研究；

◇ 服务和支撑我校相关学科建设；

◇ 参与省情市情调研、政府政策论证和研究信息反馈；

◇ 承接地方企事业委托项目研究，解决企事业实际问题，为地方企事业咨询和培训服务；

◇ 承担半岛经济相关学科力量培育、学术交流和组织协调任务；

◇ 依托研究院的研究能力，培养研究生。

组织机构

根据山东半岛经济社会发展实际，研究基地建立了“半岛城市群与产业发展”、“半岛区域经济评价与规划”、“半岛区域生态与可持续发展”和“半岛区域社会与文化发展”四个研究室，通过培养中青年创新团队，提高研究基地的科研实力。组织结构如下：

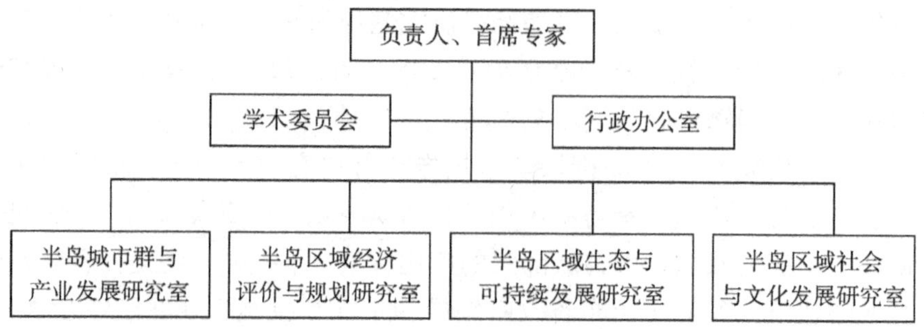

研究领域

研究领域主要集中在以下方面，并将根据经济社会发展适时调整：

◇ 半岛城市经济及其竞争力评价；

◇ 半岛区域经济及产业结构调整；

◇ 半岛海洋经济；

◇ 半岛技术进步与创新；

◇ 半岛经济社会发展综合评价及监测预警；

◇ 半岛生态、环境、资源及可持续发展；

◇ 半岛社会与文化。

发展目标

通过承担省部级以上研究项目、组织重大课题攻关、产出标志性研究成果，基础研究和应用研究同步发展并建立起知识创新机制，使科学研究的整体水平在山东居于领先地位，并在全国相同研究领域享有较高的学术声誉。在服务地方经济发展方面，采取有效举措，寻求省、市相关部门和单位的支持，在寻求高质量的社会急需研究课题的同时，取得有关部门和单位在信息、科研经费和政策上的支持，让科技人员走出院门，广泛与社会经济部门接触，创造出与地方经济发展情况相符的科研成果，成为政府经济发展的重要参谋和智囊。

在校党委、行政机关的大力支持下，经过5~10年的奋斗，一定能以严谨实干的科研作风，深入山东半岛经济社会发展实际，取得丰硕的研究成果，把半岛经济研究基地建设成为省内一流、国内有重要影响、致力服务于地方经济、特色鲜明的学术高地。

2013年10月16日

目　录

第一篇　低碳发展策略

第二篇　民生保障方略

第三篇 儒商文化谋略

第四篇 高校改革方略

第一篇　低碳发展策略

烟台：低碳产业成为助推蓝色经济发展的引擎

一、2006～2010年烟台经济发展概述

2010年，全市生产总值迈上4000亿元台阶，达到4358.5亿元，是2005年的2倍，年均增长14.9%；人均生产总值9396美元。一、二、三次产业比例由2005年的9.8：59.5：30.7调整为7.7：58.9：33.4。境内税收收入完成515.2亿元，地方财政收入完成237.8亿元，年均分别增长22.2%和22.3%。全社会固定资产投资完成2705.9亿元，年均增长23.4%。社会消费品零售总额达到1378.4亿元，年均增长19.2%。2010年末，全市存贷款余额分别达到4081.2亿元和2644.5亿元，比2005年底分别增加2398.2亿元和1496.5亿元。

烟台市工业经济迅猛发展，机械、电子、食品、黄金等传统支柱产业持续扩张，汽车、手机、电脑、船舶、葡萄酒等产品集群快速膨胀。2010年，全市实现规模以上工业主营业务收入10967亿元，年均增长24.7%，利润、利税年均分别增长26.5%和24.9%。主营业务收入过百亿元的企业由2005年的1家增加到12家，利税过亿元的企业由60家增加到133家。中国名牌产品、中国驰名商标分别由12个和7件增加到28个和41件。高新技术产业产值占规模以上工业总产值的比重由28.6%提高到44.1%。入选国家创新型城市试点，引进了中科院海岸带研究所和中科院烟台综合技术转化中心，新增国家级工程技术研究中心2家、重点实验室1家、企业技术中心10家、创新型企业5家。五年累计申请专利26800件，取得科技成果965项，获国家科学技术奖17项、省科学技术奖214项，其中获国家科技进步一等奖1项。节能减排“十一五”目标任务全面完成，二氧化硫、化学需氧量排放量五年分别下降13.2%

和19.4%，万元GDP能耗下降22%。

2010年，全市完成外贸进出口总额437.8亿美元，年均增长30.7%，占全省的比重由2005年的14.9%提高到23.2%。其中出口254.8亿美元、进口183亿美元，年均分别增长31.5%和29.6%。机电产品和高新技术产品出口比重分别由2005年的35%和15.9%提高到71.7%和43.3%。五年累计实际使用外资51亿美元，新引进世界500强企业和知名跨国公司30多家。“走出去”战略深入实施，五年累计实施境外投资项目112个，外派劳务2.2万人次。

二、调整产业结构，低碳产业发展迅猛

1. 现代服务业快速发展

旅游会展、商贸餐饮、房地产等传统服务业发展良好，现代物流、文化创意、服务外包、金融保险等高端服务业蓬勃兴起。“十一五”时期，全市旅游业总收入累计达到1164亿元，是“十五”期间的2.7倍。全市服务业增加值完成1457.5亿元，年均增长16.9%。

根据国家统计局2011年1月8日公布的2010年国内旅游市场的抽样调查报告，2010年烟台市共接待国内游客3271.53万人，比2009年同期增加508.80万人，同比增长18.42%；实现国内旅游业收入306.19亿元，同比增长21.45%，两项数据均创历史最高水平。观光游览、休闲度假成为国内游客到烟台的主要旅游方式。其中，休闲度假占37.47%，观光游览占28.41%，商务占16.00%，探亲访友占8.63%。从游客的出行方式来看，个人与亲朋结伴的占50.06%，旅行社组织的占23.56%，公务活动的占11.28%，单位组织的占6.97%。

烟台市大力实施“以港兴市”战略，沿海崛起港口集群，临港物流业异军突起。2010年，全市港口吞吐量一举突破2亿吨大关，达到2.1亿吨，集装箱吞吐量达到154.1万标箱，年均分别增长19.8%和17.3%。其中，龙口港2010年吞吐量突破5000万吨，是5年前的3倍多，是渤海湾最大的木材接卸港，中非班轮航线在全国市场占有率达到40%。航空客运吞吐量和货邮吞吐量分别达到249.6万人次和4.3万吨，年均分别增长15.5%和19%。莱山国际机场开通至台北客运航线，至荷兰阿姆斯特丹和美国芝加哥、洛杉矶等国际货运航班。

依托港口，烟台大力发展临港产业，2010 年的临港工业主营业务收入突破 5000 亿元，成为烟台工业经济的半壁江山。

2. 新能源产业异军突起

作为国家试点创新型城市，烟台以新能源与节能环保、新材料、生物、海洋高技术和高技术服务业为核心的战略新兴产业迅速崛起。新能源产业也是烟台确定大力发展的战略性新兴产业之一，在“积极转方式，精心调结构”进程中，为进一步抢占发展制高点，烟台不断强化政策措施，大力发展以核电、风电、太阳能等为重点的新能源与节能环保产业。以核电、风电为代表的 50 多家新能源与节能环保企业，2010 年产值超过 120 亿元。2010 年 9 月，烟台高新区升级为国家高新技术产业开发区，这里储备了 53 个高科技项目，成为烟台新兴产业的“孵化器”。

海阳核电填补江北空白。海阳核电站采用的 AP1000 技术是目前世界上最安全、最经济、最可靠的第三代压水反应堆核电技术，同时，它也是世界上首座采用这一技术建造的核电站。海阳核电站规划建设六台百万千瓦级核电机组，设计寿命达 60 年。仅一期工程投资就达 400 亿元人民币，规划建设两台单机为 125 万千瓦机组。2014 年投入商业运营，年可发电 200 亿度，实现利税 15 亿元。

作为烟台市着力发展的战略性新兴产业，海阳核电在飞速发展的同时也带动了装备制造业和核电服务业两大产业的协同发展。按照烟台市核电产业发展规划，计划用 5 年的时间，打造核电产业骨干企业 30 家，实现核电销售收入 800 亿元。

风机装机容量全省最大。截至目前，烟台已投入运营的风电项目达 11 个，总装机容量突破 37 万千瓦，占全市电力总装机容量的 9.1%，是山东省风机装机容量最大的城市。经过十几年的发展，风力发电技术日趋成熟，已经成为新能源大军中的一员猛将。随着陆地上风源的日益饱和，市政府和企业也将目光投向了广袤的大海。长岛是中国三大风场之一，风力资源得天独厚。海风资源丰富的烟台在“十二五”规划中，将长岛海上风电场和海岸风电开发打造为海洋新能源开发的重点。

3. “三大战略”成效显著

面对国家新一轮区域战略调整，高起点实施山东半岛蓝色经济区、胶东半岛高端产业聚集区、黄河三角洲高效生态经济区“三大战略”，龙口湾、丁字湾、莱州湾等集中集约用海聚集区进入国家重点开发范围，总投资 1320 亿元的66个海洋重点产业项目启动建设。经济技术开发区综合实力在国家级园区中跃居第6位，高新区升级为国家高新技术产业开发区，保税港区获批设立并开关运作，一批拉动经济快速增长的新板块、新亮点正在形成。面对扩内需、保增长的重大政策机遇，迅速制定配套措施，积极对接项目和政策，深入开展“项目推进年”和“消费推动年”活动，争取中央和省预算内投资项目541个，落实扩大内需资金35.7亿元。新机场、新港口、“三条铁路干线”等多年期盼的重大项目先后上马，化学工业园、张裕工业园、高端铝合金产业园和通用东岳汽车新增30万辆轿车、宝钢精密钢管等战略性产业项目陆续启动，海阳核电、华电国际莱州电厂等能源项目相继开工，实现了重大项目建设的历史性跨越。

三、低碳产业成为助推蓝色经济发展的引擎

1. 蓝色经济战略从低碳环保做起

烟台市将大力发展低碳经济，2011年关闭14条立窑水泥生产线，推广50万只高效照明产品。继续实施蓝天、碧水、青山、绿地“四大生态工程”。抓好海洋环境保护和生态修复，确保全市完成造林24万亩，林木覆盖率达40%以上。

近年来，烟台注重保护生态环境。加强重点污染源环境安全监管，建立健全空气质量监管联防联动机制，加大对建筑施工、交通运输等扬尘污染防治力度，强化机动车环保标志管理，推动公交车和出租车“油改气”。加快26个水源地保护工程建设和20条河流综合治理，搞好农村面源污染防治，保障群众饮用水安全。加强海洋生态整治和资源修复工作，建立完善覆盖全市的海洋环境监测和预报减灾体系，推进长岛国家级海洋综合气象监测实验基地建设。建好管好昆嵛山国家级自然保护区，实施三年水系造林绿化工程，2011年新增造林补植面积13.5万亩，综合治理水土流失面积120平方公里。

烟台正在树立“绿色、低碳发展”理念，提高全民节能环保意识，强化节能减排目标责任考核，防止能源消耗不合理增长。加强110户重点用能企业节能管理，抓好建筑、交通运输等重点领域节能工作，高度重视公共机构节能管理，推进节能环保工程建设，积极推广节能技术和节能产品。大力发展循环经济，加快再生资源回收体系建设，2011年实现工业固体废弃物再利用850万吨。实施工程减排、结构减排和管理减排，严格控制化学需氧量、氨氮、二

氧化硫和氮氧化物排放，加快推进南郊污水处理厂、套子湾污水处理厂二期等5个污水处理项目和大型燃煤电厂脱硫脱硝工程。

2. 低碳产业助推蓝色经济强市

根据规划，烟台将紧紧抓住"三大战略"机遇，以蓝色经济区建设为总抓手，坚持海陆统筹、以港兴市，向海洋进军、向内陆辐射，培育海洋、临海、涉海优势产业，形成特色化、高端化的滨海产业集群，确立国内蓝色经济领军城市地位。加快发展方式转变和产业结构调整，推动制造业由大变强、服务业跨越发展、现代农业稳步提升、战略性新兴产业和高新技术产业迅速崛起，构筑结构优化、技术先进、清洁安全、附加值高的现代产业体系。发展绿色低碳经济，狠抓节能减排，建设资源节约型、环境友好型城市，节约能源资源和保护生态环境的增长方式与消费模式初步形成。继续保持经济平稳较快增长，主要经济指标增幅高于全省和全国首批14个沿海开放城市平均水平，经济增长质量和效益明显提高。到2015年，全市生产总值达到7600亿元，年均增长12%，三次产业比例调整为5：55：40；地方财政收入达到480亿元，年均增长15%；固定资产投资年均增长16%；社会消费品零售总额年均增长16%；海洋产业产值达到2660亿元，年均增长16%；万元GDP能耗下降17%，化学需氧量、氨氮排放量均下降12%，二氧化硫和氮氧化物排放量均下降18%。

围绕蓝色经济区建设，大力发展海洋经济和临港产业，加快建设芝罘湾港区三突堤集装箱码头、烟台港西港区和沿海港口群，高标准开发龙口人工岛群和丁字湾、莱州湾等重点区域。"十二五"期间，烟台将新建55个港口码头，港口建设投资达230亿元。着力打造国家级核电基地、海洋新材料产业基地、综合性海洋装备制造业基地和现代远洋渔业基地。2011年实现海洋产业产值1470亿元，增长16%。围绕高端产业聚集区建设，按照"高端、高质、高效"的要求，改造提升传统产业，引进国际前沿产业和产业前沿项目，努力构建国内一流、国际先进、优势集中、特色突出的高端产业体系。围绕黄河三角洲高效生态经济区建设，全面推动莱州及周边区域升级发展，辐射带动全市生态型经济建设。

烟台从"十一五"开始规划建设海洋经济强市，从山东省2009年提出建设山东半岛蓝色经济区，到现在上升为国家战略，烟台抓住机遇，编制完成蓝色经济区发展规划，带动蓝色经济向深海远海拓展，向内陆腹地延伸。烟台市委书记孙永春说："烟台正在优化提升现代海洋渔业、海洋文化旅游、海洋交通运输物流、临港加工制造四大骨干支柱产业，突破发展生态环保、海洋新兴服务、海水综合利用三大新兴高端产业，形成‘高端、高质、高效’的蓝色经济。”

3. 低碳经济推动信息化与工业化的融合

推动信息化与工业化深度融合，深化信息技术在产业发展、社会管理和城市建设中的应用，突出发展物联网、电子商务和高端软件业。加强重要信息系统建设，进一步完善电子政务网络。加快信息化与工业化“两化”融合试验区建设，着力打造信息化强市。

张江汀市长说：“要深入实施汽车等八个行业调整振兴规划，推动信息化与工业化融合，运用先进实用技术改造传统产业，提升自动化、智能化和管理现代化水平，打造一批具有国际竞争力的现代产业基地。发展汽车产业基地，壮大电子信息产业基地，建设生态型现代石化产业基地，打造临港造船产业基地，着力培育高品质特钢冶金基地、核电设备生产基地，积极申报国家级软件产业基地和生物产业基地。”

4. 发展低碳新兴产业成为“转方式，调结构”的新坐标

2010 年，烟台在全省率先设立了新兴产业发展专项资金，重点对国家、省高新技术产业化项目加以扶持，使战略性新兴产业成为“转方式”的新引擎和“调结构”的突破口。培植战略新兴产业，加快培育新能源、新材料、生物医药、海洋科技、航天航空等新兴产业。做大做强以万华、氨纶等为龙头的新材料产业，加快培育以麦得津、登海种业等为骨干的生物产业，培植壮大以中科院海岸带研究所、东方海洋等为依托的海洋高技术产业；以“513”所为引领，鼓励扶持航空航天产业发展。推动烟台工业经济持续快速发展。通过一系列的政策措施，力争到 2015 年，新兴产业产值达到 5000 亿元，成为全市新的支柱产业。

在战略性新兴产业风生水起，成为烟台经济发展新的增长点的同时，烟台传统四大支柱产业规模不断膨胀，集群效应进一步凸显。以“项目推进年”为抓手，2010 年总投资 550 亿元的化学工业园、30 亿美元的富士康科技工业园、60 亿元的南山高端铝合金产业园、30 亿元的张裕工业园、25 亿元的通用东岳新增 30 万辆汽车等一批规模大、技术高、辐射强的重大项目又先后启动实施，为烟台工业经济发展注入新的活力。要通过转方式、调结构，使重点项目规模化，产业结构集群化，新兴产业高端化，优势产业品牌化，同时，要开展节能降耗，发展低碳经济，在可持续发展上实现新突破，最终推动全市的工

业经济实现转型升级。

5. 优先发展现代服务业，增强对“转方式，调结构”的带动作用

打造产业亮点，推动旅游业大发展。充分发挥中国最佳休闲城市的品牌效应，精心打造中心城市、北部蓬莱长岛龙口、南部海阳莱阳栖霞、西部招远莱州四个旅游板块，高水平包装策划海上游、生态游、历史文化游、都市乡村游等优质旅游线路和景点景区。以滨海一线景区为纽带，抓好芝罘岛、崆峒岛、养马岛旅游开发和渔人码头等项目建设，开通游船和滨海沿线旅游观光巴士，建设国际邮轮停靠港、游艇码头等旅游设施，打响“慢游烟台”、“夜游海湾”品牌，建设中国最佳国际滨海旅游目的地。加快发展现代物流业，增辟欧美远洋集装箱航线和国际航空货运航线，扶持发展远洋运输，抓好各类物流园区建设，吸引国内外知名物流企业进驻烟台。2011 年，全市港口货物吞吐量将达到 2.3 亿吨，集装箱吞吐量达到 160 万标箱。繁荣发展商贸餐饮业，搞好三站市场新区等大型批发市场建设，集中培育滨海广场步行街、鲁菜美食街和雨岱山海鲜美食街。促进房地产业健康发展，落实国家房地产调控政策，吸引知名地产商参与开发大型城市综合体项目。提升会展业规模和档次，办好第五届国际葡萄酒节和第十二届国际果蔬食品博览会等会展活动，2011 年举办展会 120 个以上。膨胀发展服务外包产业，建设烟台服务外包示范园区，引进国内外知名外包企业。加大对科技信息、金融保险、商务服务、文化创意、养生养老、社区服务等新兴服务业的培植力度。2011 年，服务业增加值占 GDP 的比重达到 34.5%。

6. 投资向低碳环保产业、事业倾斜

促进投资稳定增长。2010 年将抓好总投资 5966 亿元的 191 个市级重点项目建设，完成年度投资 1173 亿元。发挥产业政策导向作用，引导投资向民生和社会事业、农业农村、科技创新、生态环保和资源节约等领域倾斜。以优化投资结构为重点，突出抓好烟台综合物流园区等 36 个商贸服务项目、市妇幼保健院等 15 个社会事业项目、航天高新技术产业园等 19 个科技创新项目。加大项目储备力度，论证筹划一批对转方式、调结构具有引领作用、对区域发展具有支撑作用的重大项目。鼓励扩大民间投资，放宽市场准入，支持民间资本进入基础产业、基础设施、市政公用事业、社会事业、金融服务等领域。严格执行投资项目用地、节能、环保、安全等准入标准，规范投资行为，提高投资质量。

四、培育低碳高端产业，抢占未来竞争制高点

1. 将传统优势产业向低碳高端提升

烟台位于山东半岛制造业基地的核心区，拥有机械制造、黄金和食品加工等强势产业。但烟台发展的动力很大一部分还是来自附加值较低的加工制造，而来自产业发展“微笑型曲线”两端附加值较高的研发、专利、品牌和营销、服务却较少。

为此，烟台提前打响以科技创新改造传统产业的战役，传统制造业里走出了万吨挤压机、高压共轨泵等几十个高端产品，有的开创了中国特大型工业铝型材生产的先河，有的打破欧美垄断。仅一项等离子点火装置，就为国内1/3的火电厂节约了价值200多亿元的燃油。由烟台中集来福士海洋工程公司为中海油田服务股份有限公司建造的中国首座深水半潜式钻井平台在烟台交付，烟台传统支柱产业的机械制造企业在国内率先拥有了批量化、产业化建造高端海工产品的能力。这样的项目，从开始制造、安装到调试，中国从来没有完整地做过一个，这是第一个，说明国内船厂有能力完成一整套项目建造流程，打破了国外的垄断。

实践证明，只有占领产业高端，传统产业才能焕发勃勃生机，创新发展。

2010年1月，国家确定烟台为建设国家创新型城市试点，烟台把2010年定为“新兴产业培育年”。出台政策重点支持发展“新能源与节能环保、新材料、生物、海洋高技术和高技术服务业”五大战略性新兴产业，设立新兴产业发展专项资金，培育新的经济增长极。2010年上半年，高端产品和新型高端产业占了全市规模以上工业总产值的半壁江山，其中高新技术产业产值更是创造了30%的增长业绩。预计到2015年，烟台新兴产业产值将达到5000亿元，基本实现由“烟台制造”向“烟台创造”转变。

2. 经济技术开发区推动低碳经济“升档提速”

近年来，烟台高新区积极引进环保绿色项目，坚决杜绝“两高”项目进驻，在培育引进“高端、高质、高效”项目上取得了转方式、调结构的重大突破，为发展低碳经济注入强动力。

引进烟台东源风能发电项目，培育壮大东诚生化、正海生物、众城生物、博大生物等海洋生物制药企业，则预示着烟台经济技术开发区海洋新兴产业蓬勃崛起的美好未来。

烟台经济技术开发区依托优势产业和龙头企业，积极引进和培育资源再生和循环利用项目，形成了绿色环保再生资源、废物资源化等十一个生态工业链条，实现了企业之间废物的最大交换和资源化利用。即便是在万华项目的引进上，也充满了低碳经济的“韵味”。“年产20万吨大规模MDI生产技术开发和产业化”项目被评为国家环境友好工程。事实证明，“高端化工项目不仅不会带来污染，而且在发展低碳经济方面也大有可为”。

科技创新——点燃转方式调结构引擎。企业是创新的主体，搞好企业自主研发和技术合作，以科技成果的转化和吸收实现生产的环保化，以技术改造实现落后生产工艺的改良节能，是烟台经济技术开发区在实施转方式调结构过程中探索出的科学发展路径。目前，烟台经济技术开发区拥有自主知识产权企业达到800余家，迄今已自主完成节能减排研发成果十余项。其中，海融电力技术有限公司的微藻生物固定烟气二氧化碳项目、龙源电力的燃煤锅炉无油等离子点火装置和工业窑炉稳燃系统等项目已跻身专业节能技术的前沿；正海集团生产出我国第一代风力发电机用高性能钕铁硼磁体；通用东岳汽车通过技术改造实现了节能高达24%的成效；首钢电装优化生产工艺流程，年度可减少二氧化碳排放量44.77吨；金河集团通过工艺改造，仅采用液体二氧化硫和焦亚硫酸钠一项技术，年减少排放二氧化碳3300吨，通过采用负压制煤气，对甲酸钠生产工艺进行技术改造，年可减少排放二氧化碳30320吨。这一组组数据，一项项新成就，足以证明科技创新在实现低碳经济发展征程上的分量。

管理创新——推动低碳经济“升档提速”。近年来，烟台经济技术开发区在实施企业节能设备免税政策、设立政府节能奖的基础上，实行对企业发展低碳经济的更多优惠政策，如加大节能环保技术研发企业补贴力度，推广能源审计制度等，处处激发万千企业“低碳”发展的主动性。特别是烟台经济技术开发区建立的企业社会责任考评机制，不以单项经济指标论英雄，加大科技创新、节能减排、绿色投入的考核权重，积极引导企业履行社会环保责任，在监管企业节能减排方面取得了显著成效。42家企业启动清洁生产审核，13家通过省环保部门评估验收，数量占全市60%以上；累计引导企业安装电机变频器等节能设备500多台套；2010年完成节能灯推广量2.2万只。

3. 高新区培育低碳高端产业，打造新兴产业新亮点

2011年，烟台高新区在低碳高端产业培育上实现新突破，打造全市战略性新兴产业的新亮点。高新区要继续把生物医药与海洋科技、航空航天科技、电子信息等高端制造业和研发孵化、软件外包、总部经济、金融商务等高端服

务业作为主攻方向，倾注力量，集中突破，推动特色产业体系迅速形成，产业高地快速崛起。

2011年，烟台高新区瞄准产业培育重点，重点面向世界500强、央企和高校院所，综合运用委托代理招商、以商招商、载体招商等有效办法，集中引进战略性新兴产业、高新技术产业和高端服务业项目，快速形成高新区高端产业发展的支撑力。大力加强专业招商机构建设，着力打造一支专业化、高素质的招商队伍。

在突出抓好“招强引优”的同时，继续深入开展“项目推进年”、“项目促进月”等活动，2011年，列入区级集中调度的总投资356亿元的25个重点产业项目100%开工。把科技CBD作为重点项目建设的重中之重来抓，推动创业大厦、高新区软件园、科技广场、烟台电信大厦、总部基地等全面开花。

高新区将把专业园区作为全区产业发展的重要载体，加快推进山东国际生物科技园、航空航天科技园、烟台服务外包示范园区等专业园区建设，打造创新要素密集、创新成果丰硕、产业链条完善、发展后劲强劲的产业基地。要加大争取力度，支持更多专业园区和项目争创国家、省、市各类示范区、专业园、特色基地。

五、结语

为实现我国2020年的减排目标，国务院制定的主要方式为：大力发展可再生能源、积极推进核电建设等行动。到2020年，我国非化石能源占一次能源消费的比重达15%左右；通过植树造林和加强森林管理，森林面积比2005年增加4000万公顷，森林蓄积量比2005年增加13亿立方米。具体包括，加强对节能、提高能效、洁净煤、可再生能源、先进核能、碳捕集利用与封存等低碳和“零碳”技术的研发和产业化投入，加快建设以低碳为特征的工业、建筑和交通体系。制定配套的法律、法规和标准，完善财政、税收、价格、金融等政策措施，健全管理体系和监督实施机制。新兴行业的崛起主要体现为太阳能、风能、核能、新能源汽车、智能电网的进一步崛起。目前，风电和核电在技术经济上已经较为成熟，而太阳能、新能源汽车、智能电网正处于技术突破及大规模普及的前夜。

对于上述发展目标，在许多方面烟台已经走在了前列。随着“山东半岛蓝色经济区”战略的实施，烟台向低碳高端产业发展，把握住了战略机遇，

已经成为烟台建设蓝色经济区的引擎。烟台位于山东半岛东部，濒临黄海、渤海，与辽东半岛及日本、韩国、朝鲜隔海相望，作为全国首批 14 个沿海开放城市之一，并获得联合国人居奖和中国人居环境奖的城市，烟台环境优美、资源得天独厚，发展低碳产业也是烟台经济发展、造福子孙后代的必由之路。

（作者：梁启华）

基于改进生态足迹的区域生态安全评价研究

——以山东省长岛县为例

一、引言

随着全球经济、社会的发展，区域生态安全已成为国家和地区安全的重要组成部分。国外生态安全评价的指标主要包括国际经济合作与发展组织（Organization for Economic Cooperation and Development，OECD）提出的“压力—状态—响应”（Pressure-State-Response，PSR）评价体系；联合国可持续发展委员会（United Nations Conference on Sustainable Development，UNCSD）的“驱动力—状态—响应”（Driving-State-Response，DSR）评价体系；欧洲环境署的“驱动力”（DrivingForce）、“影响”（Impact）两类指标构成的评价体系。在系统健康诊断与风险评估方面发展迅速，采用数学模型、生态模型、暴露—响应概念性框架模式等有效工具，使生态安全评价研究进入深层次的内在关系研究。国内目前主要运用PSR概念框架的数学模型，此外发展了生态足迹法、物元模型法、景观格局分析法、能值分析法、GIS等空间信息技术。左伟提出了较为系统的区域生态安全评价指标，杨俊等研究了城市生态安全空间分异格局，龚建周等从空间和时间上评价了广州市的生态安全，吴开业、张凤太等用信息熵方法确定指标权重，刘世梁等构建了不同尺度上的生态安全指标体系，魏婷等综合应用PSR和突变级数法评价了厦门生态安全，徐凌、吉力力·阿不都外力等应用生态足迹方法进行生态安全评价研究，曹明兰使用能值分析方法评价了唐山生态安全状况，李佩武、毛锋等应用综合评价法进行了生态安全评价研究，俞孔坚、万力等应用景观格局分析法进行了研究。

生态系统自身的复杂性以及人类对其影响的非确定性致使对生态安全评价

的研究还处于不断探索阶段，目前还没有形成一套系统、行之有效的评价方法。本文将生态足迹与能值分析方法相结合，建立生态安全评价模型，为增强评价的尺度性、客观性进行了尝试，并做了实证研究。

二、研究方法

生态足迹（Ecological Footprint）是由 Wackernagel 和 Rees 在 1992 年提出的，以生产性土地面积来度量经济规模主体的资源消费和废物吸收水平，反映了某一区域对资源消费和需求的状况。本文将生态足迹方法与能值理论相结合，弥补了传统生态足迹模型的不足，提出了区域生态安全评价模型。

1. 计算人均生态足迹

人均生态足迹表示一定区域内为维持资源消费和废弃物吸收所必需的人均生物生产面积，是人类生存所必需的真实生物生产面积。人均生态足迹计算公式为：

$$f_e = \sum_{i=1}^{n} a_i = \sum_{i=1}^{n} (f_i \times T_i)/P \tag{1}$$

式中，f_e 表示人均生态足迹（$hm^2 \cdot cap^{-1}$）；a_i 表示第 i 种资源的人均生态足迹；f_i 表示第 i 种资源的人均消费量；T_i 表示第 i 种资源的能值转化率；P 表示单位全球公顷能值密度，$P = 14.01 \times 10^{14}\ sej \cdot hm^{-2}$。

2. 计算人均生态承载力

人均生态承载力表示某地区生物资源、能源资源、工业产品产出。由于不同国家或地区的资源禀赋不同，单位面积同类型生物生产面积的生态生产力差异很大，人均生态承载力不能进行直接对比，需要用产量因子进行调整。人均生态承载力计算公式为：

$$c_e = \sum_{i=1}^{n} b_i = \sum_{i=1}^{n} (c_i \times T_i)/P \tag{2}$$

式中，c_e 表示人均生态承载力（$hm^2 \cdot cap^{-1}$）；b_i 表示第 i 种产品的人均生态承载力；c_i 表示第 i 种产品的人均生产量；T_i 表示第 i 种产品的能值转化率；P 表示单位全球公顷能值密度。

3. 人均生态赤字的计算

根据某地区的人均生态足迹和生态承载力，可以计算其人均生态赤字，从而判断该地区的生态系统是否处于安全状态。

$$d_e = c_e - f_e \tag{3}$$

式中，d_e 为人均生态赤字（$hm^2 \cdot cap^{-1}$）。

4. 生态安全评价模型

从生态承载力和生态压力两个方面来分析生态安全以及生态系统的可持续发展。生态压力指数（T 或 t）可描述为：

$$T = \frac{F_E}{C_E} \text{或} t = \frac{f_e}{c_e} \tag{4}$$

根据生态压力指数的大小，对生态安全性等级进行划分，具体对应关系见表 1：

表 1　基于生态压力指数的生态安全等级评价

安全等级	安全状态	生态压力指数
Ⅰ	理想状态	T<0. 5
Ⅱ	安全	0. 5≤T<0. 8
Ⅲ	过渡状态	0. 8≤T<1
Ⅳ	不安全	T≥1

三、实证分析

1. 研究区概况

本研究区位于胶东、辽东半岛之间，黄渤海交汇处，地处环渤海经济圈的连接带，东临韩国、日本，是山东省唯一的海岛县。地理坐标为 120°35′28″E ~ 120°56′36″E，37°53′30″N ~ 38°23′58″N，陆地总面积为 $56km^2$，平均降雨量 565. 2mm。该区属亚洲东部温带季风性气候，具有冬暖夏凉的特点，年平均气温 11. 9℃，无霜期 243 天；主要植被包括针叶林、落叶阔叶林和灌木及草类。

2. 生态安全评价

根据长岛县统计年鉴，对山东长岛县 2003 年生态资源占用进行计算。生物资源的消费分为农产品、动物产品、林产品、水果等。生物资源生产面积折算的具体计算采用联合国粮农组织计算的有关生物资源的世界平均产量资料。将长岛县 2003 年的消费转化为提供这些消费需要的生物生产面积，如表 2 所示：

表 2　2003 年长岛县生物资源账户生态足迹

生物资源类型	全球平均产量（$kg \cdot hm^{-2}$）	人均消费量（$kg \cdot cap^{-1}$）	人均生态足迹（$hm^2 \cdot cap^{-1}$）	生产性土地类型
谷物	4342.8	118	0.02717	耕地
蔬菜	16765.4	120	0.00716	耕地
豆类	2265.7	20	0.00883	耕地
猪肉	74	10	0.13514	耕地
禽肉	15	2	0.13333	耕地
蛋类	17	5	0.29412	耕地
羊肉	33	1.5	0.04546	牧草地
牛奶	172	5	0.02907	牧草地
水果	9428.9	15	0.00159	林地
水产品	29	75	2.58621	水域
建筑区			0.00060	建筑用地

资料来源：《山东省长岛县统计年鉴（2003 年）》；全球平均产量采用联合国粮农组织（FAQ）的 2002 年世界平均产量，引自《国际统计年鉴（2003 年）》。

根据长岛县统计年鉴，对其主要消费的原煤、汽油、柴油和电力进行计算。Wakeernagel 所确定的煤、汽油、柴油和电力的平均土地产出率分别为 $55GJ \cdot hm^{-2}$、$93GJ \cdot hm^{-2}$、$93GJ \cdot hm^{-2}$、$1000GJ \cdot hm^{-2}$（见表 3），将这些能源的消耗转化为化石燃料的生产土地面积。

表 3　2003 年长岛县化石能源账户生态足迹

化石能源类型	全球平均能源生态足迹（$GJ \cdot hm^{-2}$）	折算系数（$GJ \cdot t^{-1}$）	消费量（t）	人均生态足迹（$hm^2 \cdot cap^{-1}$）	生产性土地类型
煤炭	55	20.5	52589	0.43570	化石能源地
汽油	93	43.12	37.8	0.00040	化石能源地
柴油	93	42.71	23.6	0.00020	化石能源地
电力	1000	3.6×10^3	7497.3	0.00060	建设用地

将以上长岛县各种生物资源和能源的人均占用汇总，乘以各种用地的当量因子后，就得到按照世界平均生产空间计算的长岛县 2003 年人均需要的生态

占用。由表 4 可知，要维持长岛县居民现有的生活水平，人均必须占用世界平均生产力水平的生态空间为 1.84250hm^2。

表 4　2003 年长岛县生态足迹计算结果

空间类型	人均面积（$hm^2 \cdot cap^{-1}$）	均衡因子	均衡面积（$hm^2 \cdot cap^{-1}$）
耕地	0.04316	2.8	0.12080
牧草地	0.66618	0.5	0.33310
林地	0.00159	1.1	0.00180
化石能源用地	0.43630	1.1	0.47990
建筑用地	0.00060	2.8	0.00170
水域	2.58621	0.35	0.90520
人均生态足迹			1.84250

根据长岛土地利用资料，对于长岛县现有土地利用情况进行折算，得出人均拥有的实际生产空间面积为 2.27595$hm^2 \cdot cap^{-1}$，如表 5 所示。扣除 12% 的生物多样性保护面积，实际人均供给面积为 2.00284$hm^2 \cdot cap^{-1}$。

表 5　2003 年长岛县生态承载力计算结果

空间类型	人均生态承载力（$hm^2 \cdot cap^{-1}$）	当量因子	产量因子	调整后的人均生态承载力（$hm^2 \cdot cap^{-1}$）
耕地	0.00660	2.8	1.3	0.02402
牧草地	0.06100	0.5	1	0.03050
林地	0.06750	1.1	1	0.07425
化石能源用地	0	1.1	0	0
建筑用地	0.09120	2.8	1.3	0.33197
水域	5.18630	0.35	1	1.81521
人均生态承载力				2.27595

计算结果表明，在目前的技术水平下，长岛县生态系统的人均承载力为 2.27595$hm^2 \cdot cap^{-1}$，而目前的人均生态占用为 1.84250$hm^2 \cdot cap^{-1}$，还没有达到生态赤字，说明长岛县生态经济系统处于可持续发展状态。

利用相同的方法计算长岛县2004～2008年生态足迹、生态承载力。可以绘制2003～2008年时间序列变化趋势线（见图1）。2004年之前，长岛县生态一直处于剩余状态，没有发生生态赤字。2005年以后出现生态赤字，其趋势逐渐增强（见图2）。

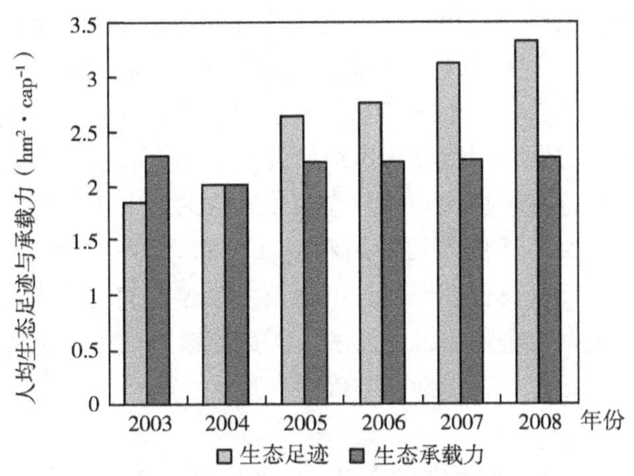

图1　2003～2008年的人均生态足迹变化趋势

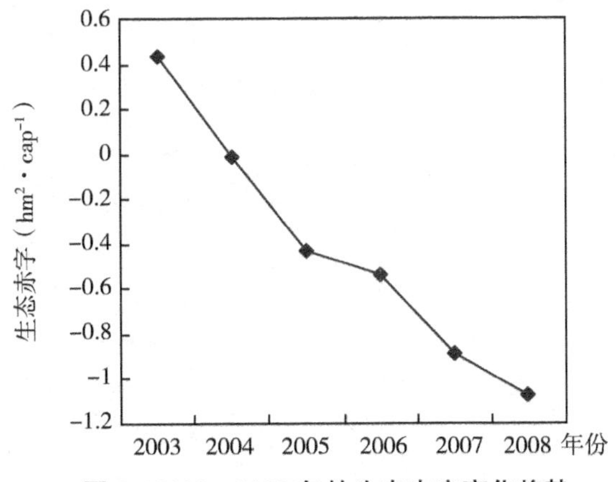

图2　2003～2008年的生态赤字变化趋势

由生态压力计算公式（4）可求出2003～2008年的生态压力指数分别为0.80957、0.99637、1.19089、1.27703、1.33923、1.43080，长岛县生态安全等级由过渡状态逐步趋于不安全状态，表明生态压力指数呈递增趋势。

四、结论与讨论

本文在已有研究的基础上，结合能值理论给出了生态压力指数的概念及计算公式，应用生态压力指数建立了生态安全评价等级。通过实例研究，证实了本文所提出的基于生态压力指数的生态安全评价方法是可行的，具有普适性。本文的主要结论有：①近年来山东省长岛县生态占用、生态承载力呈上升趋势，生态赤字呈上升趋势，生态需求与生态供给矛盾突出。②生态压力指数呈上升趋势，目前生态安全等级属于Ⅳ级，处于不安全状态，生态安全问题已经成为区域经济发展急需解决的问题。③随着经济的进一步发展，人们生活质量的进一步提高，需要消耗更多的能源和物质资料。进一步提高能源的使用效率、资源的产出效率以及合理控制人口增长、改善人们的文化观念，对于减少生态足迹、增强生态安全是非常必要的。④运用改进的生态足迹方法评价区域生态安全等增强了评价的客观性、准确性和尺度性。

（本文摘自：《农业系统科学与综合研究》2011 年第 3 期　作者：李中才）

低碳经济背景下县域招商中的环境污染问题

——以莱阳市为例

招商引资是优化资产和资金配置的重要活动，是拉动区域经济超常规发展、跨越式前进的有力“引擎”，对于县域经济发展来讲，招商引资成果的大小往往决定着本地区经济增长的速度。烟台是一个工业和农业大市，所辖县区经济发展各有特色，为促进本地区经济的进一步发展，近几年来烟台市各县区普遍加大了招商引资力度，取得了不菲的成绩。在取得成绩的同时，也存在着一些不容忽视的问题，尤其是在现有政绩考核体制下，一些招商引资活动存在着“急功近利”的不良趋势，其中，以牺牲环境代价换来 GDP 快速增长的招商项目最为典型。由于缺乏必要的环保评估，在招商激励政策的引导下，大量在一线、二线城市被限制、关停的高危污染项目进入到县域经济当中。在地方政府“趋利”背景下，项目进入门槛降低，环境监管处罚不到位，使得污染企业治理污染的成本相对较低，进而企业生产利润较高，促使这些企业往往在短时间内就可以成为一个县市所有招商项目中的利税大户，大力地拉动了县域 GDP 的增长，但这些项目也极大地损害了该地区的整体社会福利，更不利于区域经济的可持续发展。

一、招商引资中环境污染的现状分析

烟台市下辖七个县市，各个县市均根据自身的资源优势提出了发展县域经济的战略规划，强调招商引资在本地区产业结构调整中的重要地位和作用，并制定出台了一系列条件优厚的招商引资激励政策，可以说每一个战略规划都凝聚了基层政府的智慧和心血。但不容忽视的是，一些县市制定发展战略时存在不注重充分调研和科学论证，引进项目时片面追求 GDP 增速的现象，更有甚

者，所引进的投资项目与本地区整体发展策略自相矛盾，虽然招商项目短时间内就可以对当地财政收入做出较大的贡献，但这些项目固有的负外溢性却严重损害了地区整体的发展战略目标。烟台各县市中，莱阳市的招商引资项目所引起的环境污染问题与整体发展战略相悖的问题最为突出。

1. “绿色食品城”传统发展战略

莱阳市是一个人口和农业大市，总人口 88.72 万，其中非农人口 15.19 万。20 世纪 90 年代以来崛起了以龙大、鲁花、春雪、吉龙、北海食品为代表的众多蔬菜、食品加工出口企业，带动了全市蔬菜、粮油的种植和加工企业，对外出口蔬菜、食品成为莱阳经济发展的一大特色，食品产业已成为莱阳兴市富民的龙头产业。截至 2009 年底，全市食品加工企业达 276 个，总资产超过 40 亿元，其中国家级企业有 5 家。食品工业是莱阳市发展的支柱产业，也久负盛名，涉及绿色蔬菜、花生油、畜牧、水果 4 个产业领域的精深加工项目，平均各类食品年加工能力高达 120 万吨，与全球 40 多个国家和地区建立了销售网络，年出口创汇 2.28 亿美元。在大力开拓国际市场的同时，国内市场占有率也很高，在 300 多个城市建立了销售网点，国内销售收入也突破 40 亿元。

莱阳市委市政府审时度势，凭借这些优势提出了打造“中国绿色食品城”的发展战略，并为此制定了一系列的产业规划，也建立了相关的管理机构组织体系。在 21 世纪初期，该战略表现出了良好的发展势头，荣获了“中国绿色名市”、“全国粮食生产先进市”等荣誉称号，龙大、鲁花等农产品加工企业利税的贡献最高曾占到了全部财政收入的 80% 以上。农产品初加工业是莱阳市的起步产业，食品精深加工则是农业产业化的产物，绿色食品、高效农业实现了农业与工业的有机结合和相互支撑。

对县域经济而言，由于食品是关系到国计民生的商品，随着人民生活水平的提高，食品工业已成为长盛不衰的“朝阳产业”，使特色工业化与农业产业化、标准化和国际化融为一体，互动发展。截至 2009 年底，莱阳市有 18 万户农民参与农业产业化经营，占全部农户的 72%，莱阳市农民人均纯收入达到 7500 元，其中从产业化中获得的收入占总收入的比重达到了 70% 以上。莱阳食品工业成为全市税收稳定增长的主要源泉，全市地方财政收入的 80% 以上来源于食品产业，保证了全市财政收入连年平均增长 30% 以上。

2. 化工产业加入的新战略框架

从 2004 年起，莱阳市“绿色食品城”的发展战略发生了变化，受国家对绿色农业产品出口退税减少和农产品国际贸易壁垒不断抬高的影响，农业对该

市财政的贡献率日趋减少。为了进一步发展县域经济，调整产业结构，培育新的经济增长点，市委市政府加大了招商引资的力度，出台了条件优厚的招商引资条件和极具诱惑力的激励政策，全市上下一条心，采取了“产业招商”、“小分队招商”和“以商招商”等形式，先后引进了包括大易化工、巨力TDI、中瑞化工、中鑫东泰等各类化工项目200多个。莱阳市把培育化工龙头企业作为工作的重点来抓，着力引进一批资本集聚度高、产业特色明显、财政贡献率高的项目，实施化工“3361”工程——形成化工行业3大板块，即传统化工板块、精细化工板块和生化制药板块；重点培育3个化工骨干企业，即中鑫东泰、巨力TDI、巨力化肥；加快发展6个制药企业，即江波制药、永康制药、生化制药、亚东生物、昌立药业、万杰药业；围绕中鑫东泰、TDI，重点引进和发展一批上、下游产品，形成产业链。化工制药行业与食品、机械行业一起成为支持莱阳经济的三大特色产业之一，也成为莱阳地方政府收入的主要财源之一。

3. 化工产业带来的环境污染问题

在战略发展方向上，莱阳市一方面要打造全国绿色食品城，另一方面又引进大量的高污染的化工企业，虽然市政府强调在引进化工项目时要考核其科技创新和节能减排能力，明文规定新上化工项目必须经过环境影响评价审批和节能评估审查等规定，但在经济利益驱动下，这些条文形同虚设，引进化工企业的高污染已经伤害了“中国绿色食品城”的美誉。

（1）大型化工企业污染隐患长期存在。在引进的众多化工企业中，对于超标排放的监管比较到位，各企业也基本能够投入资金进行排污治理，但依然存在隐患，如在莱阳市的开发区，已经出现过多起化工企业污染水源、大气的事件，严重的地方甚至使得周围的粮食作物和果树全部枯死。曾经被新闻报道过的一起化工企业毒气泄漏事件造成多人中毒。虽然这些事件最后以化工企业支付污染赔偿款作为终结，但污染的隐患依然存在，对农业生产尤其是绿色食品生产基地的声誉造成的损害是无法补偿的。

（2）中小化工企业的污染情况严重。在我们调研过程中，到处可见臭气熏天的河流，经常遇到令人恶心的恶臭，中小化工企业的排污状况不容乐观。照旺庄镇是莱阳市的一个蔬菜生产大镇，主要以大田蔬菜生产为主，我们在照旺庄进行调研的时候，看到的是绿油油的菜地及周边浓烟滚滚的大烟囱。蔬菜叶上的灰尘很多，灌溉的河水乌黑，当地菜农反映，蔬菜的病害在逐年增加，并且无法防治，据他们推测，产生此问题最大的可能是大气和水源污染。

（3）污染不仅影响了农业生产，也严重影响了居民的生活。众多的软骨素企业，排污不达标或者偷偷排污，经常跟环境保护部门打游击，全市有近30%的村庄饮用水水源都受到了污染，有些地方由污染企业出资，给农民安装自来水，有些地方则无人负责，农民的吃水问题基本靠各家异地解决。

二、县域经济引进环境污染企业的原因分析

1. “污染转移”理论分析

污染转移是指经济比较发达的国家地区将污染转移给其他落后国家或地区的行为和情况。污染在国家之间的转移又叫公害输出，污染在同一国家内不同地区之间的转移，通常是由经济发达地区转移到经济落后地区，或者由大城市转向中小城市，由城市转移到农村，并且由显性污染向隐性污染转移。

（1）经济发展的不平衡是污染转移的内在基础。按照经济学产业梯度转移理论，各国经济发展水平不同，产品生产将会从高梯度国家逐渐转向低梯度国家，高污染企业就是在梯度转移中由发达地区转移至落后地区，从大中城市转移至小城市，尤其是县城，形成“污染迁徙”。从表面上看，这是产业在地区间比较优势产生的必然结果，但实质上却对生态环境破坏很大。从全国来看，大中城市中国家明令禁止的15类重污染小企业已经消失，但生产者并没有停业，而是将企业转移到偏远山区或周边县城，由于县城引资迫切，外部约束较软，引入地区生态日趋恶化。因此，污染转移与区域经济发展的不平衡密切相关。

（2）环评标准的差异是污染转移的外部动力。目前，一线城市（大城市）对于化工企业的环评标准很高，对企业的治污能力和环境损害补偿要求严格，这给化工企业的生存和利润空间造成了极大的障碍。而小城市，尤其是县城，包括发达地区的县城，在能源消耗、环境保护法规、政策等方面与大中城市差异较大，这些方面的限制标准相对较低，或者是表面限制严格，实际加以掩护，准入门槛低，同时，即使发生了严重的污染事件，企业为此支付的补偿费用也远远低于大城市及周边，因此大量的化工企业为了增加利润、减少环保支出而从一线城市转移向中小城市。

2. 丰厚的地方利益贡献

如果抛开环保，化工属于高利润行业，是利润短、平、快的项目。出于县域政府的利益考虑，该行业必然成为招商引资的重点而被青睐，因为它能给引进地区在很短的时间内创造丰厚的税费收入，给政府官员带来不菲的“政绩”。

据莱阳市2008年的统计数据，全市化工产业实现销售收入60多亿元，上缴利税近20亿元，按照同比计算，其中19家重点化工企业的纳税额增长了2.09倍，对地方的财政收入贡献很大。最典型的是烟台巨力异氰酸酯有限公司，该公司2006年刚刚投产，投产当年的税额为100万元，而2007年的纳税额则达到3920万元，增加了近40倍。2007年，大易化工取代龙大集团成为全市最大的纳税大户。在如此利益的诱惑下，有的地方官员明明知道引进项目的污染后果（包括潜在后果），但为了一时的经济效益，选择了“睁一只眼闭一只眼”，或者名义上严格把关，实际上却“暗箱操作”，降低门槛，甚至为其帮忙掩护，成为污染化工项目上马的合谋者与促进者。

3. 政绩考核机制扭曲

政绩考核是现代国家管理干部的通则，整体来看，地方政府官员的政绩考核以当地GDP增长为主要依据指标。在这种机制下，领导干部必然看重各类经济指标，甚至是盲目追求，一切以经济增长指标为中心。化工企业利润率高，引进项目投产后很快就会产生高额的利润回报，不仅增加了地方财政收入，而且对当地的GDP拉动作用明显，这也是很多县级政府官员对化工企业多加青睐的主要原因。实际上，经济的增长要遵循一定的规律，要实现可持续发展，必须按照科学发展观的要求进行产业布局。但是为了在任期内快出政绩、多出政绩，地方政府官员“唯利是图”的政绩观导致其不顾经济社会发展的规律，忽视资源和环境对可持续发展的作用，过分倾向于“效率”而忽视“公平”，认为经济发展必然有成本，牺牲点环境代价是必要的，这种思路在基层政府普遍存在。

4. 政府监管不到位

在政绩利益的驱动下，在政绩考核制度扭曲的背景下，政府在对引进投资项目的审批和后续管理问题上往往出现责任心不强、监管松懈，甚至“护短”的现象。一方面，化工企业必然产生污染是众所周知的，很多化工企业打着高科技、节能减排的幌子，披着低碳经济、节能环保的外衣，在项目审批环节弄虚作假；另一方面，地方政府存在利益驱动下的责任心不强的动机，于是便会配合此类造假行为，大做表面文章，环保评估走过场，甚至部分官员存在“先发展后治理”的错误理念，只要增加了地方的GDP指标，污染问题可以容忍搁置。同时，由于环保部门隶属于地方政府，在人事、财权、事权等方面都受制于地方政府，缺乏执法独立性，面对污染企业，一方面国家规定限期达标，不达标则须关停治理；另一方面成为利税大户的污染企业依靠逃避义务已经完成原始积累，逐渐成为当地政府的主要财政支柱。关，则地方财政受损，眼前利益顿失；放，则国家政令不畅，污染后果严重。

三、县域招商引资中环境污染问题的应对措施

1. 更新地方政府经济发展理念

结合中共十七届五中全会的精神，经济的增长绝对不应该再是单纯的GDP增加那么简单了，过去在基层政府官员头脑中普遍存在的“先发展后治理”的错误理念必须抛弃，GDP固然重要，但GDP中的环境成本更值得关注，构建资源节约型和环境友好型的“两型社会”才具有可期待性。政府官员只有彻底更新地方经济发展理念，才能真正担当起保护环境、实现可持续发展的责任，才会有强烈的责任心和使命感。几十年的改革实践以及不同地区之间的发展差异已经证明，地方政府的责任心对一方经济社会的良性发展至关重要，如果理念错误、自利心强，必然产生利益驱动下的表面文章，产生弄虚作假、“暗箱操作”。而污染项目一旦引进来，污染在项目建成投产后才会暴露，这时候，当初决策的官员已经升迁，问责制度形同虚设，而项目所在地却是污染严重，失去了本来宜居和适宜生产的自然环境。而且，治理污染的费用非常高，有的近乎于无底洞，会给当地财政带来巨大的压力。并且，即使花再多的钱，甚至加上几代人的努力，污染了的环境也可能无法彻底还原。重污染、高能耗企业不仅浪费资源、污染环境，而且会破坏当地的生态平衡，甚至影响百姓的日常生活，引发社会不安定因素，所以多数大中城市对“三高一低”企业坚决关闭，县域经济应该引以为戒，树立科学发展观，遵循可持续发展规律，不能仅为眼前的利益而盲目引进此类企业。政府官员的理念固然重要，但在利益驱动下，县域招商引资中的环境污染问题很难仅仅依靠官员的理念来杜绝，这需要进一步转换政绩考核机制和政府行为问责制。

2. 政绩考核引入绿色GDP概念

要实现中共十七届五中全会提出的改变经济增长方式的战略要求，首先要将转变经济发展方式与对党政领导干部的政绩考核有机结合起来，从“唯GDP考核”转向“整体综合考核”，其中重要的一项内容是引入绿色GDP的考核指标，这也是符合当前全球发展低碳经济的大理念的。GDP本身具有难以克服的缺陷：它代表的是经济发展数量，无法体现经济增长的质量和效益，特别是重复性甚至是破坏性的增长，更无法完全体现经济发展对人民福利和社

会保障的促进。如再用过去的经济 GDP 来衡量干部的政绩，并作为考核提拔任用干部的尺度，自然严重影响了经济发展方式的转变。

政绩应该包括显性政绩和隐性政绩，GDP 指标是显性的，而环境安全是隐性的，现在需要将原来隐性的环境安全指标显性化。2007 年 5 月，无锡市爆发了太湖蓝藻引起的供水危机，受此影响，该市建立了新的干部考核体系，淡化 GDP 指标，强化环保与民生类指标的考核。对引进具有高污染隐患的化工行业的地区来说，这是值得借鉴的，更不能像莱阳市那样，将化工和绿色食品两个矛盾的产业并列。武汉市在 2007 年建立了 15 万亩的绿色食品示范园，强制要求 1 公里范围之内的化工企业全部搬迁，反观莱阳市，已经获得了“中国绿色食品城”的荣誉，却又引进众多的化工企业，无论披着怎样华丽的环保外衣，这一结果是难以令人接受的。

有了考核机制的约束和引导，县域经济发展模式自然会随着指挥棒节奏的变化而改变。地方政府的“责任心”也自然会因为考核机制的变化而加强，对拟引进的投资项目进行环境污染评估也自然会落到实处，对那些存在潜在环境污染风险隐患的投资项目必然拒之门外。

3. 建立高标准的招商项目环境评估机制

我国已经颁布实施了《环境影响评价法》，并陆续出台了一系列配套的环评法规与条例，并建立了环境评价组织和专家库。目前存在的主要问题是行业主管部门权力过大，不仅负责规划审批，而且对环评的审查组织也是亲力亲为，环保部门被架空，环评则必然流于形式。在这一模式下，环评报告将避重就轻，过于论证建设项目的可行性，突出其对当地经济增长的贡献，忽略建设项目的可行性，对项目的不利因素考虑较少，虽然设置了相关指标，但指标的权重低或实质内容不明确。正确的做法应该是要重视进行环评的可行性论证，通过综合深入比较得出环评结论。另外，要坚决杜绝未经环评就通过审批的违法现象。地方政府往往基于自身利益的考虑，或者是利用自己的特殊地位不经环境影响评价就擅自通过招商投资项目的审批，或者干预环保部门的环境影响评价工作，在项目评审过程中弄虚作假。必须建立环境影响评价责任制度，同时将环保部门升格为独立系统，摆脱地方政府的行政干预，从而加大环保部门在县域招商引资过程中对引进项目的环境影响评价力度，减少因审批评价不严格可能产生的环境污染问题。

4. 招商项目要结合区域优势不能急功近利

招商引资对地方经济发展的拉动作用毋庸置疑，但引进项目绝不可以抛开资源优势，更不能急功近利。莱阳市引进化工项目并把其打造成支柱产业，实际上不是建立在资源优势的基础之上的，虽然现在已经形成了规模和特色，但并不能证明其在当初决策的时候是正确的。依据区域经济学和产业经济学的基本理论，产业转移的承接区应该结合自己的区域资源优势和特色，实现与产业转出区的错位发展，区域经济结构避免与发达地区重复，如果重复，比较优势将不复存在，应该形成合理互补的产业格局。但是，承接已经被发达地区限制或者抛弃的化工产业绝对不是所谓的“错位发展”，无论是产业转移还是产业承接，预防和治理污染都将是其中的主题。

5. 加强对已建高危污染项目的跟踪管理

对于已经建成投产的高危项目，目前地方政府需要做的不是简单的关停，毕竟已经有了一定的发展基础，应该做的是提高监管标准并建立相关制度，将这些标准落到实处，真正杜绝地方政府为自身私利而可能产生的保护行为，提高污染企业的治污能力和治污成本。一方面，环保部门要依据《环评法》定期或不定期地对各类引进项目进行环保跟踪管理与评价，对违法事件进行严格的处罚，提高环境污染补偿标准，增加其违法成本；另一方面，增加招商引资项目管理的公开性和透明性，让社会公众参与到引进项目的环保监督。引进舆论监督机制，对发生的环境污染事件举报要认真重视并及时处理。对莱阳市而言，要继续保持“中国绿色食品城”的荣誉和发展方向，必须立即停止化工行业的引资活动，限制化工行业的规模膨胀。对已经建立的化工企业，尤其是中小化工企业，必须提高环保监测标准，同时予以征收较高的排污治理费用，确保其对周边环境的污染做到“零排放”，否则必须予以取缔。通过制度障碍的设置，将高污染产业的涌入限制在一定范围内，最大限度地减少污染的转移。

中共十七届五中全会提出了转变经济增长方式的宏观政策方向，公报中也未再提及 GDP 的增长速度，在某种程度上，这标志着中央政府已经接受了绿色 GDP 和低碳经济的概念，即经济的增长不能再以牺牲环境、消耗能源为代价。在发展低碳经济成为全球政府、企业共识的背景下，这些高污染、高排放的投资项目必须得到有效限制。从县域经济发展策略上，不能再跟以往一样仅将招商项目的经济利益作为是否引进的主要标准，必须制定低碳经济标准，在招商引资项目评审关口，设定严格的环保评价标准，在投资后项目的监管上，加入高标准的环境保护条款，对已经引进的各类污染企业也要采取相应的措施加以治理。

（本文摘自：《山东工商学院学报》2012 年第 4 期　作者：房德东）

烟台发展低碳经济的金融支持问题探讨

所谓低碳经济，是相对于高碳经济而言的，是以“三低”（即低能耗、低污染、低排放）为基础的经济模式，具体而言，低碳经济是指在可持续发展理念的指导下，通过技术进步、新能源开发、产业转型、制度创新等多种手段，尽可能地减少煤炭、石油等高碳能源消耗，限制二氧化碳等温室气体排放，最终达到经济社会发展与生态环境保护“双赢”的一种经济发展模式。

目前，发展低碳经济已成为解决能源短缺和气候问题的重要途径，是可持续发展的战略选择，因此，低碳经济是未来经济发展的潮流方向，未来各国的竞争也将是低碳产业、技术及规则的竞争。特别是在全球气候变暖和金融危机的影响背景下，发展低碳经济更加刻不容缓，但由于我国低碳经济还处于初期阶段，需要相关政策和资金的支持。如何配置更多的资金到低碳产业中，不仅是金融业的重要职责，而且也是在低碳经济初步阶段须努力破解的难题。基于此，本文以烟台市为例，分析了烟台市在发展低碳经济中存在的金融支持难题并提出了相应的对策。

一、烟台发展低碳经济的必要性及发展现状

1. 烟台发展低碳经济的必要性

（1）发展方式。烟台市“十一五”期间经济持续快速发展，城镇化和工业化进程不断推进的同时也进一步增大了资源消耗强度，加剧了能源供求矛盾，环境污染状况不容乐观，能源问题已成为制约烟台经济社会发展的重要因素：①烟台市的能源对外依存度比较大。2009 年烟台市生产的一次能源主要有两个品种：原煤（608.36 万吨）和风电（6.15 亿千瓦时），这两个品种的产量折合成标准煤为 442.11 万吨，约占烟台全社会能耗总量的 16.2%。而烟台市其余的能耗全部依靠外调，能源对外依存度比较大。②烟台经济发展的

“高碳”特征突出，能源消费以煤炭和火电为主。烟台市能源消费一直以煤炭和靠消耗煤炭的火电为主，大量原煤被直接消费，不仅造成能源利用效率很低，而且产生大量对生态环境影响较大的二氧化碳，最终结果就是使烟台经济发展的“高碳”特征突出，与发展低碳经济的要求形成尖锐的矛盾。如果一直依靠这种拼资源、高消耗的发展方式，烟台整个社会虽然可能发展得很快，但付出的代价也会很大。

（2）经济结构。经济结构“偏重”特征突出，高耗能行业所占比重较大。近年来烟台市不断调整和优化产业结构，但其仍不尽合理。其中，2009 年烟台市的三大产业比例为 7.7 ∶ 60.2 ∶ 32.1，工业增加值占烟台市 GDP 的 54.5%。由此可见，烟台市经济发展更多地依赖第二产业，而且工业结构“偏重”特征突出。2009 年，烟台市电力行业、热力的生产和供应业、纺织业等 9 大工业重点耗能行业规模以上企业产值占规模以上工业产值的 29.34%，能耗占 72.26%，能耗比重比产值比重高出了 42.92%，高耗能行业的投入产出比“倒挂”现象非常明显。

总之，能源、资源禀赋决定了烟台目前“粗放型，高能耗”的经济高速发展模式已经不能继续下去。实施低碳经济是烟台应对未来能源、资源紧缺压力的必然选择，而且“三低”的特点决定了低碳经济具备优化经济质量的功能，因此，发展低碳经济应成为当前烟台市“调结构，促转型”这一中心工作的重中之重。

2. *烟台低碳经济发展现状*

烟台市处于我国东部沿海地带，资源丰富、交通便利、区位优势明显，是山东省重要的工业基地之一。烟台要想实现经济社会“又好又快”发展，就必须把发展低碳经济作为转变经济发展方式的切入点。

（1）为了实现经济发展的“集约化”，烟台市发挥物流、人流、资本流、信息流在其交汇的优势，加快发展适应国内外市场需求的高新技术、旅游、环保等产业。现在，烟台很多的电子信息、机械制造、海洋科技和新材料企业，正依托技术创新以及品牌打造，积极向节能减排的方向转变。目前，烟台已拥有超过 50 家的新能源企业，年产值突破 15 亿元。2009 年，烟台市高新技术产业产值达到 3770 多亿元，占规模以上工业总产值的 42%。

（2）烟台市通过运用各种有效手段，加大节能减排力度。一方面，深入开展整治违法排污企业专项行动及节能执法行动；另一方面，认真落实节能减排准入、差别电价、超标准耗能加价等相关政策。自 2008 年以来，烟台市已实施了近360个减排项目，依法关停小水泥厂、小纺织厂和小火电厂，“十一五”时期的二氧化硫减排目标提前完成。

(3) 自2009年胡锦涛总书记提出“打造山东半岛蓝色经济区”以来，烟台就把大力发展蓝色经济作为“转方式，调结构”的一条特色道路。在产业上，2009年烟台市海洋产业产值为1100亿元，增长16.6%，说明烟台已形成较好的涉海产业基础。

(4) 烟台市发展低碳经济取得显著成绩的代表就是获得了“全国可再生能源建筑应用示范城市”称号。烟台是一个太阳能等可再生资源比较丰富、海岸线长度全国领先的地区，烟台市就是利用了可再生能源丰富的优势，在全市推广应用太阳能与建筑一体化项目；而且烟台的海岸线长度在全国处于领先位置，烟台市利用其海水的温度及水质，使用海水源热泵进行供热，随之再生水源热泵（利用污水处理厂的水温）、地下水源热泵、地表水源热泵等技术也在烟台建筑业中得到了较好的推广应用。这样就催生了烟台的“低碳房产”——可再生能源建筑（利用海水源热能、污水源热能、地下水源热能、太阳能等非化石能源，对建筑物进行制冷或供热的一项节能技术），从而使烟台成为我国可再生能源建筑的模范城市。

可以看到，烟台市以低碳促转型已经取得了很多成绩，但是低碳经济作为经济增长模式转换的目标，在近期还没有成为占据主导地位的增长模式，其发展体系的建设需要巨大的资金投入和更多的金融支持，而其现行的投融资体系由于经济发展水平等因素的影响和制约还未成熟。

二、烟台发展低碳经济的金融支持难点

任何新兴产业的兴起和发展都离不开资金的大力支持，低碳经济也不例外。烟台发展低碳经济同样也受到资金短缺的困扰，如何使更多的资金合理配置到低碳产业上是烟台当前面临的关键问题。烟台发展低碳经济争取更多的金融支持，主要存在以下几点阻碍：

(1) 主要是依靠银行信贷来支持低碳经济的发展，金融手段相对单一。而且一般说来，低碳经济融资要考虑社会效益，具有资金需求量大、融资期限长、融资政策性强等特点；而目前由于银行的“趋利性”，商业银行更倾向于短期流动资金贷款的发放，这与低碳经济融资特点不相适应，从而使银行信贷支持低碳产业发展的动力不足，缺乏适应低碳经济发展的金融创新产品。

（2）专门从事节能环保的企业规模一般较小，而且节能环保项目涉及不同地区和行业，资源循环周期较长，加之环保标准和环境风险评级难以准确确定，导致项目风险及回报很难测度和控制，所以尽管节能环保项目的投资回报率不低，却也很难吸引到风险投资者。

（3）在低碳产业融资途径中，直接融资手段比较滞后，表现为低碳经济概念的上市公司在A股市场上的比重还比较小。例如，在《国务院关于加快培育和发展战略性新兴产业的决定》中，节能环保、新能源、新材料、新能源汽车、新一代信息技术、高端装备制造、生物七个产业被列为战略性新兴产业，而在相关领域的上市公司中，涉及烟台本土的上市公司不多，比较受关注的就是从事节能环保产业的烟台万华公司。

（4）相应有效的风险补偿、税收优惠和担保等配套政策的缺乏，导致由“高碳”向“低碳”转型的企业经营成本大幅上涨，“低碳化”虽有社会效益，但现实的经济利益大幅减少，最终会增大商业银行等金融机构的“低碳信贷”风险。而在现行的金融体系及补偿政策缺乏的情况下，商业银行等机构无法分担“低碳转型”所带来的社会成本，从而造成“低碳信贷”严重缺位，恶化了低碳产业的融资环境。

上述几方面正成为烟台低碳经济获得金融支持的主要障碍。例如，随着近年来房地产的升温，烟台的诸多商业银行也都倾向发放如房贷之类的短期贷款，因为和需长期投入的低碳产业相比，房产的收益周期更短。而低碳经济需要商业银行以优惠利率来发放更多的长期贷款，以加大对收益周期较长的低碳技术项目的投资力度。可以看出，低碳经济是一种可持续的经济，需要长期的投入才能得到长期的利润。

三、加强对烟台低碳经济发展的金融支持的建议

支持低碳经济发展，需要政府部门、相关企业和金融机构的共同努力，在推动烟台低碳经济发展的过程中，烟台的金融业不仅要承担起相应的社会责任，而且可以大有作为。发展低碳经济要求建立与之相适应、配套好、高效率的投融资体系。

1. 地方政府加大有效的政策引导和扶持力度

目前，烟台市低碳经济还处于初期发展阶段，金融对低碳经济的支持在很大程度上还需要地方政府政策的引导和扶持。如果没有政府的积极推动以及监

管部门的监管导向，那么低碳经济领域将不能改变目前“企业不热心，银行不上心”的被动局面。

（1）为了支持现有产业低碳化、实现“低碳”的中长期目标，烟台市应增强相关政策的前瞻性，及时制定烟台市要重点发展的低碳产业等相关目录，并在此基础上制定发布年度低碳经济投资指南、确定财政投资领域及重点项目，从而对银行信贷和社会资金投向起到重要引导作用。烟台市应加大对发展蓝色经济、新能源、高新技术、旅游等产业的金融支持力度。

（2）政府应制定政府担保、产业补贴、优惠贴息和开征税收等相关的政策措施，形成奖惩分明的低碳经济推动机制。①建立政府低碳经济发展投资增长机制，出台有关法规来确定一定时期内政府用于发展低碳经济的资金占GDP（或财政支出）的比例。②为了给银行提供的能效融资提供担保，政府归口部门应建立“能效专项基金”，此专项基金另外一个用途就是向企业能效融资提供与其能效改善效果相关联的补贴。③在积极支持低碳经济发展的同时，为了监督资金的使用效果，还要建立针对烟台地方政府以及企业的低碳考核制度。另外，征收生态环境补偿费、开征二氧化碳税，从而使高碳经济的运行成本提高，最终把发展低碳经济的效果与享受融资优惠相挂钩。④对重点行业提出“减排”的硬性要求，取缔不达标的落后企业和技术，并引导金融机构及时调整信贷政策；规定公司上市必须达到的一个强制性指标就是公司耗能和碳排放量要达到既定标准作为；实行“碳生产率评级”（即根据每单位碳排放创造的经济价值来确定扶持或者限期淘汰的企业）。

前面我们提到，烟台因为推广可再生能源建筑获得了“全国可再生能源建筑应用示范城市”的称号，因此烟台还获得了国家8000万元最高额度的专项补助资金。有了这8000万元的专项补助资金，烟台市的“低碳房产”将会得到更多的推广。

（3）烟台市政府应更好地发挥央行、银监会等部门的宏观窗口指导作用。央行和银监会规定“把支持节能减排和淘汰落后产能作为加强银行审贷管理的重要参照依据”，要建立与节能减排项目贷款相关联的信贷指导政策，引导金融机构在确保经营利润、防范金融风险的同时，要优先满足低碳经济项目的融资需求。

（4）为了能充分调动全社会的积极性以实现“经济活动低碳化→低碳技术创新化→低碳模式制度化→低碳文明生态化”的低碳目标，烟台政府应建立起具有地方特色的发展低碳经济长效机制及所有相关利益各方参与的合作机制。

2. 商业银行等金融机构的信贷支持

在“调结构，促转型”的背景下，商业银行在抑制“两高行业”、支持新能源等低碳行业方面发挥着重要作用。

（1）认真学习、熟悉及采纳与低碳经济和低碳金融相关的国际惯例和规则。商业银行等金融机构要及时增强低碳金融服务理念，凸显支持低碳经济发展方向。学习和实施赤道原则。所谓赤道原则，是指由世界银行等主要国际金融机构提出的一项企业贷款准则。它要求金融机构投资一个项目时，要综合评估该项目可能对环境和社会的影响，并利用金融杠杆促进该项目对环境保护和周围社会和谐发展方面的积极作用。赤道原则虽是一套自愿性准则，没有法律条文效力，但它为银行业务开展提供了一套明确化的环境和社会责任标准。目前，世界上很多国际知名金融机构都已宣布采纳赤道原则，我国的兴业银行也在 2009 年宣布采纳赤道原则。

建议驻烟台金融机构首先要学习和熟悉赤道原则，向已加入赤道原则的兴业银行烟台分行等内外资银行学习并采纳相应的实务流程及标准。增强低碳金融服务理念，制定各种低碳金融政策的框架，加大对低碳行业的融资支持力度，使更多的资金能合理配置到与低碳经济密切相关的行业中。

（2）对低碳产业和企业给予信贷倾斜，重点支持能效融资项目，推动海洋经济、新能源、可再生能源等低碳行业及技术的发展。金融机构要拒绝贷款给产能严重过剩的项目，加大对节能减排和环境保护项目的金融支持力度，力争使贷款的结构调整同国家的低碳产业发展方向紧密结合起来，提高节能减排、新能源、可再生能源等产业贷款的比重及市场份额，最终改变烟台的能源消耗过分依赖传统化石燃料的现状，促使烟台经济发展从“高碳”向“低碳”转型。

（3）切实防范“低碳信贷”经营风险。对行业风险的控制是未来我国商业银行在发展低碳经济中金融服务所要面临的最大的“瓶颈”。一方面，长期以来烟台市银行业与一些高耗能行业之间形成了紧密的“荣损与共”关系，如果银行信贷过快退出这些高耗能行业可能会给金融机构带来风险；另一方面，新兴产业也会面临产能过剩风险，如烟台要发展太阳能、风力发电，随之而来的是烟台风电设备、多晶硅等与低碳经济相关的新兴产业当中出现了重复引进和建设、盲目投资的倾向。同时，当前一些新兴产业还处于产业发展初级阶段（行业标准和技术还不成熟），即便目前采用的是最新的工艺和装备，未来也可能会被迅速地淘汰。所以说，持续的巨额投入是这些产业突出的特点，而这种持续的巨额投入和有效的产出相比，将会有很大的不确定性。

烟台市银行业要把握好产业结构调整的方向，并能及时调整信贷资源配置，从而有效规避结构调整中的风险。烟台各有关部门要加强支持引导银行业金融机构，使其既能实现商业营利性和经营的可持续性，又能支持低碳经济的发展、承担起社会责任，并防范好结构调整中产生的信贷风险。

（4）对抵押担保和信用评估进行创新。环境总容量有限使得碳减排权、污染物排放指标具有价值，可以通过转让产生收益。因此，商业银行在进行贷款审批时，不仅要考虑企业所提供的固定资产抵押，还应考虑企业的碳减排量；同时，可以把项目所实现的碳减排额（CERs）作为一项还款来源，这就使那些不具有充分抵押贷款资格、信用评级不理想但处于节能环保项目前沿的一些中小企业能够及时获得它们所需的贷款融资。烟台可将能效评估状况、环境影响评估状况和碳减排、污染物排放等指标一起纳入企业信用等级评估。

3. 扩大直接融资，为低碳经济发展提供资本支持

低碳经济概念的上市公司在 A 股市场上的比重比较小，而“节能减排”企业在发行企业债等方面也存在很多限制，这就说明我国低碳经济的直接融资渠道还有待扩展。因此，为了形成对上市公司节能减排的“硬约束”，可规定公司上市必须达到的一个强制性指标就是其耗能和碳排放量要达到一定的标准；引导、扶持低碳经济企业进入创业板市场进行融资。鼓励符合发债条件的节能减排企业通过发行企业债券、短期融资券等方式获得债券市场的资金支持。

综上所述，发展低碳经济是烟台市转变经济发展方式的突破口，而发展低碳经济又必须要得到金融领域的支持。所以，烟台发展低碳经济的关键就是要建立一套包括“政府引导，企业自筹，银行贷款，市场直接融资”的多层次及多元化的融资体系，从而满足低碳经济发展的巨额资金需求。

（本文摘自：《山东工商学院学报》2012 年第 2 期　作者：李建伟　刘洪霞）

烟台市碳排放现状及发展低碳经济策略研究

一、低碳经济概述

低碳经济作为近几年提出的前沿经济理念，并没有一个统一的、权威的定义。我国学者从不同角度对低碳经济的内涵进行了阐述。中国国家环境保护部部长周生贤在给《低碳经济论》的序言中指出："低碳经济是以低耗能、低排放、低污染为基础的经济模式，是人类社会继原始文明、农业文明、工业文明之后的又一大进步。其实质是提高能源利用效率和创建清洁能源结构，核心是技术创新、制度创新和发展观的转变。发展低碳经济是一场涉及生产模式、生活方式、价值观念和国家权益的全球性革命。"潘家华等在比较分析了国内外各种定义之后认为，低碳经济是指在一定碳排放约束下，碳生产力和人文发展均达到一定水平的一种经济形态，旨在实现控制温室气体排放的全球共同愿景（Global shared vision）。

低碳经济（Low-carbon Economy）的概念最早由英国提出。2003 年 2 月 24 日，英国首相布莱尔发表了题为《我们未来的能源——创建低碳经济》的白皮书，宣布到 2050 年英国能源发展的总体目标是从根本上把英国变成一个低碳经济的国家。英国能源政策的目标之一是到 2050 年时，将英国二氧化碳的排放量在 1990 年的基础上削减 60%，并于 2020 年取得实质性的进展。英国白皮书的内容及其发展低碳经济的理念受到欧盟各国的认同，并相继提出相应的发展战略。

2006 年，前世界银行首席经济学家尼古拉斯·斯特恩牵头做出的《斯特恩报告》指出，全球以每年 GDP 1% 的投入，可以避免将来每年 GDP 5% ~ 20% 的损失，呼吁全球向低碳经济转型。2007 年的达沃斯世界经济年会上，

气候问题成为首要问题。在接下来的联合国大会、八国集团峰会、APEC 会议、中欧首脑会议等一系列国际会议中，气候问题都成为重点，尤其是“巴厘岛路线图”的制定成为全球迈向低碳经济的里程碑。

中国是世界第二能源生产和消费大国，根据英国石油公司（BP）提供的数据，中国初级能源消费量占世界总量比重由 1980 年的 6.28% 提高到 2005 年的 14.75%，这一比重还在不断上升。伴随着中国不断上升的能源需求和以煤为主的能源结构，国际上要求中国控制二氧化碳排放的压力越来越大。近年来，我国采取了积极的举措以应对气候变化问题。2006 年底，科技部、中国气象局、发改委、国家环保总局等六部委联合发布了我国第一部《气候变化国家评估报告》。2007 年 6 月，中国正式发布了《中国应对气候变化国家方案》。2007 年 9 月 8 日，中国国家主席胡锦涛在亚太经合组织（APEC）第 15 次领导人会议上，提出了四项建议，明确主张“发展低碳经济”，令世人瞩目。2007 年 12 月 26 日，国务院新闻办发表《中国的能源状况与政策》白皮书，着重提出能源多元化发展，并将可再生能源发展正式列为国家能源发展战略的重要组成部分，不再提以煤炭为主。2008 年 1 月 28 日，WWF 正式启动“中国低碳城市发展项目”，以期推动城市发展模式的转型，保定和上海是首批入选的两个试点城市。2009 年 9 月，胡锦涛主席在联合国气候变化峰会上承诺：“中国将进一步把应对气候变化纳入经济社会发展规划，并继续采取强有力的措施。①加强节能，提高能效工作，争取到 2020 年单位 GDP 二氧化碳排放比 2005 年有显著下降。②大力发展可再生能源和核能，争取到 2020 年非化石能源占一次能源消费比重达到 15% 左右。③大力增加森林碳汇，争取到 2020 年森林面积比 2005 年增加 4000 万公顷，森林蓄积量比 2005 年增加 13 亿立方米。④大力发展绿色经济，积极发展低碳经济和循环经济，研发和推广气候友好技术。”2010 年 3 月，生态环保、可持续发展成为“两会”的主题，全国政协“一号提案”内容就是谈低碳环保。

二、文献综述

关于中国碳排放的研究主要集中在以下几个方面：

（1）碳排放的测算及其碳排放因素分析。徐国泉基于碳排放量的基本等式，采用对数平均权重 Divisia 分解法建立中国人均碳排放的因素分解模型，定量分析了 1995 ~ 2004 年能源结构、能源效率和经济发展等因素的变化对中国人均碳排放的影响，结果显示经济发展对拉动中国人均碳排放的贡献率呈指数增长，而能源效率和能源结构对抑制中国人均碳排放的贡献率都呈倒“U”形。这说明能源效率对抑制中国碳排放的作用在减弱，以煤为主的能源结构未发生根本性变化，能源效率和能源结构的抑制作用难以抵消由经济发展拉动的中国碳排放量增长。宋德勇采用“两阶段”迪氏因素分解法，依据我国1990～2005年时间序列数据，先对影响消费产生的二氧化碳排放相关因素进行分解，再对能减少碳排放的关键因子做进一步的分解，以衡量各因素的作用大小，研究我国不同经济增长方式下二氧化碳排放的周期性特征。陈彦玲建立了我国二氧化碳排放量影响因素的模型，系统分析了这些因素对我国人均二氧化碳排放量的影响，得出的结论是我国近年来的人均碳排放量的增长主要是由于我国经济的高速增长引起的，而能源消费结构和产业结构的改善和能源效率水平的提高可以在很大程度上降低由经济增长带来的碳排放。

（2）碳排放与经济增长、产业结构的关系。王中英认为，GDP的增长与碳排放量有明显的相关性，中国过分依赖投资的经济增长方式和以第二产业（工业）为主的经济结构在很大程度上是导致温室气体增加的主要原因。谭丹运用灰色关联度方法得出产业产值与碳排放之间存在着密切联系，并通过测算工业各行业单位碳排放量的变化分析了工业行业产业结构与碳排放的关系。徐博通过函数推导和实证检验得出了第一产业和工业比重的变化是影响中国能源消耗总量变化的主要因素，电力将因结构的变动和经济总水平的提高而成为中国的主要消费能源的结论。

（3）碳储量研究。吴建国研究了天然次生林变成农田或草地及农田或草地造林后对土壤有机碳储量的影响。周涛分析了气候变化及人类活动对中国土壤有机碳储量的影响。

（4）区域碳排放研究。赵敏根据联合国政府间气候变化专门委员会（IPCC）2006年版碳排放计算指南中的计算公式和碳排放系数缺省值，计算了上海1994～2006年能源消费碳排放量。唐燕秋估算了重庆市包括二氧化碳排放总量、人均排放量、碳排放强度等碳排放现状。马蓓蓓对陕西省自新中国成立以来碳排放的数量和结构变化进行回顾，并利用SPSS软件从经济总量、产业结构、消费特征、能源结构和利用效率等方面对影响其变化的主要因素进行分析。

城市作为地区经济发展和社会发展的核心单元，研究其能源消费碳排放和预测，对于寻找节能减排的技术路线和对策，进而实现全国的控制目标具有重

大意义。目前，国内这方面的研究总体上还不多。邹秀萍、王铎等对我国省级区域的碳排放影响因素进行了研究；张秀柏等对江苏省碳排放效应及时空格局进行了分析。目前对于烟台市乃至山东省碳排放情况尚没有系统的研究。本文尝试采用 IPCC 2006 年提出的碳排放计算方法，测算烟台市历年碳排放情况，通过人均碳排放量、碳排放强度等的比较，探索山东省节能减排途径。

三、研究区域概况与研究方法

1. 研究区域概况

烟台位于山东半岛东部，东连威海，西接青岛，北濒黄海、渤海，与辽东半岛对峙，并与日本、韩国隔海相望。全市总面积 1.35 万平方公里，总人口 651 万人。烟台是全国首批 14 个沿海开放城市之一，是国家重点开发的环渤海经济圈内的重要城市。烟台地形为低山丘陵区，山丘起伏和缓，山地占总面积的 36.6%，丘陵占 39.7%，平原占 20.8%，洼地占 2.9%。境内河流众多，5 公里以上河流 121 条。烟台海岸线、岛岸线 909 公里，有大小基岩岛屿 63 个。烟台属于暖温带大陆性季风气候，雨水适中，空气湿润，气候温和。全市年平均降水量为 765.4 毫米，年平均气温 12.7℃，日照时数为 2441.6 小时，无霜期 284 天。烟台海洋渔业资源丰富，盛产海参、对虾、鲍鱼、扇贝等多种海珍品，是全国重要的渔业基地。地下矿藏十分丰富，已发现矿产 70 多种，探明储量的有 40 多种，黄金储量和产量均居全国首位，菱镁矿、钼、滑石储量均居全国前 5 位。沿海大陆架储有丰富的石油和天然气资源，属“富集型”油区。

2009 年，全市实现生产总值 3701.79 亿元，比上年增长 13.5%，约占全省 GDP 的 10.92%，在全省十七个城市中名列第二，全市人均生产总值 52683 元。其中，第二产业占比最高，为 60.2%，第三产业比重为 32.1%，第一产业比重为 7.7%。在烟台各行业中，工业所占比重最大，2009 年工业所占的比重为 54.5%，

2005～2009 年，烟台市万元 GDP 能耗分别为 0.95、0.91、0.87、0.81 和 0.77，呈逐年下降趋势，且明显低于全省 1.28、1.23、1.18、1.1 和 1.04 的平均水平。

2. 研究方法

目前我国没有碳排放量的直接检测数据，因此大部分现有的研究都是基于

对能源消费量的测算。根据联合国政府间气候变化专门委员会（IPCC）2006年版的碳排放计算指南的推荐公式，碳排放量可采用以下公式计算：

$$A = \sum_{i=1}^{17} B_i \times C_i$$

式中，A 为碳排放量；i 为能源种类；B_i 为能源 i 的消费量，以实物量计；C_i 为能源 i 的碳排放系数。本文能源消费量采用终端能源消费量，能源种类包括：原煤、洗精煤、其他洗煤、型煤、焦炭、焦炉煤气、其他煤气、原油、汽油、煤油、柴油、燃料油、液化石油气、炼厂干气、天然气、其他焦化产品、其他石油制品、热力、电力等。电力排放系数和热力排放系数根据能源消费种类的变化而变化，不能直接获取，因此火力发电和供热的碳排放是按火力发电和供热投入的能源计算，不再计算能源终端消费量热力和电力的碳排放。本文根据《中国能源统计年鉴》和《山东统计年鉴》中山东省能源平衡统计提供的数据，利用每种能源的发热值和碳排放系数（见表1），计算出山东省各年的碳排放量。由于烟台市终端能源消费量缺少统计数据，因此将烟台市万元GDP能耗与GDP数值相乘得到烟台市能耗，再根据烟台市能耗量占山东省能源消费量的比例估算出烟台市碳排放量。

表1 各种能源的发热值和碳排放系数

种 类	发热值	碳排放系数（t-C/TJ）
原煤	20934 kJ/kg	26.8
洗精煤	26337 kJ/kg	26.8
其他洗煤	8374 kJ/kg	26.8
型煤	20934 kJ/kg	26.8
焦炭	28470 kJ/kg	29.5
焦炉煤气	17375 kJ/cum	13.0
其他煤气	5234 kJ/cum	13.0
原油	41868 kJ/kg	20.0
汽油	43124 kJ/kg	18.9
煤油	43124 kJ/kg	19.6
柴油	42705 kJ/kg	20.2
燃料油	41868 kJ/kg	21.1
液化石油气	50241 kJ/kg	17.2

续表

种　类	发热值	碳排放系数（t-C/TJ）
炼厂干气	46055 kJ/kg	18.2
天然气	38979 kJ/cum	15.5
其他焦化产品	28470 kJ/kg	29.5
其他石油制品	41868 kJ/kg	25.8

注：人均碳排放量是碳排放量除以人口数量所得，计算公式为：$D=E/F$。式中，D 为人均碳排放量或碳排放强度，E 为碳排放量，F 为人口数量。数据来源于历年《山东统计年鉴》和《烟台统计年鉴》。

四、结果分析

1. 碳排放量

1997～2009 年，山东省能源消费碳排放量逐年增加，由 1997 年的 5836.93 万吨增加到 2009 年的 21608.19 万吨。从碳排放强度来看，1997～2000 年，碳排放强度逐年下降，2000～2005 年碳排放强度逐年上升，2005 年后碳排放强度略有下降。多年来，资源型企业在工业企业中占有相当大的比重，因此造成了能耗持续增高以及碳排放强度居高不下。2005～2009 年，烟台市 GDP 占山东省 GDP 的比重分别是 10.96%、10.99%、11.17%、11.02% 和 10.92%。烟台市碳排放量占山东省碳排放量的比重分别是 7.44%、7.59%、8.03%、8.6% 和 8.25%。不难发现，烟台市占山东省的碳排放比例明显低于 GDP 比例，说明就山东省内各市而言，烟台市在节能减排、降低能耗方面具有明显优势。

2. 碳排放总量、人均碳排放量与碳排放强度

利用上述碳排放系数和计算方法可得，2009 年烟台市碳排放总量为 1783.43 万吨，人均碳排放量为 2.74 吨，碳排放强度为 0.48 吨/万元。2005～2009 年，碳排放总量增加了 41.37%，人均碳排放量增加了 40.27%，碳排放强度减少了 23.15%，如表 2 所示。

表 2　2005～2009 年烟台碳排放总量、人均碳排放量与碳排放强度

项　目	2005 年	2006 年	2007 年	2008 年	2009 年	增减（%）
碳排放总量（万吨）	1261.57	1383.34	1623.08	1760.57	1783.43	41.37

续表

项　目	2005 年	2006 年	2007 年	2008 年	2009 年	增减（%）
人口（万人）	647.78	649.98	651.47	651.69	652	0.65
人均碳排放（吨）	1.95	2.13	2.49	2.7	2.74	40.27
GDP（亿元）	2012.46	2405.75	2879.96	3409.22	3701.79	83.94
碳排放强度（吨/万元）	0.63	0.58	0.56	0.52	0.48	-23.15

3. 人均碳排放量比较分析

表 3 比较了 2005 年烟台市和主要经济大国能源消费碳排放总量和人均碳排放量。其中，碳排放数据来自于美国橡树岭国家实验室二氧化碳信息分析中心（CDIAC）。烟台市能源消费碳排放量占全国碳排放量的 0.92%，占美国碳排放量的 0.81%，占山东省能源消费量的 7.44%。烟台市人均碳排放量为 1.95 吨/人，明显高于山东省平均水平、全国平均水平和全球平均水平，但低于美国、澳大利亚、加拿大、英国、德国和日本，仅为美国人均碳排放量的 37%。烟台市万元 GDP 能耗明显低于全省平均水平，但人均碳排放量却明显高于全省平均水平，说明在不降低人民生活水平的前提下，要想控制碳排放总量任重道远。

表 3　2005 年山东省与主要经济大国能源消费碳排放量比较

国家或地区	碳排放总量（吨）	人均碳排放量（吨/人）
全球	7612000	1.23
美国	1561043	5.32
澳大利亚	99342	4.95
加拿大	143784	4.54
英国	147572	2.47
德国	209145	2.60
日本	326237	2.63
印度	362559	0.35
中国	1372918	1.16
山东省	169508	1.83
上海市	48024	2.70
烟台市	12616	1.95

五、烟台建立低碳城市对策建议

1. 优化产业结构

产业结构决定能源的消费结构，在一定程度上也决定温室气体的排放强度。烟台市的经济主体是第二产业，决定了能源消费的主要部门是工业。而第二产业的能耗强度远高于第一产业和第三产业。2009 年，烟台市三次产业比例为 7.7∶60.2∶32.1，而全国三次产业比为 10.3∶46.3∶43.4。烟台市低能耗的第三产业比重偏低，发展相对滞后。第二产业尤其是工业部门是节能减排的重点行业。烟台市工业部门的碳排放量占总排放量的 70% 以上，因此减少工业能源消费，提高能源利用效率是烟台发展低碳经济的关键。烟台市必须加快发展高新技术产业，并用高新技术改造传统产业，防止低水平重复建设，努力提高能源利用效率。工业能源消耗要清洁化、高效化、低碳化，工业厂房的设计和使用也要符合节能与绿色建筑标准，实现低碳生产，实行循环经济和清洁生产，最大限度地减少高碳能源的使用和排放。烟台市应增加第三产业的比重，不仅可以减少碳排放量，还有利于减少能源消耗，降低对城市环境的污染，同时增加就业机会。烟台目前服务行业的增长仍然远低于以工业为主的第二产业。要改变这种资源高投入、高污染和低效率的发展模式，积极发展第三产业是一项有效措施。运输业、通信业、消费型服务业等发展应在城市规划中得到充分保障，使居民出行路程短、快捷便利、生活标准提高，改变以往在城市规划中忽略第三产业发展布局和配套的局面。

2. 改善能源消费结构

从能源结构因素来看，虽然可再生能源呈现快速发展趋势，但是烟台市以煤炭等化石燃料为主的能源结构在今后相当长一段时间内不会发生根本性改变。煤炭能源消费是温室气体排放的主要来源，它每生产一单位能量所释放出的二氧化碳比石油多 29%，比天然气多 80%。因此，应该调整能源结构，减少煤类能源所占的份额，大力发展可再生能源和清洁能源，如风能、太阳能、生物质能、地热能和海洋能等。

3. 建筑物碳减排

在世界范围内，建筑物每年消耗掉 30% ~40% 的能源，这些建筑物有写字楼、公寓及其他建筑物。如果建筑物能耗现在抓不好，将在几十年后付出高污染高能耗的沉重成本。绿色建筑是指在建筑的寿命周期内最大限度地节约资源（节能、节地、节水、节材）、保护环境和减少污染，为人们提供健康、适用和高效的使用空间，与自然和谐共生的建筑。现在我国已建立了不同地区的民用建筑节能标准和全国商用和公共建筑节能标准，对比旧的标准，建筑节能50%甚至60%以上。随着科学技术和新型建材的发展，建筑节能标准不断更新，将会节约更多的能源。根据烟台市的具体情况，并借鉴发达国家的先进经验，烟台市可以采取以下措施进一步减少碳排放。首先，可以将建筑物也贴上环保标签。可以要求开发商或屋主在出售或出租公寓时提供环保效益标识，如绝缘程度、能效情况、绿化面积、太阳能利用状况及使用寿命，以向公众展示公寓的环保性能。这种做法可以帮助购房者或租房者做出更好的决策，激励公寓拥有者自愿为节能而努力，提高节能型公寓在市场上的占有率。其次，烟台全年日照时数为2441.6小时，平均气温12.7度，属于太阳能利用条件较好的地区，因此在建筑物中可以大力推行太阳能。最后，为推广节能理念与节能技术，政府机构应起到示范作用，如政府机构、学校、医院等使用绝缘性好、节能效率高的电器设备，增加绿化面积，使用可再生能源等。

4. 交通部门碳减排

城市交通工具是温室气体的主要排放者，2009年奥斯陆气候和环境国际研究中心发表的一份研究报告表明，汽车、轮船、飞机和火车等交通工具所使用燃料释放的气体是目前造成全球变暖的主要原因之一。报告指出，过去10年全球二氧化碳排放总量增加了13%，而源自交通工具的碳排放增长率却达25%。欧盟大部分工业领域都做到了成功减排，但交通工具碳排放量却在过去10年增长了21%。2009年，烟台市民用车辆拥有量为1545958辆，比2007年增加了7.38%；2008年，烟台市民用车辆拥有量为1439746辆，比2007年增加4.16%。近年来，烟台市汽车拥有量一直呈上升态势，这无疑加大了碳排放量。因此，交通部门应加大碳减排力度，借鉴发达国家经验，可以采取以下措施。首先，推广低污染、低能耗的汽车。大力开发节能减排技术是推广低污染、低能耗汽车的技术基础，如开发混合动力汽车、新能源汽车、压缩天然气汽车等。政府可以对购买者给予一定的财政补贴以鼓励其购买。其次，尝试采用生物柴油。生物燃料作为传统化石燃料的替代品之一，已在美国、巴西、瑞典等国家大规模发展。烟台市也可以加强这方面的论证与实践。再次，提倡生态驾驶。“生态驾驶”是欧盟十年前就已经提出的一种理念，实际上就是让人们在驾车过程中实现节能减排的理念，它杜绝突然加速与减速行为、飙车与发动机长时间空转。生态驾驶不仅可以减少空气污染与碳排放，而且还能节约成

本与提高行驶的安全性。生态驾驶共有10个方面的内容：逐级加速、恒定速度行驶、时刻将脚放到刹车板上、减少汽车空调的使用、减少发动机长时间空转、以正确的方式预热发动机、掌握与利用道路交通信息、经常检查轮胎气压、卸载不必要的汽车配件、文明停车。需要强调的是，中国百姓普遍的省钱办法“空挡滑行”会影响驾车安全，并不是生态驾驶提倡的方法。烟台市相关部门应加强相关理念的培训，甚至可以编入驾驶员培训教材，从基础上培养驾驶员的良好习惯。最后，控制交通流量，疏导城市交通。烟台市交通情况无疑要比很多一线城市好得多，但是近年来的交通拥堵情况仍呈日益恶化之势。交通拥堵时的行车状况会增加车辆的能源消耗，因此，交通部门应鼓励“拼车”与乘坐公共交通出行，以减少机动车出行量，减轻或消除交通拥挤。

5. 城市绿化

碳汇一般是指从空气中清除二氧化碳的过程、活动、机制。植被碳汇作为碳汇的主要方式，一直受到各国重视。植被可以吸收二氧化碳，释放氧气。城市绿化有助于吸收由工业、汽车等方面排放的二氧化碳。虽然烟台市绿化覆盖率高于全国平均水平，但仍然有进一步提高的空间。首先，应借助于政府力量在市区内增加绿地、在荒地上进行绿化等。其次，借助于发达国家经验，可以利用屋顶绿化与墙体绿化来改善城市热岛效应，这不仅有碳汇的作用，而且还能够降低建筑物的表面温度。再次，可以对学校操场进行绿化活动，既能提高学生的学习舒适度，又能加强环保意识。最后，政府可以与企业、民间组织和广大市民合作，大力开展植树造林活动。

6. 倡导低碳生活方式

应对气候变化是人类共同的义务，需要全社会的努力。烟台市应利用现代媒体优势，多种方式宣传低碳经济，引导公众养成低碳的生活方式和消费方式。如开展环保教育，对政府官员开展环保培训教育，以保证他们在城市管理决策中充分考虑环境因素；对成人开展环保教育，使他们提高环保意识，最大限度地执行环保行动；对儿童开展环保教育，帮助儿童了解他们自身的行为与全球环境之间的关系与学习更好的环境管理技术；对教师开展环保教育，使其将环保理念贯彻于日常教育之中。

（本文摘自：《山东工商学院学报》2012年第4期
作者：刘丹　衣东丰　张一清）

基于低碳模式的烟台旅游业发展策略

人类能源利用的发展轨迹就是一个从高碳逐步走向低碳的过程：从第一代能源薪柴，到第二代能源煤炭、石油、天然气，再到第三代能源太阳能、风能、核能，就是从不清洁到清洁、从低效到高效、从高碳经济走向低碳经济的过程。近年来，世界能源消费剧增，生态环境不断恶化，特别是温室气体排放导致日益严峻的全球气候变化，人类社会的可持续发展受到严重威胁，发展低碳经济，走可持续发展之路逐步成为国际社会的共识。从《京都议定书》到“巴厘岛路线图”，世界各国都在为解决气候问题而努力，低碳经济越来越受到国际社会的重视，有的国家甚至提出要发展“零碳经济”。发展低碳的可替代性的再生能源已成为带领世界经济走出低谷、进入下一轮增长周期的核心产业。按照国家旅游局的规划，到 2020 年我国旅游业总收入将达到 46443 亿元人民币，相当于 GDP 的 7%，旅游产业将成为国民经济的支柱产业。而旅游业与其他产业之间的关联度极高，综合带动作用突出，所以做好旅游业自身的低碳化发展，成为低碳经济的有机组成部分，将有利于促进总体经济的低碳发展。

一、低碳经济的内涵

作为具有广泛社会性的前沿经济理念，低碳经济并没有约定俗成的定义，它涉及广泛的产业领域和管理领域。但作为一种新经济模式，包含三方面的内涵：首先，低碳经济是相对于高碳经济而言的，是相对于基于无约束的碳密集能源生产方式和能源消费方式的高碳经济而言的。因此，发展低碳经济的关键在于降低单位能源消费量的碳排放量（即碳强度），通过碳捕捉、碳封存、碳蓄积降低能源消费的碳强度，控制二氧化碳排放量的增长速度。其次，低碳经济是相对于新能源而言的，是相对于基于化石能源的经济发展模式而言的。因

此，发展低碳经济的关键在于促进经济增长与由能源消费引发的碳排放“脱钩”，实现经济与碳排放错位增长（碳排放低增长、零增长乃至负增长），通过能源替代、发展低碳能源和无碳能源控制经济体的碳排放弹性，并最终实现经济增长的碳脱钩。最后，低碳经济是相对于人为碳通量而言的，是一种为解决人为碳通量增加引发的地球生态圈碳失衡而实施的人类自救行为。发展低碳经济的关键在于改变人们的高碳消费倾向和碳偏好，减少化石能源消费量，减缓碳足迹，实现低碳生存。从以上观点可以看出，低碳经济是一种由高碳能源向低碳能源过渡的经济发展模式，是一种旨在修复地球生态圈碳失衡的人类自救行为。低碳经济也将是世界经济未来发展的必然趋势。

可见，低碳经济实质上强调的是能源消费方式、经济发展方式和人类生活方式的全新变革，强调从石化燃料为导向的工业文明向生态经济文明转变。低碳经济的核心内容包括低碳产品、低碳技术、低碳能源的开发利用。

当然，低碳经济的内涵也应该包括以下几个方面：低碳不等于贫困，贫困不是低碳经济，低碳经济的目标是低碳高增长；发展低碳经济不会限制高能耗产业的引进和发展，只要这些产业的技术水平领先，就符合低碳经济发展需求；低碳经济不一定成本很高，温室气体减排甚至会帮助节省成本，并且不需要很高的技术，但需要克服一些政策上的障碍；低碳经济并不是未来需要做的事情，而是应从现在做起；发展低碳经济是关乎每个人的事情，应对全球变暖，关乎地球上每个国家和地区，甚至每个人。

二、旅游业低碳发展的必要性

旅游向来就与环保息息相关。经证实：短途飞行一次，排放二氧化碳500kg；长途飞行一次，排放二氧化碳800kg；使用电脑20小时，排放二氧化碳250kg；居住酒店时使用2小时中央空调、电视机、吹风机等，排放出的二氧化碳就更多了。在低碳经济的大背景下，旅游业作为国民经济的重要产业，应该顺应低碳经济的内在要求，大力倡导并推动“低碳生产”（Low-carbon Tourism）模式，以应对全球气候变化。旅游业自身的低碳化发展将有利地促进总体经济的低碳发展，不仅使旅游业自身可持续发展，而且将带动其上下游产业及其相关产业的绿色低碳和可持续发展。

1. 旅游业的产业关联度高

旅行过程包含“吃、住、行、游、购、娱”六要素，因此旅游业与其他产业之间的关联度极高。旅游目的地必须为旅游者提供吃、住、行、游、购、娱所需要的基础设施，这就包括交通设施、旅行社、旅游饭店、旅游景区、旅游商贸公司等一系列产业，所以旅游业对其他产业有极大的依托性，同时又有极强的带动性，产业关联度极高。每一项旅游资源的开发和利用，每一个旅游项目的建成，都会带动许多相关产业的发展。旅游业的上游产业包括为旅游业提供原材料、零部件的产业及其辅助产业。互补和衍生产业包括与旅游业共用某些技术、共享某些营销渠道或服务而联系在一起的产业，如民航、公路等交通部门、餐饮业、住宿业、娱乐业、农业、轻工业、文物、通讯、零售业等。而这些行业均会产生碳消耗，排放温室气体，如民航、公路等交通产业是高碳排放产业。

由于旅游业的产业链长，产业关联度高，所以旅游业的低碳发展涉及其上游、辅助、衍生行业，以及旅游业自身材料、能源消耗及排放等诸多方面，可谓“牵一发而动全身”。

2. *旅游资源开发对生态环境破坏大*

目前旅游业发展的主要目的是通过旅游业的发展带动景区的经济发展，因此往往忽视在旅游资源开发过程中对当地的生态环境的破坏，主要表现在：

（1）旅游资源的建设性破坏。开发旅游资源往往不进行深入的调查研究和全面的科学论证、评估与规划，而是盲目地进行探索式、粗放式的开发。开发过程中重开发、轻保护，造成许多不可再生的珍贵旅游资源遭到毁灭性破坏。很多风景名胜区，包括已列入“世界遗产名录”的一些自然风景区遭受到建设性的破坏。有的旅游地在景区内开山炸石、砍树毁林，导致水土严重流失。例如，2006 年 4 月 13 日，中央电视台“经济半小时”以《留得青山在》为题，报道了河南省嵩山风景名胜区开山炸石、乱搭乱建、违章建筑等问题。还有的风景区出于经济目的，在旅游开发中地产先行，盲目进行旅店、餐馆的建设，修建旅游设施和景区豪华别墅群，导致原生态的严重破坏。曾有游客作诗“昨日游团山，归来泪满襟。沧海变豪宅，何是情人湖”反映的就是洱海填湖造墅使情人湖消失的现象。由于错位开发，那些最精华、最优美的自然和历史文化遗产，正成为城市闹市区、平庸的商业区，甚至成为权势和资本的附属品。还有的景区在旅游名山上修建现代索道，甚至修几条，不仅破坏了自然风景区的原貌，而且索道的修建与运行，是典型的高能耗过程。而在美国和日本，索道在旅游景区的修建都有明确的规划可依，如日本富士山海拔 3776 米，公路只修到 2000 多米。

（2）粗放运营模式对环境的污染。凡是涉及旅游过程中的“吃、住、行、游、购、娱”等行业已越来越多地融入到旅游业中。为求利益最大化，这些行业在生产经营过程中，会使用一系列非环保产品。如宾馆的一次性牙刷和牙膏、一次性拖鞋等日用品质量差、使用率低、浪费严重，其生产过程中的环境污染远大于使用后的污染量，给环境造成很大压力。零售业中厂商为求吸引顾客眼球，在土特产、旅游纪念品的包装上使用不可降解材料，在浪费资源的同时对环境产生了污染。

（3）游客环保意识差。由于各种原因，国民的生态环保意识较差，游客游到哪里，生态破坏和环境污染也就到哪里。风景区内游客乱扔的垃圾随处可见，对这些垃圾的处理，需要消耗大量的人力、物力和财力，同时还会产生碳排放；游客在出行的过程中追求方便、快捷、舒适，往往会选择高碳出行方式；还有景区自身的餐饮、娱乐、零售、交通等在经营的过程中不注意环境保护，产生碳排放。

综上所述，我们可以发现，旅游业的高碳生产模式将是旅游业进一步发展的“瓶颈”，所以建立低碳生产模式是实现旅游业可持续发展的必然要求，也是发展低碳经济的重要组成部分。

三、烟台旅游业在低碳发展方面存在的不足

烟台市位于山东半岛东北部，濒临黄、渤两海，北与辽宁大连、东与韩国和日本隔海相望，南与青岛毗邻。这里山城相依、风光秀丽、气候宜人，素有“黄金海岸，山海仙境，葡萄酒城”的美誉。绵长弯曲的海岸线上，散布着许多旖旎的海岛、漂亮的海湾和金沙碧浪的海滩。烟台市近年来还获得了一系列城市名片，如国家园林城市、国家卫生城市、国家环保模范城市、全国投资环境 40 优城市、全国综合实力 50 强城市等荣誉称号。2004 年被中央电视台评为全国 10 个最佳中国魅力城市之一，获中国人居环境奖，是国际葡萄·葡萄酒局授予亚洲唯一的国际葡萄·葡萄酒城。目前，全市沿黄金海岸线已初步形成八大海滨度假区以及栖霞长春湖旅游度假区，烟台山、蓬莱阁、长山列岛、龙口南山、艾山温泉等主导旅游产品已在海内外形成一定知名度，是海内外游客理想的滨海旅游观光和休闲度假胜地。可以说烟台在旅游业的发展上拥有极好的区位优势和资源优势。

近几年，烟台旅游业的发展也呈现出良好势头，2009 年烟台共接待海内

外游客2802.8万人次，实现旅游业总收入273.7亿元，与2008年相比分别增长17.7%和19.8%，旅游总收入占服务业增加值的23.3%，占烟台地区生产总值的7.34%，比全国旅游业占GDP比重的平均水平高出约2个百分点。从这些数据可以看出旅游业在烟台经济结构中的重要地位和在第三产业中的龙头作用，说明旅游业在烟台的国民经济发展中起着举足轻重的作用。但从旅游业可持续发展的角度来看，烟台旅游业也应该顺应低碳经济的发展潮流，在旅游业的发展中采用低碳生产模式。但就目前烟台旅游业的发展现状来看，在这一方面存在着诸多不足之处。

1. 生态保护意识不强，污染问题突出

烟台滨海生态环境系统脆弱，在海边有许多排污口，并没有埋设排污管道向海里延伸，大量的污水未经任何处理而直接排放在海边，只能依靠涨潮时将污水带走，导致近海岸海水污染严重，一些加工海产品后剩下的贝壳随意地堆放在海边，经常发出刺鼻的恶臭味。公民和游客的环保意识较弱，随处乱扔垃圾的现象较严重，加之管理跟不上，往往导致景区内垃圾遍地，尤其是一些海滩这种现象更加严重。这对以海滨游为主打产品的烟台旅游来说，其影响是致命的。烟台的几大广场一直存在保洁难的问题，主要是垃圾和嚼后的口香糖，造成市区整体环境不整洁。就烟台市区而言，生态承载力不足，存在生态赤字。市区人均生态足迹需求为1.4698公顷/人，生态承载力为0.3909公顷/人，人均实际生态赤字达1.08公顷/人，高于全国人均生态赤字（0.4公顷/人）。目前，市区森林覆盖率为26%，除昆嵛山、狮子山和部分海防林区等少数林区的植被生长状态较好之外，多数地区的林地以中幼林为主。还有些景区开发经营者为了获取短期利益，盲目地进行建设性开发，砍树毁林，影响到旅游区的旅游价值。尤其有些景区大兴土木，建设寺庙，香烛燃烧产生了大量的二氧化碳，不符合低碳经济的要求。

2. 旅游产品开发过程中的低碳意识不强，产生高碳排放

烟台市的旅游纪念品主要是具有海洋特色的旅游纪念品，如干海产品和以贝壳、珊瑚加工的各种工艺品为主。但这些纪念品大部分都是从外地运来，缺乏烟台本地特色，产品同质化严重。从外地运输旅游纪念品，既使本地区大量的废弃贝壳无法得到充分利用，腐烂时产生碳排放，严重污染环境，也导致旅游纪念品没有烟台本地特色。而且旅游纪念品在运输的过程中，也将产生大量的碳排放。目前，烟台市旅游纪念品的生产加工尚没有“领路人”，一些小型规模的厂家找不准市场定位，生意惨淡、无活力，更缺乏竞争力。生产大多处

于粗加工阶段，技术水平低，在生产过程中碳排量较大。

烟台一直以“葡萄酒城”的美誉著称于世，但围绕着葡萄的种植、采摘，葡萄酒的生产工艺和品尝以及葡萄酒作为特色旅游纪念品的开发严重不足。虽然已建成张裕国际葡萄酒城和张裕酒文化博物馆，但没有开发出适合旅游纪念品特点的特色产品。烟台的著名特产是烟台苹果，但在以苹果为主题的旅游纪念品设计和开发上基本上也是空白。一方面影响了旅游收入，另一方面也不利于提高绿地种植面积、优化环境。

滨海旅游资源开发利用程度较低。目前烟台市滨海旅游开发多限于对海水、阳光和沙滩的利用，缺乏陆域和水上娱乐活动，在空间布局上仅限于对近岸水域和沙滩的利用，对海岛的开发利用不足，使旅游方式单一、活动内容单调。旅游多以避暑度假和观光游览为主，导致夏季海滩游客过于集中，超过环境承载力，产生大量碳排放。而冬季游客过少，造成宾馆客房半年空闲，形成资源的浪费。由于参与性项目太少，难以留住游客的脚步，游客滞留时间短，人均消费水平低。据统计，2009 年每个游客在烟台的平均消费是 976. 5 元，而在青岛的平均消费是 1221. 7 元，说明烟台的旅游质量和效益空间都还有待提升。对丰富的人文思想挖掘不足，难以满足游客日益提高的需要，如烟台山附近欧洲风格建筑群和广仁路风情一条街在开发和宣传上都做得远远不够。

另外，旅游线路设计存在问题导致各旅游景点游客分布不均衡，一部分景点的游客数超过了其自身的环境承载力，对环境造成了很大的压力，如蓬莱阁在节假日总会出现游客过度拥挤的现象；另有一些景点由于各种原因游客过于稀少，远远不能补偿开发建设和维护费用，同时，对景区内的环境维护不力，出现垃圾等废弃物腐烂现象，从而产生大量碳排放。

3. 旅游从业者的低碳理念不强

旅游从业者在经营的过程中往往只追求个体利润的最大化，而不考虑外部效应和社会收益问题，在旅游线路的设计中并不优先考虑低碳的问题。笔者曾跟随烟台某旅行社到威海的铁槎山和赤山二日游，当日下午一点钟出发经过大约两个小时到达铁槎山景区，在景区内逗留了大概两个小时后前往宾馆，第二天准备接着参观赤山景区。铁槎山在威海荣城市的人和镇，赤山在荣成市的石港镇，都处于荣城市的南端，两个镇相连，两景区之间的距离仅为 90 公里左右。考虑到低碳出行，应就近在铁槎山或到赤山附近的宾馆居住符合低碳出游的理念。但旅行社出于利润最大化考虑，竟然将宾馆定在荣成市最北端成山头景区附近的渔家乐，这样从铁槎山到成山头渔家乐的路程大约是两个半小时，第二天再在路上奔波约两个半小时到达赤山风景区。在此过程中的长途奔波会产生大量的尾气排放，属于高碳旅游线路设计。

另外，政府及旅游协会也没有将低碳旅游作为首要的指标来约束和要求旅游从业者，没有进行相关的培训，旅行社和导游在服务的过程中并不刻意对游客宣传低碳出游的理念。

4. 低碳的旅游基础设施不足

旅游的基础设施涉及吃、住、行、游、购、娱的方方面面，如果能多采用低碳的基础设施，将有效地减少碳排放。目前烟台所采用的大部分基础设施仍然是传统的、高碳排放的基础设施。截至 2009 年 4 月，烟台星级酒店有 87 家，共提供客房 8598 间，合计 15663 张床位。根据对这些星级饭店的调查，几乎没有酒店采用“绿色饭店”经营模式，大部分酒店仍然采用电热器供给热水，给游客准备一次性洗漱用品，对于住宿两晚以上的游客仍然天天更换床单等。例如，具有国家级接待标准的东山宾馆一直存在着格格不入的大烟囱，依然采用传统锅炉取暖、洗澡，既影响了烟台的美好形象，又破坏了周围的环境。尤其是清理大烟囱时（可能是用鼓风机吹），周围到处都是黑黑的、厚厚的一层，几天都消失不了。这显然和低碳理念背道而驰。很多的旅游景区仍然使用燃油机动车作为出入景区的主要交通工具。烟台是一个多山、多风、多阳光的地区，但风力发电设施几乎没有，太阳能的使用也没有普及，既浪费了丰富的清洁能源，又少了一道优美的风景。公厕绝大部分仍然是传统冲水厕所，缺乏无水环保生态公厕，仅在开发区黄山路夜市和金沙滩有少量几处。政府原定在南大街改造结束后，5 个与周边街道颜色、风格相匹配的新型公厕将同时登台。而且有关部门表示，新型公厕将逐渐取代原有老式公厕，并将在大型公共广场、旅游景点和博览会等场所，实现公厕新老更替。但很可惜的是，不知道什么原因，这种新型公厕至今仍然没有变成现实。

四、烟台旅游业低碳发展的策略建议

1. 提高公众的低碳旅游理念

倡导低碳旅游理念，建立相应的制度和加大宣传力度，促使旅游者将低碳旅游视为一种义务和自觉的行为规范。应运用多种手段宣传低碳经济、低碳旅游理念。可以通过旅游广告或公益广告培养公众低碳环保理念，提高公众对低

碳旅游的认识，一方面，让广大公众意识到能源危机和全球气候变暖的威胁，了解什么是碳交易、碳成本和碳税，让每个公民自觉为减缓气候变化压力、推动低碳经济发展做出努力，从而更积极主动地进行低碳行为。另一方面，通过低碳旅游文化的宣传，树立公众心目中的绿色旅游形象。旅游业的相关产业部门可配合公关部门或环保产业部门开展公关活动。借公关活动对广大消费者进行教育，包括对低碳的提倡、对绿色产品的认识、对健康生活方式的倡导等，如可以把旅游活动的碳排放情况告诉公众，让大家知道，乘坐不同交通工具，碳排放会有什么不同。增加公众的低碳理念，从而更积极主动地进行低碳消费。着眼于长远，还应该在高校及青少年学生中重点开展低碳教育。政府可建立旅游企业低碳认证制度，对于获得低碳认证的旅游企业可获得税收及其他方面的政策优惠。旅游企业在推出旅游产品和旅游线路时，应优先考虑低碳标准，注重旅行社的声誉和口碑及在低碳旅游方面的关注程度，支持并参与低碳旅游计划，引导游客热爱、保护旅游目的地的自然人文环境。在设计旅游项目线路时，优先考虑资源节约型、环境友好型的旅游景区。加强对导游的低碳培训，使导游在旅游服务过程中不断地给游客灌输低碳旅游理念，并自觉按照低碳的要求安排出游路线和选择住宿地点。

2. 旅游商品低碳化生产和销售

针对烟台旅游的特点，在旅游商品的低碳化生产和销售上，可以采用以下几点措施：①废物再利用。充分利用本地生产或生活中产生的废弃产品，借助先进的加工工艺或地方手工工艺，将废弃产品加工成手工艺品，变废为宝。例如，烟台的特色之一海鲜产品在加工和生产的过程中会产生大量的废弃物——贝壳，可以将贝壳加工成精美的工艺品，防止贝壳堆放腐烂对环境的破坏。②低碳生产。旅游商品生产过程中，尽量减少碳排放量，实现旅游产品生产低碳化。对于不符合碳排放标准的旅游商品生产企业，依法予以取缔。在生产过程中碳排放量较大的地方旅游商品，应积极组织技术攻关，降低该类产品生产过程中的碳排放量。旅游产品尽量做到当地生产、当地销售，减少运输过程中的碳排放。对此可由政府出面成立旅游产品生产企业协会，对低碳生产的旅游产品生产企业进行政策上的倾斜和税收优惠。加入旅游产品生产企业协会还可以互通信息，实行产品差异化竞争策略，避免恶性竞争。③让游客参与低碳体验。在生产和销售旅游商品过程中，让游客切实体验到烟台旅游的低碳理念，让游客自觉接受低碳生产模式，并从中得到实惠。例如，许多内陆或海外游客在烟台品尝海鲜美味后，对贝壳很感兴趣，饭店或旅游企业可以顺势而为，为游客提供方便，开展换购活动，让游客用吃完留下的海鲜贝壳换购加工后的精美工艺品；也可以开展现场加工活动，与游客一起将海鲜贝壳加工成游客喜爱的精美工艺品，还可以刻上游客的名字和各种祝福的话语，仅收取加工费用。这样做，一方面，废物资源得以充分利用，增加旅游地收入；另一方面，增加游客购物体验，降低购买成本，享受低碳购物实惠。④开发低碳旅游体验产品。烟台市的水产资源十分丰富，是全国重要的渔业基地之一，依托这种资源优势，可以推广海滨赶海和海上垂钓的渔家乐旅游项目，把海岛旅游开发作为重点，搞好养马岛、崆峒岛、芝罘岛、长山岛等重点岛屿及沿海岸线旅游度假服务设施、海上旅游产品等的开发建设。可以长岛旅游为发展低碳旅游样本，把长岛建设成国际休闲度假岛。因为长岛最具有发展低碳旅游的潜力，长岛有明显“两多两少”——绿树多、海藻多，高污染、高能耗企业少。长岛是中国三大海上风场之一，已经引进国电、华电等巨头共同开发风能资源。有专家对长岛“吸纳”的实际效能进行调查统计，目前全县年煤炭消费 5.83 万吨，共排放 14.58 万吨二氧化碳；年消费各种油料、液化气 1900 吨，总计排放 5600 吨；每人每天呼吸产生 1.14kg 二氧化碳，每年全县 5 万人总计排放 20000 多吨。全县总排放二氧化碳约 17 万吨。与此同时，全县 3360 公顷的森林，每年可转移二氧化碳 10080 吨，100 万亩“海底森林”和 100 万亩海珍品生态养殖基地，每年可从海洋中移除二氧化碳 51 万吨。以此推算，长岛每年不但能够将自身经济社会发展中产生的二氧化碳全部吸收和移除，还能大量消耗大气及海洋中的二氧化碳，是地地道道的“负碳经济”。

烟台市果业发达，素有“水果之乡”的美称，盛产苹果、莱阳梨、葡萄、大樱桃等，是全国最大的红富士苹果生产基地，还是中国目前唯一集中栽培大樱桃的地方。在此基础上，可以大力发展以采摘为主要方式的农业旅游经济。门楼水库湖心岛的银湖生态园、莱阳濯村特色农业旅游区、莱阳梨乡风情旅游区、海阳红樱桃民俗旅游区等均是近几年发展起来的农业旅游示范点，是典型的低碳旅游体验项目和产品，值得推广和发展。

3. 建设低碳旅游基础设施

把现有旅馆改造为环保旅馆，在运营过程中要倡导绿色消费，尽量减少不可再生能源的使用和垃圾废物的排放。并鼓励游客采用低碳住宿方式，可以推出“低碳积分计划”，客人在住宿期间的各种“减碳”行为都将获赠相应积分。例如，住店两晚以上的客人不要求更换床上用品，客人自备牙刷、毛巾，将房间内空调温度保持在夏天不低于 26℃、冬天不高于 20℃，睡觉时及时熄

灯，出门及时关电视等相应的积分储存在客人的积分卡里，达到一定数量后，客人就可以用来兑换酒店准备的一系列奖品。这样既给酒店减少了支出，同时也让客人得到了优惠，更重要的是为保护环境做了一份贡献。

在市区及各景区全部建设无水环保公厕，这种新型生态公厕采用自然界土壤中的微生物，经纯种培养后分解粪便及厕所用纸，无废水废渣排放。将小便通过化学处理转变为中水，进行厕所冲洗。新型公厕与传统公厕相比，可灵活拆迁，无须人工维护管理，较现有土建公厕每年将节省1万～3万元的管理费用，而且有效减少碳排放，符合低碳经济发展的大趋势。

在所有的景区，燃油机动车一律禁止使用，而统一采用无污染的机动车，也可以借鉴公共自行车模式，在各景区推广使用。2010年8月10日，中国人权发展基金会全国公共自行车服务系统在烟台启动投入试运行。作为全国首个公共自行车服务系统试运行城市，首批已建成50个站点，投入3000辆自行车运行，全市预计建300个站点，投入15000辆自行车。公共自行车是一种典型的低碳出游方式，应采取各种措施鼓励人们在短途出行的时候选择使用公共自行车，使公共自行车系统不仅是一种模式，而是得到真正利用。除了使出游者方便使用外，还可以尝试建立公共自行车“积分”计划，使用公共自行车每行驶一公里可以积一分，累积到一定积分可以获得奖励，并作为低碳生活典范加以宣传，使公共自行车得到有效利用。并且不仅在市区设立公共自行车系统，这种系统可以延伸到各个景区，既可以做到低碳，又可以成为一种新的旅游项目。尤其在烟台大南山的开发中，更应该设立这种低碳的基础设施，沿路建立公共自行车系统，在空中建立环大南山轻轨，采用空中电动、脚踏两用自行车。充分利用烟台多山、多风的资源优势，建立风力发电设施，既可以利用低碳能源，又可以成为另一道优美的风景。

4. 借鉴好的低碳发展经验

烟台旅游业可以借鉴一些国家和地区已有的“低碳生产模式”的思路与实践。

（1）阿拉伯联合酋长国将在2016年后，建成全世界第一座完全没有污染的环保城市，电力供应完全依靠太阳能，号称没有排放废气的问题。

（2）2008年12月，中国台湾北县以“捷运+客运+自行车=低碳旅游”的方式，开启了低碳旅游模式。结合坪林的商业街、登山步道、观鱼自行车道、茶业博物馆等观光资源，旅游者可以在坪林喝好茶、读好书、骑自行车、观鱼、品尝当地茶餐、欣赏表演，体验坪林的低碳生活，还可以亲手种下一棵

“低碳纪念树”。此外，还设置了中国台湾第一个“碳减量计数器”作为活动的精神堡垒，在游客每一次低碳之旅活动结束时，导游员会引导游客前去按下活动减碳计数按钮，计算游客所从事的活动与一般旅游模式相比较减少的二氧化碳，并由工作人员颁发坪林减碳证书。5 个月的活动，坪林的旅游人数增加了 25460 人，创造了折合人民币约 800 万元的经济效益，提供坪林地区就业人数 39 人，减碳效益约 48726 公斤，相当于一年内植树 10000 棵。

（3）携程网 2008 年推出“碳补偿”活动，出游者可用以旅程累积的携程积分兑换树苗，由知名环保组织安排栽植，为自己的旅行进行“碳补偿”，此举尚属国内首创。演员周迅在活动中捐出 238 棵树苗来抵消自己 2008 年旅行所产生的碳排放。

（4）2010 年 10 月，“穿越长三角——绿色出行看世博”环保活动在上海启动。这一活动将在沿途 16 个城市倡导公众选择低碳环保的交通方式，减少温室气体的排放。通过当地交通广播及多种方式向公众宣传“低碳世博，绿色出行”的理念。

（5）中共广东省委十届六次全会公布的《珠三角绿道网总体规划纲要》提出，广东拟在 3 年内建设 6 条总长约 1690 公里的区域观光休闲“绿色道路”，构成珠三角绿道网的主体框架。据了解，该绿道连接广佛肇、深莞惠、珠中江三大都市区，将 200 多处森林公园、滨水公园、自然保护区、风景名胜区和历史人文遗迹等串联起来，形成服务人口约 2565 万、覆盖珠三角全区域的绿道网。其中涉及广州市域范围的绿道共有 4 条，广州计划在今年亚运前完成的绿道总长大约 480 公里。绿道是一种限行绿色开敞空间，通常沿着河滨、溪谷、山脊、风景道路、铁路、沟渠等自然和人工廊道建设，内设可供游人和骑车者进入的景观线路，连接主要的公路、自然保护区、风景名胜区、历史古迹和城乡居民居住区。绿道主要由人行步道、自行车道、非机动车途径和停车场、租车店、旅游商店、特色小吃店等设施及绿化缓冲区组成。绿道建设充分利用自然生态条件，如现有的河岸堤坝、田间机耕路、乡村小道，避免大填大挖和人工化痕迹过重，注重保护原生态景观。由此可见，绿道建设也就是包含着“低碳”乃至“零碳”的最基本要素，让旅游变成一种提倡环保、走近自然的活动。由于旅游业的产业关联度极高，所以旅游业低碳发展是一项系统工程，不是一个部门或一个产业在短时间内可以完成的，需要整个旅游业及其政府和相关产业互相配合。烟台市应根据自身的实际情况制定合适的发展战略，寻求适合的旅游业低碳发展模式。加大宣传和投资力度，使每一位公民加强低碳理念和行为，政府和公民都以低碳为优先考虑目标。因地制宜，对烟台市的旅游资源进行优化组合，加强旅游产品和旅游景区的低碳开发，重点开发海岛经济，只有这样才能实现整个旅游业的低碳化发展，更好地促进总体经济的低碳发展。

（本文摘自：《山东工商学院学报》2011 年第 5 期　作者：张春玲）

关于发展长岛低碳旅游的思考

一、低碳经济与低碳旅游

1. 低碳经济

2003年，英国政府《能源白皮书》首次提出了“低碳经济”的概念，并宣布到2050年英国将建成“低碳经济国家”。随后低碳经济便在世界各国迅速展开，如美国的“绿色能源新政”、欧盟低碳产业的大力发展、日本的“低碳社会行动计划草案”等。2009年，哥本哈根气候峰会对世界各国的节能减排提出了新的要求，再次掀起了低碳经济的浪潮。低碳经济是以低能耗、低污染、低排放为基础的经济发展模式，在要求低碳减排的同时保障经济向前发展，不能以减缓经济发展的速度和降低人们生活水平为代价。实际上，低碳经济是人类面对全球气候变化实践可持续发展理念、寻求生态经济发展模式的新突破。它几乎涵盖了所有的产业领域，具体内容包括低碳社会、低碳城市、低碳生活、低碳社区、低碳建筑、低碳技术、低碳旅游等。

2. 低碳旅游

低碳旅游是低碳经济背景下提出的一种新的旅游形式，其正式提出最早见于2009年5月世界经济论坛《走向低碳的旅行及旅游业》的报告，学界目前尚无统一的定义。一般认为，低碳旅游就是以低能耗、低污染为基础的绿色旅游，倡导尽量减少碳足迹和二氧化碳的排放，并能用行动弥补旅游活动中所释放的“碳”。

3. 我国低碳旅游的发展现状

2009年12月，国务院《关于加快发展旅游业的意见》明确提出“倡导低碳旅游方式”，“大力推进旅游节能减排，五年内将星级饭店、A级景区用水用电量降低20%”。社会各方已逐渐意识到发展低碳旅游既是社会发展的必然要求，也是实现旅游产业升级，全面提升旅游质量，获得更大的旅游经济效益、环境效益和社会效益的重要途径。很多旅游者、旅游企业及部分城市的行政管理部门都已加入到低碳旅游的行动中来。2009 年 7 月，由 10 位上海市民组成的第一个自费北极低碳旅行团成功出行。携程网率先推出碳补偿计划，鼓励出行者用自己的会员积分兑换树苗的方式补偿在乘坐飞机中产生的二氧化碳排放量。一些景区则将旅游大巴换成电瓶车，北京、上海、天津、保定等城市也已开始着手打造“低碳”城市。但这些行为都只是局部的、零散的，大陆还没有成功的低碳旅游景区或示范区。相比之下，中国台湾地区低碳旅游的发展较好，结合台北县发展“低碳城市”的愿景与坪林地区低度开发的环境优势，坪林推出了中国台湾第一个低碳旅游示范区。实施“走路骑车共乘好，自备餐具不可少，当季当地饮食好，只留回忆垃圾少”的原则，采取封溪护鱼的方式让鱼群回流，并建设登山步道作为户外活动乐园，取得了良好的效果。

二、长岛及其旅游资源概况

1. 长岛概况

长岛又称长山列岛、庙岛群岛，位于黄渤海交汇处、胶东半岛和辽东半岛之间，是山东省唯一的海岛县，隶属于烟台市。长岛南部与蓬莱隔海相望，相距仅 7 公里，北距辽宁 42.2 公里，西部为京津地区，东与朝鲜、韩国、日本隔海相望，处于环渤海经济圈和旅游圈的核心位置，是海上进出渤海的战略要地。长岛陆地面积仅 56.08 平方公里，海域面积 8700 平方公里，海岸线 146.14 公里，有 61 座山峰、35 处湾滩。全县由 32 座岛屿组成，其中 10 座有居民，总人口 5 万余人，辖 2 个镇、6 个乡及 40 个行政村。

长岛年均气温 11.9℃，年均降水量 565 毫米，有冬暖夏凉、润而不潮、热而不燥的特点。全县森林覆盖率达 60%，空气清新、环境幽静、海水清洁，大气环境质量达到国家一级标准，大气中的负氧离子含量高达 20000 个/立方厘米，为内陆城市的 20 倍。

2. 长岛的旅游资源

旅游资源是长岛的一大优势资源，旖旎的海岛风光、原始的自然生态、淳朴的渔家风情以及灿烂的历史文化构成了长岛旅游资源的黄金组合。长岛因此被誉为“海上仙山”，该品牌已成为山东省唯一的旅游著名商标。这里海天相映，景致变幻奇特，岛上经常出现海市蜃楼、海滋幻影、平流雾景、黄海日出和渤海日落等奇特景致，颇为壮观。1998 年 8 月，长岛被国务院列为国家级重点风景名胜区。岛屿形态各异，呈现出很多自然态的奇礁异洞，是我国目前唯一的海岛国家地质公园。独特的地理位置和优越的自然条件使之成为候鸟迁徙的必由之地，每年途经的候鸟有 200 余种、百万只之多，享有候鸟“驿站”的美誉，被列为国家级自然保护区。长岛优良的海洋生态环境和丰富的饵料食物，吸引了越来越多的海豹在春夏季节来此停留。大黑山岛蝮蛇数量众多，获得全国第二大“蛇岛”的美誉。

长岛历史文化渊源久远，古代文化灿烂丰厚，拥有一批具有古人类活动特征的古村落、古墓群、古城墩台等遗迹，是我国古代海上文明的代表及发源地。距今 6500 年的北庄遗址出土大量珍贵文物，被考古学家称之为与西安半坡村齐名的“东半坡”。妈祖文化传承近千年，显应宫是北方最古老、最具影响的妈祖官庙。长岛渔家民风淳朴、习俗独特，“渔家乐”让人们体验到真正的渔家生活和文化。

三、长岛发展低碳旅游的必要性

1. 法规和政策要求

在倡导“低碳旅游方式”的政策指引下，2010 年 3 月我国第一部以保护海岛生态为目的的海洋法律《海岛保护法》正式出台，它提出“有居民海岛的开发、建设应当优先采用风能、海洋能、太阳能等可再生能源和雨水集蓄、海水淡化、污水再生利用等技术”、“海岛的开发、建设不得超出海岛的环境容量”。这为发展长岛低碳旅游提供了必要的法律依据。同时，“山东半岛蓝色经济区”建设已纳入国家发展战略，长岛作为山东半岛海上“桥头堡”、环渤海经济圈的节点，提出要推进“国际休闲度假岛”的建设。面对这一前所未有的发展机遇，长岛必须走低碳旅游之路，合理开发利用自然资源，保护长岛及其周边海域的生态环境。

2. 维系海岛生态系统的内生性选择

相比内陆，海岛属于特殊的地理单元，其地域空间狭小、资源有限、环境承载力差，生态系统在外界干扰下极易退化且不易恢复。国内外很多深刻教训如海水污染、海平面上升、地下水过度抽取引起海水入侵等现象都给我们敲响了警钟。我国自 20 世纪 90 年代以来，曾出现开采石料、破坏植被、炸岛炸礁、填海连岛等严重破坏海岛及其周边海域生态系统的行为，导致海岛数量不断下降，严重威胁着海岛资源。长岛也曾遭遇过污水过度排放、船舶漏油、垃圾沿海岸堆积等问题。长岛作为国家级可持续旅游示范区，必须采取科学、合理的开发理念，发展低碳旅游以保障旅游业的可持续发展。

3. 客源市场不断扩大的必然选择

长岛早在1995年就提出“旅游兴岛”的发展战略，2009年以来随着部分海岛对国外游客开放，客源市场从国内扩大到国际，仅两年时间国际游客数量已达10万人。2009年，进岛游客达到170万人次，其中80%的游客在岛上过夜。蓬莱潮水机场及蓬长大桥的修建通车使长岛的可进入性进一步增强，客源市场范围进一步扩大，这势必给岛内的交通、水、电、食、宿等带来更大的压力。要在有限的资源条件下满足更多人的旅游需求，决定了长岛只能走资源节约型的发展道路，采取低碳的生活方式和旅游方式。

4. 打造低碳示范区的需要

目前，国内对低碳经济示范区的建设非常积极，上海、保定、北京、珠海、杭州等城市纷纷推出低碳城市发展示范项目，而低碳旅游景区的创建更具有现实意义和可操作性，并且在世界各地已有成功的先例。长岛依托长岛县域范围，可以说既是旅游景区又是旅游城市，完全可以通过低碳旅游景区的建设，传达低碳理念，实施低碳教育，推行低碳生活，从而带动并实现“低碳城市”的目标。由于大陆尚无典型的低碳旅游景区，从这个意义上说，将长岛打造成“低碳旅游景区”将具有开创性的意义，不仅会给我国其他海岛的低碳旅游提供借鉴和参考，同时也为烟台低碳城市的发展提供了一张崭新的名片。

四、长岛低碳旅游发展的几点思考

1. 社会各方共同参与

营造低碳旅游氛围要确保低碳旅游理念最大限度地实施，需要社会各方的支持和行动，共同营造低碳旅游的氛围。开展低碳旅游要遵循“政府→企业→社区→游客”的顺序，长岛县政府首先要以建设低碳海岛作为工作重点，制定相关政策、法规，促成低碳旅游发展的长效机制。采取各种方式向企业、当地居民及游客进行宣传、引导和鼓励，以推行低碳旅游理念。旅游企业和组织应积极响应，主动承担旅游业节能减排的社会责任，自愿采用低碳能源和技术，设计能耗少、污染小的旅游产品，如自行车环岛游、海滨徒步游、渔家生活体验游等。社区建设和服务也应从环境卫生、社区文明等方面树立低碳的整体形象，社区居民特别是提供“渔家乐”服务的居民应从基础设施、旅游服务以及生活习惯等方面影响游客对长岛的综合感知。游客将在良好的低碳氛围下接受低碳理念，约束自身行为，不捡拾圆石、不乱扔垃圾、不摘花折枝。

2. 配置低碳旅游设施

交通是旅游的基础支撑，属于高碳行业，与工业、建筑一起成为全球碳排放的三大来源。过去十年，全球二氧化碳排放总量增加了13%，而来自交通工具的碳排放增长率则达到25%。所以，使用低碳的交通工具将大大降低碳排放量。目前，进岛交通主要靠轮船，随着南北长山岛海上公路和蓬长大桥的建设，进岛交通会更加便利，油轮带来的海水污染也将得到缓解。但交通的便利并不意味着所有车辆都可以进岛，长岛可以借鉴九寨沟的做法，要求外来车辆一律停在蓬莱，进岛只能使用岛上的交通工具，而且要将普通大巴、中巴车换成环保大巴、电瓶车、新型能源车、自行车等低碳的交通工具。在岛内，可以规划出自行车专用道，通过“免费单车”服务系统的建设来满足骑自行车低碳出行的旅游者的需求。多样环保的交通工具成为一个特色和亮点，游客既能体验“小交通”的舒适和休闲，又能培养低碳行为，传播低碳意识。另外，为了做好车辆调配，避免车辆闲置浪费，需要对岛内车辆进行统一管理、统一调度。在住宿设施方面，一方面，要对已有的酒店、宾馆资源浪费严重的环节进行改造；另一方面，新建设的酒店应从建筑材料、施工过程到内部设施设备都要体现低碳理念，采用环保节能材料和低碳技术。要充分利用渔家的接待设施，继续提升和改进渔家服务，使其能够满足进岛游客的住宿需要。旅游景区在建设过程中，应采用新能源观光游览车，开发建设低碳运动休闲设施和低碳娱乐体验设施；发展低碳环保的卫生设施，如使用循环污水处理装置，建设生态厕所，使用生态垃圾桶，利用太阳能、风能、水能等可更新的能源技术，建设新型的低碳旅游能源供应系统。

3. 推行低碳旅游方式

低碳不仅是一种理念，更体现在一些切实可行的具体措施上，这些措施的实践在很大程度上依赖旅游者的身体力行，能够体现在食、住、行、游、购、娱每一个旅游环节中，包括低碳交通方式、低碳住宿、低碳饮食、低碳游览、低碳购物等。

（1）低碳旅游交通方式。旅游者在选择交通方式时，应尽量选择铁路、长途汽车、公共汽车、自行车等相对低碳的交通工具从而取代自驾车、航空等高碳方式。在景区内部或往来景区之间，则应乘坐环保大巴、电动车、自行车等环保型交通工具甚至步行，既低碳节能又丰富了旅游活动，增加了游览的兴趣和体验。

（2）低碳住宿餐饮方式。越是豪华的高档酒店碳排放量越高，游客应选择经济型酒店，最好选择“渔家乐”，吃住在渔家，体验真正的渔家生活。饮食上应减少使用一次性餐具、包装塑料袋，尽量食用长岛本地的风味特色食品，以避免外来食品因运输、包装、存储等环节而产生的碳排放。住宿超过一晚时不要求换洗床单，自带洗漱用品，少用一次性用品，控制室内温度，随手关灯，不使电器长时间处于待机状态等。

（3）低碳游览方式。旅游者在游览过程中应做到“除了脚印，什么也不留下”，自觉将垃圾放入自备垃圾袋并放入分类垃圾桶。保护野生动植物和其他资源，如海滩上日积月累形成的圆石，尊重当地的文化和生活方式。购买当地的贝壳、珍珠等旅游纪念品及特色海产品，惠及当地经济，形成“反哺”。

4. 开发低碳旅游产品和项目

随着长岛国际休闲度假岛发展规划的实施以及国内旅游经济的持续增长，长岛旅游业面临新的发展机遇与挑战。长岛旅游业一直以观光游览为主，产品结构单一，层次较低，资源优势没有充分转化为经济优势，因此应加大旅游资源的深度开发，发展生态旅游、休闲度假旅游，提高长岛旅游的层次和内涵。同时，一定要选择对环境影响小但体验性、参与性强的低碳旅游产品和项目，除继续保持赶海、垂钓、捉蟹等已有的渔家活动外，还应将观鸟、喂海鸥、观海豹等活动固定化和规模化，加大休闲渔业、攀岩探险、帆船滑板、环岛自行车等体育旅游项目的开发力度和规模。文化旅游产品也应成为长岛主打的旅游项目，在继续办好已有的“渔家乐”文化品牌基础上，深挖妈祖文化和地质文化的内涵，提高长岛旅游的品位和吸引力，增加游客的逗留时间，从而使长岛真正向国际休闲度假岛的方向转变。

5. 对环境容量进行测评，适当实施碳补偿措施

作为海岛旅游规划与管理的重要技术工具，环境容量应受到重视。长岛应综合考虑自然、社会、经济和文化等因素，同时兼顾不同群体的利益和社区发展，对日旅游环境容量进行计算，提出合理的容量控制措施，当进岛人数超过环境容量时就停止售票。为减少海岛旅游的环境代价，可以考虑征收“生态税”用以资助环境保护工作。政府部门可以根据游客的数量计算碳排放量，

从旅游收益中拿出一部分资金来补偿旅游活动对海岛的“损害”。对旅游者而言，当旅游活动结束时，通过“碳减量计数器”设备，计算其所从事的活动与一般旅游模式相比减少的二氧化碳排放量，颁发减碳证书或者以栽种纪念树的方式对其进行鼓励。

（本文摘自：《经济论坛》2011 年第 9 期　作者：柳敏　张文政）

低碳经济发展中政府职能变革的思考

在市场经济条件下，政府主要运用政策法律手段实施宏观层面的管理，并注重发挥市场机制和社会公众的作用。政府扮演的是有限政府角色，其职能定位是“经济调节，市场监管，社会管理，公共服务”，这也是我国政府职能转变的目标。与此相对应，在低碳经济发展中，进一步明确政府的职能定位和要求，多层面、多角度充分发挥政府行政管理的作用，突出政府行政管理的宏观性和引导性，这对推动和促进我国低碳经济的全面发展具有十分重要的意义。

一、低碳经济发展中政府基本职能定位：规划、组织、协调与控制

“低碳”这一概念的提出，与全球性气候变化的挑战和日益严峻的环境问题密切相关。如何把握好低碳化发展的机遇和挑战，从而实现我国经济社会的可持续发展，是政府行政管理中必须要面对和解决的重要问题。如果在低碳经济发展中政府职能角色和管理机制长期保持不变，带来的必然是管理僵化和效率低下，难以体现政府行政管理的目标和要求。从这个意义上讲，政府应认清国家低碳经济发展形势和发展要求，尽快转换政府行政管理职能，强调和突出规划、组织、协调和控制的基本职能定位，促使政府行政管理目标和管理手段能够适应不断变化的低碳经济发展要求。

（1）规划职能。由于国家低碳经济发展战略具有全局性和长远性的特点，因此，实现低碳经济发展战略在很大程度上有赖于政府规划职能的运用。同时，在低碳化发展过程中，也会遇到来自各方面的阻力，这就决定了在低碳经济发展中政府的主导作用和初始推动力是不可或缺的。政府在国家层面上制定低碳发展总体战略和行动纲领，依此制定全国低碳经济发展规划，并实现与国家其他发展规划之间的相互衔接。同时，通过制定并监督执行有关低碳经济发

展的各项政策和措施，主导建立低碳环保型循环经济体系，推进国家能源结构多元化体系的建立，并促进区域间、行业间全方位的低碳经济发展合作等，都是政府必须要做的工作。从长远发展看，政府在低碳经济发展中的规划职能只能加强，不能削弱。

（2）组织职能。低碳经济发展的基本着眼点是国家能源结构的合理调整，因此，提高低碳能源和可再生能源的比重是近期政府管理工作的重点和突破口。这需要由政府出面，研究制定全国能源中长期发展规划和分阶段推进能源结构多元化体系的战略实施方案，并出台鼓励可再生能源开发利用、提高能源利用效率和节约能源资源的多项低碳能源创新政策。从国外低碳经济发展的做法来看，可以说政府的推动作用是巨大的，其中一些经验是值得我们借鉴的。例如，美国政府在改变本国传统高碳产业向低碳产业转型中就起到了极其重要的作用。政府十分重视加大低碳技术创新和可再生能源的财政投入力度，2009年2月，正式出台了《美国复苏与再投资法案》，投资总额高达7870亿美元，主要用于新能源和可再生能源的开发利用领域。

另外，在组织全国性碳排放基底调查和低碳监测，鼓励低碳技术的创新开发、推广和应用，扶持低碳企业和低碳示范试验区，培育国家碳排放交易市场体系和区域性碳汇机制，加强宣传教育，做好低碳信息引导等方面，也需要充分发挥政府的组织职能。

（3）协调控制职能。低碳经济发展的目标在于协调经济发展与环境保护的关系，因此，与传统的高碳经济发展不同，在低碳经济发展中，政府行政管理面对的是管理内容更加复杂化和具体化的实际情况。新形势下，应充分发挥政府的协调控制职能，明晰各部门的管理责任，加强不同部门、不同区域、不同行政单元之间的协同配合；对一些具有普遍性的、大范围的区域性碳排放问题进行宏观层面的统一部署和管理，实施综合的、区域化管理，加强产业结构调整的统筹安排；同时，应充分考虑碳减排与资源开发、能源安全，以及环境保护之间的协同效应，加强环境管理工作，提高碳减排成本效益。

二、低碳经济发展中政府职能变革的方向：由以控制职能为主向以协调职能为主转变

重新定位长期以控制职能为主的政府管理职能，充分发挥其作为“协调者”的职能作用，是政府职能变革的重要内容，也是新形势下重塑服务型政

府形象的前提和基础。在低碳经济发展中，为了避免由于直接行政干预导致的管理冲突和管理不力问题，应进一步明晰政府“有所为，有所不为”的管理职能要求，加强协调职能，以有效地规范行政主体的管理手段和管理行为，提高管理效率。在研究低碳经济的相关制度之前，要厘清政府在这一经济模式中的角色边界，确定相应的政府干预临界点和协调经济运行的方式，以达到既解决以往高能耗、高投入、高排放的非低碳型经济模式，又能预防政府不当干预而造成经济发展的人为羁绊的目的。

（1）在国家和区域层次上，建立低碳经济发展协调运行机制，从合理调整区域产业结构和布局入手，加强宏观、中观调控和监管；统筹协调和确定全国和各省区环保、建设、国土、规划、资源等管理部门在低碳经济发展中的职责和分工，强调各职能管理部门之间、不同行政区域之间，以及地区与部门之间的整体协同，共同推进低碳经济的发展。

（2）按照分工负责的原则，进一步明确中央政府与地方各级政府在低碳经济发展中的管理职责和权限，保证权力和责任的对等统一；加强地方政府在低碳经济发展中的主动性和责任感；加强地方政府间的低碳发展合作，通过各级政府的共同行动，打破过去的条块分割状况，为低碳经济发展提供技术、市场、资源和人才优化配置平台。

（3）以区域低碳经济发展为突破口，分阶段、分步骤地加大高碳型产业的改造和淘汰步伐，摒弃高碳增长方式；加快能源结构调整力度，重视低碳型产业链和低碳产业园区的培育和发展，尽快形成符合低碳经济发展要求的、合理的产业结构。

（4）发挥政府的协调职能，也是加强微观低碳经济政策可操作性的要求。只有充分发挥政府、行业协会、各类企业和社会公众等行为主体的积极性，协调好政府与市场、政府与企业、政府与公众之间的关系，促进形成低碳经济发展的整体合力，才能促使各类低碳经济发展政策和法律、法规得以全面落实和有效实施。

三、低碳经济发展中政府职能变革的实现：规范化和高效化管理

低碳经济发展中政府职能变革的实现，要通过实施规范化和高效化的管理手段，体现出政策引导和宏观调控的职能要求。在这里，强调发挥政府监督控

制职能及其有效政策工具的运用，不同于传统意义上的政府控制职能与直控式管理方法，而是更多地强调政府监督控制职能及其相应的规范化管理的有机配合，通过实施行之有效的低碳规范性管理标准和控制手段，以低碳标准制衡低碳行为，并相应地采取规范化管理措施，及时应对出现的新情况、新问题。具体要做到：

（1）推行规范化管理模式。在制定相应标准的基础上，要对企业和新建项目实行严格的低碳认证、分级和准入制度，进一步完善低碳监测体系和环境影响评价制度，加强生产全过程低碳监测和管理，以减少管理过程中的随意性和盲目性，避免管理低效运行，降低管理成本，提高低碳化发展绩效水平。有效地推行规范化管理模式，其基础工作是充分利用多种先进科技手段对全国重点行业的排污严重的企事业单位、二氧化碳排放大户以及重点区域的环境状况进行调研和低碳跟踪监测，并制定出可实施、可控制的国家和区域性低碳规范化标准。为此，应参照国际低碳发展标准，尽快研究制定和推出适合我国低碳经济发展的碳排放评价体系和碳排放强度可量化标准；同时，对重点产业相关产业链的各个环节也要制定出相应标准。具体包括针对低碳产业、低碳城市的约束性标准（如“三高”行业市场准入标准、产业碳排放标准、低碳交通标准等），以及资源节约、低碳生活等方面的引导型标准，加大政策的引导性和约束性。

（2）构建规范的市场化管理模式。从长远发展看，充分发挥市场机制的作用，建立全国碳平衡交易市场和区域性碳平衡交易机制势在必行。这方面，发达国家政府的一些相关经验是可以借鉴的，其主要做法就是不断完善市场运行机制，构建规范的市场化管理模式。从我国的实际情况来看，新的市场模式及其运作过程需要由政府出面进行宏观协调和部署，选择重点区域试点培育，并在区域层面上逐步推进和实施，积极建立起国际间、国内区域间、企业间碳排放交易市场体系，探索企业内部、个人之间的碳排放交易机制。

目前，尽管我国尚未真正建立起全国性的碳排放交易市场，但一些地处经济发达地区，同时环境问题也比较突出的省市，已率先建立起了碳排放交易所，如北京环境交易所、上海环境能源交易所、天津排放权交易所和深圳排放权交易所等。在这些重点城市试点的基础上，政府可考虑适时设立全国碳平衡交易管理机构，负责制定全国碳平衡交易市场规划，在充分考虑东部沿海地区对西部内陆地区区域间碳源和碳汇拥有量的差异，以及不同行业和企业碳排放差异的基础上，对基于总量控制的碳排放交易的相关规则、碳排放权的使用、

低碳项目与技术的设计开发，以及具体碳排放交易咨询服务等内容进行可行性论证，以推进全国和区域性碳平衡交易机制的建立和发展。同时，由于多年来我国生态补偿机制已形成一定的基础，因此，可在进一步发展和完善生态补偿模式的基础上，以区域公平为原则，形成具有中国特色的碳平衡交易模式。

（3）提高行政管理水平和运行效率。政府职能变革对行政管理水平和运行效率提出了更高的要求。政府职能是一种制度的规定性，绩效评估就是使制度转化为具体的管理行为、管理秩序和社会生活秩序过程中的一种评判、控制和监督。通过建立健全基于监督机制基础上的政府低碳绩效考评体系，实行严格的节能减排目标责任制，并强化行政问责制。在政府低碳绩效考评指标体系的建立过程中，要尽量量化节能减排的一些重要指标，特别是与公众利益密切相关的具体指标，如空气污染治理效果指标、公众满意度、环境保护水平、公共服务设施建设，以及政府部门低碳发展服务水平等相关指标，并纳入到考评体系中，形成低碳绩效考评的主要内容。

同时，要大力推行政府政务公开，增强行政管理过程的透明度和可预见性，对于公众普遍反映的大气污染等环境问题，要建立起完善的听证制度、低碳信息查询披露和举报制度，建立定期反馈的沟通机制，发挥媒体和公众的监督作用。

（本文摘自：《中国行政管理》2012 年第 11 期　作者：乌兰　柳敏）

第二篇　民生保障方略

食品的信任品特征及质量安全信息传递机制的作用

一、信息不对称是导致食品质量安全事件频发的根本原因

从食品供给量的角度看，我国食品已实现了从供不应求到总量基本平衡、丰年有余的历史性跨越，已经具备了关注食品安全的客观条件。从关注食品安全的内在需求看，按照国际经验，当恩格尔系数在40%～50%时，人们逐步开始关注食品的质量安全；当恩格尔系数降到40%以下时，人们对食品的营养、安全性要求开始提高。2004年我国城市居民家庭恩格尔系数已经降到了37.7%，农村居民家庭恩格尔系数也已经降到了47.2%，恩格尔系数的下降意味着人们对食品质量安全提出了越来越高的要求。因此，无论是从食品的供给方面还是需求看，都必须高度重视食品质量安全工作。

食品完整供应链应包括农作物种植者、加工者、批发商和零售商等主要生产过程，最终产品到消费者手中。而在实践中，由于上述食品的特性，在供应链信息关联方之间关于食品的质量方面存在着严重的信息不对称，即每一方所掌握的信息都是不完全的。因而在食品的交易中，消费者处于绝对被动的地位，正是由于这个原因，食品质量安全不容乐观，不安全事件时有发生：猪肉传染猪链球菌事件、淡水鱼里含孔雀石绿、蔬菜水果中农药残留超标……根据卫生部提供的数字，我国最近几年的食品安全问题呈现上升趋势。

因此，为保证食品的质量安全，改变食品市场信息的不对称状况是至关重要的。为解决这一问题，我们可以建立食品质量安全可追溯制度，定期对食品进行检查、检测并公开相关信息等，思路似乎是明确的。然而在实践中，由于食品种类繁多、生产加工过程复杂、食品质量的不安全问题的技术性强等因素，上述方法在具体操作过程中会遇到很多困难，而其作用也是局部的、有限

的，没有从机制上解决这一问题。食品市场的信息不对称现象是普遍的，要解决这个问题，必须对质量安全信息的传递机制进行深入研究，认识食品市场的运行机制及食品质量安全信息对市场运行的影响规律。

对食品质量的理解取决于个人的偏好。国际标准组织（ISO）提出一个迄今为止最为流行而又能够几乎被来自所有不同背景和不同工作领域的人所接受的关于产品质量的定义，即“某一产品或服务所具有的能够满足既定需要的全部特征”（ISO 8402）。根据《中华人民共和国食品安全法》，食品安全指食品无毒、无害，符合应当有的营养要求，对人体健康不造成任何急性、亚急性或者慢性危害。食品安全质量信息应当是和上述食品安全的内容相关的质量信息。

二、食品质量安全的信任品特征，决定了信息不对称对于食品市场而言是本质性的

我们通常可以把食品的质量特征分为几类：①消费者在购买之前就可以观察到其质量的产品，称为搜寻品。它的质量特征主要包括商品品牌、标签、包装、销售场所、价格和产品产地等外在特征和颜色、光泽、大小、形状、成熟度、外伤、肥瘦、肉品肌理和新鲜程度等内在特征。对于这类产品，由于消费者在购买之前就可以确定产品的质量，产品的销量将随着质量的下降而降低。②只有在消费者购买之后才能观察到其质量的产品，如口感、味道等，称为经验品。③在其中包含消费之后在一定的时间之内和一定的条件之下你都无法知道其质量的产品，称为信任品。在信任品中对于那些质量水平事前能在合约中被描述出来，事后能为法院所确认的就是可验证的，否则就是不可验证的。很多食品安全的质量特征都具有信任品的特征，如涉及食品安全的激素、抗生素、胆固醇、沙门氏菌和农药残留量等。所以，食品安全质量特征大多是一种信任质量特征。信任品在某种意义上是消费者需要考虑商品的信任特征和销售者的信誉而做出购买决定的一类商品。

考虑三种质量特征有优先次序，通常假定在同等条件下，搜寻品优先于经验品，而经验品优先于信任品。在信息不对称的情况下，搜寻品特征也能转化为信任品特征。所以，不能认为商品的搜寻品特征和经验品特征是商品的基本特征部分，实际上，商品的信任品特征如食品的营养、卫生和道德特征是商品更为基本的质量特征。

对于信任品的定义，不同的研究者可能会有所不同。食品的信任质量特征从以下三方面探讨：

(1) 隐藏特征食品的隐藏特征产生的原因有三类。①商品包装的原因。当去除包装后，隐藏特征就消失了。②难以检验，但与实体商品相关的迟早会被发现的质量特征，如食品的某些营养学功能。③由生产过程造成的，很可能长期不会被发现的质量特征，如生产过程中的投入品对食品安全的影响。

食品的很多特征可能是食品本身所拥有的，表现为食品的功能说明的形式，也可能是生产过程中形成的，这种情形可以用生产过程中一种或几种投入物来描述产品的某种质量特征。在描述食品的质量特征时经常同时使用产品的使用功能指标和生产过程指标的，如一种面包的质量特征既可以用最终产品的质量特征，如营养学的、卫生学的指标来描述，也可以用生产过程中使用的配方，如糖、脂肪、牛奶、面粉和香辛料等来描述。生产过程的规范指标通常是不可观察的，常常和食品的信任特征相联系，对信任特征的识别要依靠产业组织、消费者组织和政府规制。食品功能则表示食品的经验特征，是由消费者认定的。

(2) 由标准化引发的信任质量特征。我们提到的标准是食品的一种品质水平，这种标准往往是随着市场的演化逐步形成的，必须假设已经建立起了计量和分类体系，否则这些标准就失去了基础。

通常一种食品可能有很复杂的质量特征，我们可以把它描述为有一组质量特征指标。实际上，这些质量特征即使在理论上可以识别，但由于过高的成本在实际中也是无法验证的。作为一种解决办法，销售者可以根据商品的 n 种属性定义食品的 n 个最低标准 S_1，S_2，…，S_n，最后综合成与购买者的购买决策紧密相关的质量特征 S，可以在此基础上形成商品的一个综合质量特征：$S=S_1+S_2+\cdots+S_n$。

S 显然是一个信任质量特征，因为得到它要花费成本，而消费者不太可能知道每种标准并检验之。消费者只能相信商家提供的 S，如果不相信商家，可以更换，但没有必要去检验每种具体标准。

(3) 或然性信任质量特征。或然性定义了一大类信任特征，可以通过分析品牌的概念来理解它。品牌或商标从实际上来讲，可以认为是同一个品牌的质量相差不大，而品牌之间的质量相差较大。商品可以看成某种品牌或具有某种商标的质量不断变化的大量商品的集合。购买者的行为有点类似于抽奖，对于某个品牌的商品而言，购买者的一次尝试性的购买，由于抽样商品带有很大的偶然性特征，造成消费者购买的商品质量有很大的不确定性，这就是所谓或然性信任质量特征。或然性质量特征说明有些商品质量问题的出现有一定的概率，如某类产品的合格率。

三、研究食品质量安全信息传递机制的意义

研究食品质量安全信息传递机制，可以找出产生信息不对称的根源，深刻认识食品市场交易规律，为科学管理供应链和制定正确的食品安全政策奠定理论基础，对于解决食品安全问题具有重要的理论和实际意义。

食品质量安全信息主要包括生产、加工、消费和流通环节的质量安全信息。信息传递是信息流动的一种形式，指科学知识和信息通过跨时空的扩散使不同个体间实现知识共享的过程。

（1）通过对食品供应链各方信息搜寻和传递的研究，探讨建立供应链信息共享的激励机制，对于科学管理供应链、缓解信息不对称状况有重要的理论意义。Grossman 在 1981 年针对食品经验品进行特征分析，如果产品质量信息充分、有效、可靠并且成本低廉的话，消费者在购买后就可以不费任何代价证实产品质量，食品经验品市场就能够有效运转。通过调查研究和计量分析找出影响食品质量安全信息在食品链中传递的影响因素，对于认识食品市场的交易规律及食品质量安全信息对市场运行的影响，探讨在食品链中进行信息共享的机制，特别是现代电子信息技术应用对于信息共享的作用及其实施条件，对于促进食品链的信息共享具有重要的学术价值和应用前景。

根据哈耶克的研究，价格机制除了可以调节供求还有重要的信息传递功能，分析价格机制本身的信息传递功能在传递质量安全信息中的作用，验证我国不同食品市场的价格体系传递质量安全信息的有效性，对价格体系作为信息资源配置的重要机制进行实证研究，探讨通过市场的自发调节作用提高食品质量安全的可行性。质量安全信息对价格的影响和价格传递质量安全信息的功能是同一个问题的两个方面，在信息特别缺乏的市场上，价格的信息传递功能尤其重要，对于我国食品市场有重要的现实意义

通过以上两个方面，可以比较全面地考察食品质量安全信息的传递机制。分析信息传递过程中的主要障碍因素，建立信息共享激励机制，改善食品市场信息不对称状况、保障食品安全有着重要的学术价值和实际意义。

（2）如果从食品的信任特征出发来理解食品市场的信息不对称性，可以

清晰地分析很多关于食品安全质量保证政策的成败得失。法国的原产地保护制度是一种产品导向的，强调与维护产品与原产地风土人情间的关系等信任质量特征，打造了具有独特品位甚至拥有“艺术内涵”的高端产品，对于重要原产地产品进行特别保护。政策就试图支持和保护高品质生产商的信任特征，如法国葡萄酒和奶酪。但是，法国的这种保护制度也存在一定不足，一是维护产品与原产地风土人情间的关系，生产的每个环节甚至产量都有规定，企业只需按部就班地生产就行，这种以产品而非市场导向的模式，相应市场竞争因素被削弱，生产者缺乏创新的激励，并且生产规模的扩大和生产效率的提高都是不利的；二是由于过分强调地理因素的作用，生产者的作用在一定程度上被低估了。由于食品的生产加工方式和消费模式的变化，食品供应源日趋增多和复杂，食品的信任质量特征特别是大家都关心的质量特征呈现快速变化的特征，所以，法国的原产地保护制度对于当今普通食品快速变化的质量特征而言并不适用。

美国政府的质量导向政策是间接的，通过严格界定生产商和销售商对于消费者的责任，而由于涉及信任特征，无法直接检验和证明，这种方法在实践中的困难是显而易见的。所以，一个健全的政策必须重新思考经济的供给方式是如何处理信任特征的。例如，政策的制定者应当考虑商品不断变化的简单的最低标准的构成和那些大家都关心的质量特征，这从长远的观点来看是容易理解的。

（3）通过对食品安全信息传递机制的研究，对信息经济学相关理论的应用和发展起到积极的推动作用。研究不对称信息条件下的经济问题是现代应用经济研究的一个重要领域，也是经济学发展的前沿领域，现在国际国内经济学界在此领域的研究方兴未艾。在此领域的许多理论，如信息和竞争性定价系统理论、甄别理论、搜寻理论、委托代理理论等，都是西方学者提出的，在中国的适用性如何，会有哪些新的特点，都是需要中国学者进行大量的实证研究来回答的。食品市场的特点特别适合进行这类实证研究，此外，这些理论也是我们对食品市场信息传递问题进行实证研究的理论基础，相信研究的进行对于我国关于不对称信息理论的发展会起到积极的推动作用，对于食品市场信息机制理论会有创新性的成果。

（作者：蔡岩兵）

山东省产业结构与就业结构偏离效应及区域比较分析

一、提出问题

经济增长及充分就业是一个地区宏观经济政策调整的主要目标。基于效率优先的经济增长带来了就业结构与产业结构的偏离，当然，影响因素很多，有产业内部结构因素、技术进步因素、劳动力素质因素和制度因素等。由于不同产业对从业人员的消化和吸纳能力不同，技术进步、劳动力素质变化和制度变迁必然引起产业结构变动，并最终影响就业结构，但是产业结构的调整在多大程度上带动了就业结构的优化，二者的发展协同性如何，国内外学者对此问题进行了相关的研究。主要研究成果有配第—克拉克定理、库兹涅茨法则、钱纳里标准模型和里昂惕夫模型等。国内的学者集中于以某地区为例对产业结构与就业结构失衡的状况进行描述性分析（夏杰长；周叔莲、郭克莎；顾建平、刘葆金；徐现祥、舒元；周冯琦；胡军等；刘社建；蒲艳萍、吴永球；马建会）。这些研究成果为更好地理解相关问题提供了支撑，但缺乏对山东省产业结构与就业结构失衡的具体原因的全面深入分析，以及和其他省份及发达国家的相关数据的比较。本文运用结构偏离效应对产业结构和就业结构的合理性进行分析，并和广东省及发达国家相关数据做比较研究，以期为山东省的产业结构调整政策和就业政策提供借鉴。本文基于面板数据进行分析，改革开放以来，山东省经济发展有了质的飞跃，且改革政策也发生了很大的变化，所以本文引用近二十年的数据（1990～2009 年）进行研究。

二、山东省产业结构及就业结构的演进

1. 山东省产业结构的演进

改革开放以来，山东省陆续超越江苏、浙江等省，占据全国经济实力排名第二的位置，三次产业都得到了快速发展，但是各产业之间发展速度存在较大的差异。三次产业中，第一产业发展最慢，1990～2009年，其产值从422.43亿元增加到3226.64亿元，平均每年增长12.2%；第二产业比第一产业发展快，其产值从818.86亿元增加到18901.83亿元，平均每年增长18.3%；第三产业发展最快，其产值从453.83亿元增加到11768.18亿元，其产值平均每年增长21.7%。

产业结构经过二十年的不断调整和优化，有了明显的改善。1990～2009年，三次产业产值占国民生产总值的比重分别从36.4%、50%、13.6%变为9.5%、55.8%、34.7%。可以看出，产业结构格局由原来的“二一三”变成了“二三一”的结构，而且有了明显的改善，第一产业产值的比重下降了26.9个百分点，第二产业上升了0.8个百分点，第三产业上升了21.1个百分点。

2. 山东省就业结构的演进

1990～2009年，山东省就业人口从2425.43万人上升到6294.21万人，平均每年增长3.51%。总体来说，山东省就业人口增长缓慢，且各产业增长速度差异较大。其中，第一产业就业人口减少了160.7万人，平均每年减少0.23%；第二产业就业人口增加1631.6万人，平均每年增长14.71%；第三产业就业人口呈现出明显的上升趋势，平均每年增长21.24%，表明第三产业是吸纳新增就业人口的主要部门。

改革开放以来，就业人口在三次产业之间的分布发生了明显的变化，其中，第一产业就业人口比重大幅下降，第二产业就业人口相对比较稳定，第三产业就业人口呈现明显的上升趋势。1990～2009年，三次产业的就业人口占总就业人口的比重分别从78.8%、12.3%、8.9%变为36.5%、32%和31.5%。可以看出，虽然就业人口的产业结构有了一定的改善，第一产业人口比重下降很快，但是第一产业就业人口的比重仍然最高，劳动力向第二、三产业转移的潜力还很大。

三、基于结构偏离度的产业结构与就业结构协调性分析

1. 模型说明

产业结构偏离度是指各产业增加值的比重与相应的劳动力比重的差异程度，是用来考察产业结构与就业结构是否协调的一个重要指标。若将结构偏离度定义为β，则其计算公式为$\beta = \frac{E_m}{E} / \frac{G_m}{G} - 1$，其中$m$（$m = 1, 2, 3, \cdots$）为第$m$产业，$E_m$为第$m$产业的就业人数，$E$为三次产业就业人数总和，$G_m$为第$m$产业的产值，$G$为三次产业产值总和，也即GDP。结构偏离度小于零为负偏离，也即该产业的就业比重小于产值比重，意味着该产业的劳动生产率较高，存在着吸纳劳动力转移潜力，偏离系数越大，潜力越大；结构偏离度大于零为正偏离，意味着该产业劳动生产率较低，存在着转移劳动力的压力，偏离系数越大，压力越大；结构偏离度越趋近于零，表明产业结构与就业结构越合理。

2. 实证分析

——数据来源

根据山东省1990～2009年的三次产业产值在GDP中的比重、各产业的就业占总就业人口的比重及上述结构偏离度计算模型，可得近二十年来三次产业的结构偏离度。从全国GDP数据来看，广东省一直领先于山东省，而且山东和广东的产业结构演进具有高度的一致性，但从三次产业的产值结构和就业结构看，山东的三次产业结构的高级化水平明显低于广东。目前，从增加值结构看，山东和广东三次产业结构依比重大小排序均为“二三一”型。从就业结构看，三次产业结构依比重大小排序山东是“一二三”型，广东是“一三二”型。为了比较两者间发展结构的差异，发现其内在原因，从而为山东省的结构调整提供参考建议，故对两者的产业结构与就业结构的偏离度展开对比分析。另外，为了给山东省产业结构及就业结构分析及调整提供更有力的支持，选择全国的平均数据作为参考，具体数据如表1所示。

表1　山东省、广东省及全国1990～2009年三次产业结构偏离度

年份	山东第一产业	山东第二产业	山东第三产业	广东第一产业	广东第二产业	广东第三产业	全国第一产业	全国第二产业	全国第三产业
1990	-0.56	0.84	1.25	-0.53	0.45	0.81	-0.55	0.93	0.71

续表

年份	山东第一产业	山东第二产业	山东第三产业	广东第一产业	广东第二产业	广东第三产业	全国第一产业	全国第二产业	全国第三产业
1995	-0.63	0.89	0.56	-0.65	0.45	0.48	-0.62	1.05	0.33
2000	-0.66	1.04	0.44	-0.76	0.7	0.41	-0.7	1.04	0.42
2001	-0.67	1.03	0.44	-0.79	0.64	0.4	-0.71	1.02	0.46
2002	-0.67	0.95	0.40	-0.8	0.56	0.43	-0.73	1.09	0.45
2003	-0.68	0.91	0.30	-0.82	0.35	0.63	-0.74	1.13	0.41
2004	-0.67	0.79	0.28	-0.81	0.33	0.56	-0.71	1.05	0.32
2005	-0.73	0.87	0.10	-0.81	0.33	0.44	-0.73	0.99	0.29
2006	-0.75	0.83	0.11	-0.81	0.32	0.39	-0.74	0.9	0.27
2007	-0.74	0.74	0.12	-0.82	0.32	0.37	-0.74	0.77	0.29
2008	-0.74	0.80	0.08	-0.81	0.33	0.37	-0.73	0.74	0.26
2009	-0.74	0.74	0.10	-0.8	0.34	0.36	-0.73	0.67	0.27

从总体数据来看，三次产业劳动力结构的合理化程度得到较大幅度的提升。按照配第—克拉克定理，随着经济的发展，劳动力首先从第一产业向第二产业转移，进而向第三产业转移。劳动力在各产业的分布状况是：第一产业减少，第二、三产业逐步增加。在山东省结构偏离效应分析中，配第—克拉克定理得到印证。

——区域比较：第一产业

根据表1的三次产业结构偏离度数据，绘制其趋势图，如图1~图3所示。

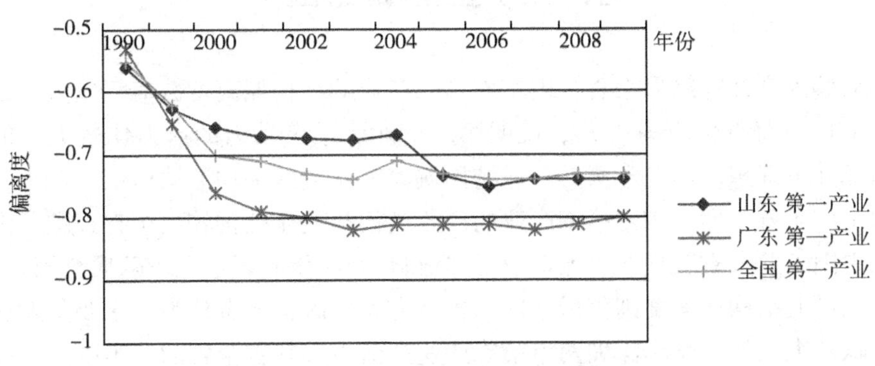

图1　第一产业结构偏离效应比较

从图1可以得出：山东省第一产业结构偏离度较大且一直为负值，其绝对值呈小幅上升趋势，近年来和全国平均数据大致持平，但相比广东省的结构偏离度值要更为接近0，说明其结构更为合理。但是，从绝对数来看，山东省第一产业结构负偏离仍非常明显，表明山东省第一产业劳动力结构和产业结构的匹配程度没有得到实质性的提高。随着劳动力迁移变得越来越频繁，各产业劳动力可以实现灵活流动，加上信息时代交通的便利，信息渠道的通畅等因素，虽然第一产业已转移出部分剩余劳动力，但仍存在着大量的隐性失业，总体变化缓慢。究其原因，主要是第一产业尚没有形成较大的、各具特色的产业经济带、经济区，缺乏竞争能力强的主导产业和产品，且吸纳劳动力较强的农产品加工和流通行业滞后，在全国领先的大型农产品加工龙头企业为数尚少，许多农产品加工企业规模小，产品档次低，在国内外市场上缺乏竞争力。第一产业劳动力转移仍有较大压力。

——区域比较：第二产业

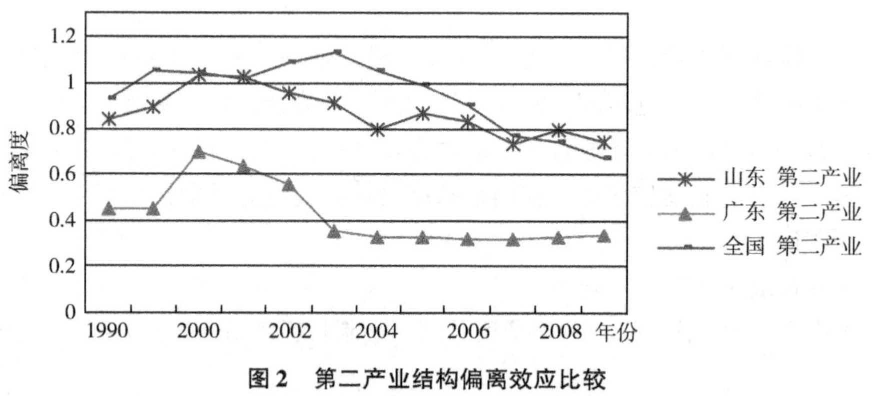

图2　第二产业结构偏离效应比较

从偏离度计算结果来看，山东省第二产业的结构偏离度数值仍较大，最高值达1.04，最低值也为0.74，说明第二产业吸纳劳动力的潜力比较大，但实际情况并不理想。山东省第二产业结构偏离度比全国平均数据略低，但是，明显大于广东省，即广东省第二产业的产业结构与就业结构较山东省合理。山东省是中国工业大省，规模以上工业增加值自2005年起超过广东跃居全国首位，但第二产业结构偏离度则落后于广东省。究其原因，笔者认为，主要是发达城市贡献较大，如广州、深圳两市第二产业产值占广东省全省的一半以上，比广东省其余19个地级市总和还多，而且广州已初步具备后工业化产业结构的特

征。这两个经济强市为广东省的经济实力提供了有力的支撑。此外，东莞、肇庆、珠海等市经济发展势头也相当强劲。总体来看，山东省还缺乏大型的具有强辐射作用的中心城市。由于国有企业的改制挤出了部分劳动力，而且技术密集和资金密集型企业比重增加，相对劳动生产率大幅提高，加之企业不断减员增效，对传统产业劳动力的需求量减少，使第二产业从业人员大幅减少，从而劳动力向第二产业的转移受到了阻碍，致使第二产业庞大的劳动力就业潜力没有发挥出来。笔者认为，虽然第二产业结构偏离度仍较高，但并不能就此说明第二产业结构不合理。综合实际情况来看，第二产业因为内在结构从质的方面做了调整，技术换代升级造成劳动力的吸纳有限。

——区域比较：第三产业

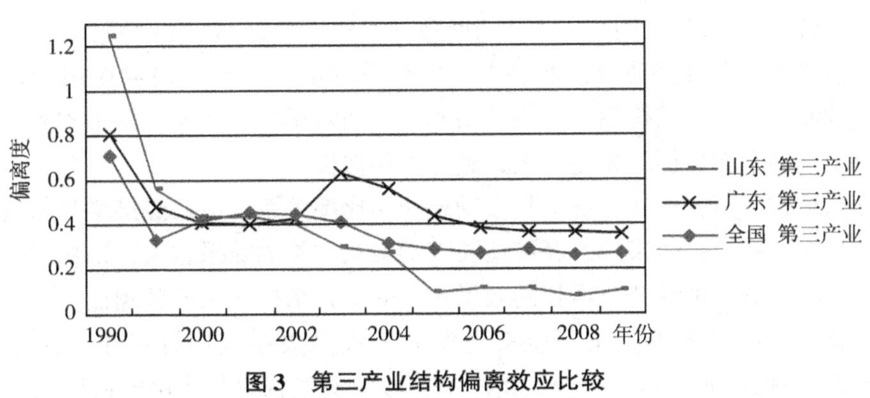

图3　第三产业结构偏离效应比较

从与广东省、全国的数据，以及山东省内部与第一、二产业的数据比较来看，山东省第三产业的产业结构与就业结构则较为均衡，但是相对于山东省整个经济的发展，以及发达国家产业结构与就业结构演变的历史规律来看，山东省第三产业并没有得到充分的发展，没有发挥经济支柱产业的功能。2009 年山东省百强企业名单中，第三产业上榜的企业只有 8 家。发达国家在 2009 年第三产业的国内生产总值均达到 60% 以上，美国第三产业所占 GDP 的比重更是高达 74.5%，而山东省 2009 年第三产业占 GDP 的比重仅有 33.5%。因此，山东省第三产业仍有相当大的发展空间，其对劳动力的吸纳潜力也有待进一步挖掘。

——国际比较

根据库兹涅茨的研究成果，随着人均国内生产总值的提高，三次产业的结构偏离度将越来越小，逐步趋向零。当人均国内生产总值为500美元时，第一、二、三产业的结构偏离度大体上分别为-0.40、0.06、0.07。2009年山东省人均国内生产总值为35793.72元人民币（折合5512.23美元），第一、二、三产业的结构偏离度仍然分别为-0.74、0.74、0.10，其绝对值与人均国内生产总值500美元时的国际水平仍有一定的差距，这充分说明山东省三次产业间劳动力转移仍有较大的改善空间，其中尤以第二产业优化的空间最大，这与前述和广东省的比较结果相似。

四、结论与建议

从山东省与广东省、全国以及国际水平进行比较的结果来看，山东省产业结构与就业结构最为协调的是第三产业；第二产业结构在进行质的调整的同时，挤出了一部分劳动力，加之山东省尚没有形成具有强辐射作用的核心区域，致使第二产业结构偏离效应较为明显；而对于第一产业，山东省和广东省以及全国的平均数据都相差不大，趋势呈相似性。

从结构偏离度可知经济增长带动就业的比率关系，以及经济增长与就业增长的协同关系。一般来说，经济增长带动就业增长的效果越大，结构偏离度就越高；经济增长带动就业增长的效果越不明显，结构偏离度就越低。

就业是民生之本，能不能实现充分就业是关系到国计民生的大事，在“高增长，低就业，高失业”的情况下，如何实现就业与经济的协同增长是山东省目前急需解决的现实问题。结合前面的分析，本文认为，要促进就业、增加产业结构与就业结构的协调性，除了要调整产业结构外，还要提高劳动力素质，使其能适应产业结构调整与优化的需要。

1. 调整及优化三次产业内部结构

国内外实践证明，合理的、高度化的产业结构能促进经济的快速增长，从而促进就业。因此，要扩大就业，山东省首先要进一步调整三次产业结构。基于目前的产业结构状况，本文认为应该将重点放在优化三次产业内部结构上，通过与广东省及国际标准的比较，尤其应加强第二产业对劳动力的吸纳。根据2011年的经济普查公报，私企吸纳近半就业者，而国企仅占一成。山东省应降低市场准入限制，积极支持私企的成长与发展，并学习其他发达区域的经验，如苏州出台了“苏州工业园用人单位吸纳农民工就业补贴办法”，大力地促进了山东省整体经济发展的内在质量方面的改善。

2. 提高劳动者素质以适应产业结构优化的需要

山东省作为人口大省，应严抓严管，严格控制人口快速增长。劳动者素质偏低、技能人才缺乏，严重制约科学技术向生产力的转化，影响企业的技术进步与创新，这是山东省劳动力从第一产业向第二、三产业转移的一大障碍。所以，应多管齐下，加强职业培训，加快技能人才的培养，全面提高劳动者素质。

（1）巩固发展技能教育，加快技能人才的培养。合理调整技工学校布局，实现培训资源的优化配置。技工学校要以市场和企业需求为导向，加强与企业的合作，实行多种形式的校企联合，有条件的技工学校可作为大中型企业的培训基地，实行校企共建。要根据经济发展和企业用人需求，调整专业设置。技工学校要坚持为生产一线培养技能型实用人才的方向，重视实习教学，突出技能训练，注重企业员工素质教育。

（2）大力开展再就业培训，提高再就业的效率和质量。各地的劳动就业训练中心是主要承担就业和再就业培训任务的职业培训机构，要重视加强就业训练中心建设，改善办学条件，扩大培训规模，提高培训质量。要把劳动就业训练中心建成兼有职业需求预测、职业培训、职业指导，并与职业技能鉴定、职业介绍紧密联系的多功能综合基地，实现资源共享，优势互补。

（3）广泛开展企业职工培训，提高职工队伍素质。搞好企业职工的培训是提高职工队伍素质的重要途径。各级政府都要高度重视，强化措施，研究制定有利于技能人才成长的政策。企业应提、应列的职工教育经费要按规定提取列支，除按规定及时足额缴纳职工教育基金外，主要用于职工技能培训。要广泛开展各种形式的岗位练兵和技能竞赛活动，定期评选、表彰企业职工培训的先进集体和个人，采取各种形式加强对职业培训和优秀技能人才的宣传。

3. 加强制度改革，鼓励劳动力流动

鼓励劳动力资源的自由流动可以实现劳动力跨区域、跨产业的优化配置。所以，政府应在市场信号的影响下，通过打破带歧视性、封锁性、保护性的壁垒，加快户籍制度改革、城乡统筹一体化的医疗和养老改革以推进城市化进程；加强城市建设与社区管理；建立城乡一元化的劳动力市场体系，实现劳动力自由流动。

（本文摘自：《工业技术经济》2011 年第 11 期　作者：高建丽　张同全）

行业和年龄：农民工技能培训的分段式探讨

——以烟台市相关企业为例

一、引言

中国的劳动力市场非常庞大，在这大军当中，有两大群体最为引人注目，一是毕业的大学生，二是农民工。本文研究的对象是农民工，即进城务工的农民。每年靠近农历年根，他们才返乡回家，与一年甚至多年不见的亲人团聚几天，新年伊始，他们又开始了新的打工生活。很多的农民工习惯在这个时间换工作，而重新找工作又是一个寻求高工资、较好工作条件的机会。此时较发达地区的企业用工缺口依旧在加大，一方面，随着发达地区城市经济的发展，需要的农民工越来越多，尤以技术工人、熟练工最为紧缺；另一方面，农民工流动性大，过完年换一份工作也成了多数人的习惯，而且随着劳务输出地区经济的发展，留在本地务工的人数也在逐年增加。据央视新闻报道，2012 年初仅东莞地区用工缺口就超过 20 万人。

二、农民工技能培训的迫切性

2000 年以来，国家连续下发了诸多文件，从中央到地方到各相关部门，提了很多措施和办法联合加大对农民工技能的培训和对农民工权益的保障。2003 年，国家农业部、劳动和社会保障部、教育部、科技部、建设部、财政部六部委联合下发《2003～2010 年全国农民工培训规划》，就农民工培训的指导思想和基本原则、培训的目标和任务、推进农民工培训的政策措施做出具体规定。2004 年，继续下发《关于组织实施农村劳动力转移培训阳光工程的通

知》，其中规定农民参加短期的职业技能培训，政府给予一定金额的培训补贴。2005～2009年，多个文件的下发，更是对农民工技能培训的补贴方式、培训方式等做出了更详细、更全面的指导。2005年，劳动和社会保障部出台《关于进一步做好职业培训工作的意见》，指出实施“农村劳动力技能就业计划”，5年内对4000万人进城务工的农村劳动者开展职业培训，使其提高职业技能后实现转移就业。2006年，《国务院关于解决农民工问题的若干意见》出台，对开展农民工职业技能培训和引导性培训、完善农民工补贴办法、农民工参加职业技能鉴定等做出相关规定。2007年，中共中央办公厅、国务院办公厅下发的《关于加强农村实用人才队伍建设和农村人力资源开发的意见》指出，继续健全订单培训、定向培训等有效形式，提高农民转移培训的针对性和实效性。输入地要把农民工纳入城市公共服务体系，加强岗位技能培训。2008年，《国务院关于做好促进就业工作的通知》指出，对符合条件的进城务工农村劳动者参加职业培训的，按规定给予职业培训补贴。2009年，人力资源和社会保障部、国家发展和改革委员会、财政部联合下发《关于实施特别职业培训计划的通知》，要求对失去工作返乡的农民工开展实用技能培训。尽管目前国家出台的措施不少，可农民工技能培训在实践操作过程中仍然遇到了很多难题，也出现了许多让人无奈和尴尬的情况，各方面的因素导致了农民工技能培训这个主题“出发点是好的，但结果却不尽如人意”。

本文以烟台市农民工最为密集的两大行业——毛衫针织业和石材加工业为考察对象，来探讨当地农民工培训难题的可行解。在立足烟台市相关企业实际情况的基础上，以这两个行业来研究新生代农民工（针织厂和石材厂农民工均以年轻人居多）为了提高技能、增加收入，而进行有效的技能培训。2010年1月31日，在国务院发布的2010年中央一号文件《关于加大统筹城乡发展力度进一步夯实农业农村发展基础的若干意见》中，使用了“新生代农民工”这个提法，并要求采取有针对性的措施，着力解决新生代农民工问题，让新生代农民工市民化。由此开始，新生代农民工的问题开始进入大众视线。

三、烟台农民工现状

1. 年龄层次分化

农民工年龄分化明显，30岁左右的和20岁左右的分属在不同的行业。他们不断地变换工作，也是在同一个行业内部不同的企业（工厂）之间变换。

2. 行业分布集中

30 岁左右的农民工大多在建筑工地或石材加工厂，而 20 岁左右的农民工，尤其是女性，基本集中在毛衫厂、服装加工厂。

3. 同乡关系网，地域性特征明显

农民工以自谋职业为主，外出多靠“血缘、地缘和厂（企业）缘”关系，通过亲戚、朋友、同乡介绍来此务工。当一个来到这里安顿之后，他（她）会通过亲身的感受把这里的情况介绍给更多“同乡人”，然后这些人就会跟着走出来打工；相反，如果他们觉得这里不好，就会陆续离开，并传播给“同乡”，这样就没有人愿意来。所以口碑的作用在这些人当中是很重要的。

4. 文化结构参差不齐，文化水平相对较低

从统计数据来看，平均每百个劳动力中，小学文化的占 30%，初中文化程度的占 50%，高中文化程度的占 2%，而大专及以上几乎没有。

5. 思想观念单一、短期化

对新生代农民工来说，绝大多数都是一方面打工赚钱，自己生活消费，或少部分寄给家人；另一方面主要是出来见见世面，闯荡一番。他们在外务工，相对于年龄较大（已婚的）、家里有老有小的农民工来说，养家观念较弱，攒钱的动力也较小。对于今后长远的发展规划，是学有所成、有一技之长，是留在城市还是回到家乡，则考虑较少，没有自己的计划。尽管有一部分农民工主观上也想留在城市，过上好生活，但却没有规划，更没有实际行动力。例如，在对毛衫厂工人的了解中，20 岁左右的年轻人大多是女性，基本上不考虑长远劳动技能的培训和学习，在外面干了几年，见见世面，挣点钱，就回家结婚生子，即便不回家乡留在外面，结婚之后也是在家带孩子，操持家务，继续做工的很少。

四、农民工技能培训的困境

如今，各地都在为农民工技能培训想办法，并按照国家相关部门的要求实施，尤其是四川、河南这样的劳动力输出大省。可总体来看，农民工培训的效果不好，还生出了诸多方面的矛盾。据笔者了解，农民工认为，很多培训流于形式，上课方式就是“我说你记”，课堂内容过于理论化，不实用，农民工理解不了，不会操作，对找工作、涨工资也没有帮助；培训机构认为，政府相关部门拨付的经费不够，支持不足，培训条件得不到改善，而农民工到课不积

极，听课不认真，课堂纪律涣散；企业也出于时间、成本等各种考虑，不愿意参与到农民工培训这个过程中来。种种困难使得农民工培训停也不行，进也艰难。以下将从上面提到的三个主体的角度出发，来探讨其中的问题所在。

1. 农民工

农民工劳动强度大，以机械化的体力劳动为主，工资基本上与劳动时间成正比，尤其是在不确定学完后有没有用的情况下，农民工不愿意占用“赚钱的时间”，而且在一天做工之后，也想休息或放松娱乐一下，没有时间和精力去参与培训。多数农民工外出打工并没有明确的目标，不知该不该学、学什么、学了有什么用，对找工作、涨工资有没有帮助，回到家乡后能不能用得上。外出打工之前，在家乡接受教育不多，也使得多数年轻人根本就没有想到这些问题，而出来打工之后，所处的环境也容易使他们“人云亦云”，即大家都这样，我也就这样过。年轻人上网、逛街、交朋友，几乎占据了他们全部的自由时间。另外，参加培训的农民工虽然有的不支付培训费用，甚至国家还给补贴，但仍需支付交通费、伙食费，甚至住宿费等，若补贴不够付出的，农民工也不愿意花这份钱。对大多数农民工来说，外出赚钱是第一位的，这部分钱能少花就少花，所以就选择不参与培训。如果用 Π 来表示净收入，那么我们就有这样的一个式子：Π=增加的收入+补贴（如果有的话）-培训费用-交通费-伙食费-住宿费。那么，至少要保证 Π>0，农民工才有可能参加培训。但是这其中“增加的收入”是未来收入，不确定的，所以农民工宁愿选择继续工作而不愿去学习。

即使参与培训，农民工大多也只重视从业基本能力的培训，简单易学，上手就行。农民工在对培训内容的选择上也比较现实，看中短期收益，往往参加在短期内可以带来收益的项目。而且自费培训对农民工来说是不太可能参加的，除非个别确实需要，但也会仔细权衡。

由于城市企业在用工制度上对农民工的歧视，以及农民工自身条件的不足，他们中的不少人没有固定或长远工作，甚至连劳动合同都没见过，更别说是签合同了。这种短暂的工作状态，使他们只能选择得过且过，从而很难激活其潜在的培训需求和培训热情。

2. 企业

农民工的流动性大，企业在培训农民工的同时，有技术的农民工也在不断地流失，使企业遭受了损失。许多企业负责人都对农民工的频繁流动感到头疼。企业花费了时间和金钱对农民工培训，他们一旦掌握了一些技术，成为熟练工后就可能流失，而且有些农民工本身就是抱着到城市学技术然后再自己干的想法来的。对企业而言，即使与农民工签订了用工合同，一旦他们离开，想再找到人就不容易了，违约责任、赔偿都无法兑现，而且企业考虑到效益和各种成本问题，也不会为了个别违约工人而“满世界”找人。这样企业对他们就没有约束力，在实际操作中，法律也无可奈何。

培训给企业带来了麻烦，威胁到了企业利益。对很多毛衫企业来说，规模不大，制度和管理也没有规范化，企业追求效益最大化，注重眼前利益。例如，对农民工进行了《劳动法》等相关法律、法规的培训后，企业一旦有触动到他们的利益时，农民工就会到政府部门讨说法，或是与企业进行“斗争”。企业认为，通过《劳动法》的学习，农民工了解了有关权益保护的知识，并知道如何向有关部门反映他们的权益受损情况，尤其年轻人，会给企业带来麻烦，影响企业正常经营和利润水平。

培训上的投入使得企业利润流失。企业单纯地认为，在利润一定的情况下，对工人投入越大，损失就越多。受利益最大化的驱使，企业在农民工培训问题上不愿有较多投资，也不想配合相关部门的工作，能躲就躲、能避就避，导致一些农民工虽打工数年，但在职业技能方面并无长进，遇到金融危机、经济萧条，企业面临结构调整或技术改造时，第一波被淘汰出局的就是他们。这也是企业的短期化行为造成的。

3. 政府

对农民工培训仍然存在认识不到位、引导扶持不力的问题。在实际的农民工培训过程中，有些部门对此项工作的重要性认识不到位，对农民工培训工作仅停留在口头上，从省到地市，再到乡镇，甚至到村里，在这一链条中应付了事者比比皆是，涉及具体问题落不到实处。有的认为，这是劳务输出地区的工作；有的认为，这是企业的任务；有的部门则大吐苦水，觉得自己有难处，上级不支持，下面不配合；总之，相关的政策、措施不到位，到位的又运行不畅，农民工培训就处于一种比较松散的状态，想正规化难度较大，当然效果就不好。

培训经费投入不足，缺乏必要的工作经费作为支撑。俗语说得好，“都是钱闹的”、“没有钱是办不成事的”。对地方政府而言，在财政资金有限的情况下，要做的事很多，钱更得用在刀刃上，能快速提升本地经济水平的，能产生明显政府“业绩”的优先考虑。地方财政配套资金很少，加之工作人手严重不足，工作经费远远不够，所以开展农民工培训工作是心有余而力不足，都希望小钱办大事，也只能尽力而为。

农民工培训的管理缺乏制度化、系统化，这是目前所不能避免的。这非一日之功，需要国家相关部门尽快通过调研、考察来制定出切实可行的方案来。同时，农民工就业指导信息渠道不通畅，农民工与招工企业两头热，中间的就业指导部门还需要进一步加大双方的沟通，发挥好桥梁纽带作用。

一些部门培训的方式和内容没有经过市场调研，是通过“拍脑袋”想出来的，无法吸引农民工的关注，只是形式主义，没有实用价值。农民工认为，与其到那里浪费时间，不如用这个功夫练成熟练工多赚钱。

五、农民工培训的可操作性研究

从目前市场上农民工供求来看，不少农民工的职业技能与企业的发展越来越不相适应，出现了一边是大批农民工进城打工，一边是用人单位发愁招不到人的“民工荒”难题。也就出现了“民工荒”倒逼农民工工资、待遇提高的现象，这也算是好的一个结果，起码对农民工如此。立足市场需求，以就业带动培训是开展好农民工技能培训的关键。一些在制造、缝纫、电子、电焊等方面具有一技之长的大批专业技能人才是目前市场上最需要的，因此培训要因地制宜。很多农民工觉得不需要，不愿意来；一旦发现需要了，哪怕花钱也愿意学，因为学成之后的收益更大。新生代农民工较之他们的父辈，有着许多方面的优势，他们的文化水平有所提高、对新生事物的接受能力比较强、对城市生活有着较强烈的向往。鉴于本文考察的农民工主要集中在石材业、毛衫业，以20~30岁居多，后者尤其是以女工为主，所以对症下药，建议主要面向“80后”和“90后”的年轻人，相对而言，他们更容易接受新的技能、新的思想。

在培训内容上，采取轻理论、重实践的方法，注重实用技能培训。例如，对于石材业的切具和磨具使用，不需要告诉农民工它的内部构造、作用机理，可直接通过实际操作告诉农民工如何使用以及注意事项即可，至于机器本身的维修和保养有专门的技术人员来管理。毛衫业不管是编织还是缝合，不需要工人坐在教室拿着课本听课、记录，让他们直接上机学习、操作，在操作的过程中，直接发现他们操作中存在的问题并进行指导。这样只需要老师现场指导就可以了，把农民工召集起来，选择一家企业作为教授现场，既不用为实习设备发愁，也可以与农民工直接交流，现场解决问题。这样一来，培训效果更好、更快，还节省了培训的各种投入费用。

在培训方式上，采取分散与集中学习相结合。集中学习方式不一定要政府提供配套齐全的实习基地，可依靠一些研究所的实验室和职业技术学校的一些实习基地解决一部分实际困难。分散学习有很多优势，两三人或几人一组，由老师在企业里分开讲解指导，节约场地费用不占用太多白天上班时间，从而提高了学习积极性，提高了效率。例如，对毛衫业在上机制衣的过程中，对于各种织法、针法，初次接触的农民工在上岗之前可上课集中培训学习，而对于有一定基础的工人只要简单指导一下，不需要集中起来学习。另外，工人白天还要做工赚钱，也不愿意拿出时间放到培训上，因此可分散指导、现场讲解。

在培训时间上，可灵活掌握。就像上面所说，白天工人要做工赚钱，不愿意把时间用来培训，更何况参加培训不仅不能赚钱，还要搭上交通费，甚至后续的其他费用。所以培训时间可灵活分散，到现场去或者在晚上进行等，只要是基层培训组织直接跟企业挂钩，时间问题就容易解决了。在加强职业技能培训的同时，注重对他们进行创业教育。如今越来越多的农民工返乡创业，就在一定程度上缓解了“三农”问题。对农民工进行具体的创业指导，包括国家相关的税收、贷款优惠政策，适合农民工创业的行业信息、市场前景等。从思想上让农民工明白，创业可以从小做起、从细做起。例如，有人开个养殖场，有人开个修理厂，有人开个服装加工厂等，可以慢慢做起。同时也要强调，投资有风险，做事需谨慎；不可好高骛远，也不可误入歧途，如传销组织等。

在加强技能培训的同时，要帮助农民工进行自我规划。例如，在解决生存问题之余，可按照兴趣学习一定技能，毛衫企业的农民工可学习电脑制衣，这样以后自己也可以开一个小型毛衫加工厂。农民工对自己的长远发展也要有一个思路，尤其是现在的新生代农民工，更不可得过且过，要有规划有上进心，才可脱离这“尴尬”的身份。在培训时，老师要有意识地做这方面的引导，通过一些农民工成功变身的真实案例让农民工建立信心，才能做下去。这样未来的农民工或者成为现代的农民或者成为现代的工人，他们的下一代自然也就有更大的机会成为一个有能力、有文化、有素养的人。

农民工就业指导部门要开发多种方式方法来促进农民工与企业之间的沟通，使供需双方面对面，这无论是对农民工还是对企业都是一个很好的改进自我的机会。例如，在农民工聚集的地方发放用工信息单，在指定公告栏张贴用工信息，当然考虑到部门经费和人手的问题，再加上招工信息要定期公布、更换，发放和张贴的办法都做不到长远性。因此，当前最有效的就是通过电信运营商们发送手机短信，一方面成本很低，解决了经费和人手的难题；另一方面操作简单，只需要农民工登记本人真实的手机号码即可。新生代农民工易于接受新鲜事物，基本上人手一部手机，他们对手机的利用率很高，而且对手机上各种功能，尤其是短信操作很熟练，这是一个可以一试的好办法。

六、结语

要真正实现“让农民工满意，让用人单位满意，让政府满意”的目标，还有很多的事要做、要抓紧做。大量分析表明，劳动力的素质与转移的速度和层次成正比，劳动力素质越高，转移速度越快，同时劳动力转移的就业层次也越高。对于年青一代的农民工来说，接受较多教育培训和有较高技能更能帮助他们适应变化，从新机会中受益，并且能创造他们自己的创业机会，在城市中生存和发展能力相对来说也就更强。

中国的问题得到解决，“三农”问题以及中国的现代化和城市化问题都将顺利、快速地得到解决。农民工我们期望以这样的方法和目的来提高农民工的技能，促进产业升级，解决“三农”问题，构造和谐社会。

（本文摘自：《山东工商学院学报》2013 年第 2 期　作者：李爱　田丽杰）

我国农村老人的劳动供给行为

——来自山东农村的证据

一、引言

虽然农村老年保障等相关问题吸引了众多学者的积极参与，而且也得到了大众的广泛关注，但对老年人劳动供给的研究一直较少。众所周知，我国农村老年人的劳动参与率一直较高。与 50～59 岁人口超过 90% 劳动参与率相比，60～69 岁人口的劳动参与率虽有所降低，但仍有超过 2/3 的人在工作。弗里德曼将我国老年人“退休”模式描绘成“不辞辛劳”。除此以外，老人还从事不付酬的家务劳动，如照料孙辈、做家务等。由于养老资源可能存在不足，老人需要自己劳动以获取相应的收入作为老年生活的重要来源。

老年人劳动供给行为受到诸多因素的影响，年龄、健康、非劳动收入、子女的经济支持等都可能是非常重要的因素，尤其是老人的健康水平。但是，健康对老年人劳动供给的影响与作用方向并不清楚。例如，差的身体对于中国台湾的老年人的劳动参与有着负面的影响，对印度尼西亚的研究发现，好身体对劳动供给有着正向的影响。

在类似于我国这样的发展中国家，在健康照料体系并不完善，各种照料技术并不发达的情况下，老年人需要参加劳动获得相应的收入以保证他们自身以及家庭能够应付各种日常支出，甚至必要的健康支出，较差的身体状况可能会妨碍老人持续劳动更长时间。虽然没有证据表明健康可能会影响劳动供给的不同的机制是否是有偏的，但是，有关中国的研究却表明健康对于劳动供给决策的影响很小。

我国“不辞辛劳”的确存在，健康状况的恶化并不能很好地解释农村老年人的劳动供给减少的现象，这可能与农村老人养老资源缺乏、不得不通过劳

动获取收入以满足自己的老年生活有着密切的关系。同时，劳动可能是老人缓解孤独感、增强自信心、获得心理上的满足感、保持身心健康的重要手段与途径，但这仍然需要更多的研究加以证实。

因此，有必要更加深入地分析老年人劳动供给行为的各种影响因素，尤其需要关注老年人家庭支出水平和健康水平的影响，这对于出台更为精准的农村老年保障政策和措施具有十分重要的意义。本文应用2008年中国社会科学院人口与劳动经济研究所与山东省人口信息中心开展的《山东省农村养老保障现状与需求调查》数据探讨了山东省农村老年人的劳动供给的基本特点，并对影响老年人劳动供给的各种因素进行了分析和探讨。

二、农村老年人劳动供给模型

根据劳动经济学经典劳动供给模型，工资水平、年龄、性别、教育程度及个人偏好等均为影响劳动供给的重要因素。但是，对农村老年人来说，由于年龄和身体健康状况的限制，参与市场劳动的可能性大大降低，而且个人工作的偏好可能因为年龄、身心健康状况及家庭收入状况不同存在着较大的差异。

但是，老年人的心理健康状况对劳动供给的作用方向可能更为模糊，目前还没有发现类似的研究，因为心理健康本身就是难以测量的，可能本身就是由老年人的劳动供给所决定的。因为通过参与劳动，老人获得了心理上的满足感，而且适量的体力劳动对于身体健康也是相当有益的，因而劳动可能会促进心理健康水平的提高。另外，老人的心理健康程度越高，就有更大的积极性参与劳动，这种心理健康则来自于社会网络的支持，包括子女的经常性探望以及与其他人的交流互动，这与获得的精神慰藉密不可分。

按照经济学的经典假设，人们所从事的经济活动是为了获取相应的收入，这种收入成为个人购买消费品获取效用的重要保证，人们总是在预算约束框架内进行消费，不可能出现消费超过收入的情形（存在借贷情形除外）。但实际上，对于那些较为贫困的老年人，劳动供给行为受到支出的影响是典型的以支定收，也就是说，家庭支出本身可能成为老人参与劳动获取收入的重要动机，而且这种为了满足基本生存需要的劳动供给行为在老年人中是普遍存在的。从这种意义上看，家庭支出本身是内生决定的。老人劳动更长时间以获取收入是为了满足基本生活需要，当获取收入的能力受到限制时，老人们也自然会压缩自身的支出水平，尤其是非基本生活的其他支出。

因此，本文根据经典的个体劳动参与决策与劳动供给决策模型，充分考虑老人生存需要和心理健康状况对老人劳动偏好的影响，建立农村老年人劳动供给模型。考虑如下单一老人的决策情形：

$$\max_{l,\ c} U[l,\ c(c_0,\ c_1);\ \alpha(H^0,\ H^S,\ A,\ Z)] \tag{1}$$

l 为闲暇，c 为消费，由 c_0 日常生活消费及 c_1 医疗服务消费两部分所组成，H^0 表示偏好，$\alpha(H^0,\ H^S,\ A,\ Z)$ 是由身体健康状况 H^0、心理健康状况 H^S、年龄 A 以及其他变量 Z 共同决定。

预算约束为：

$$w(H^0,\ H^S,\ X)l + p_0c_0 + p_1c_1 = y(A,\ G) + w(H^0,\ X)T(H^0,\ H^S) \tag{2}$$

$w(H^0,\ H^S,\ X)$ 表示市场工资率，对农村老年人来说就是种地获得收入，为影子工资，是由 H^0、H^S 及其他影响个人生产率的变量 X 所决定的；p_0、p_1 分别为日常生活消费及医疗服务消费的价格；$y(A,\ G)$ 为非劳动收入，包括种地利润、资产收入以及子女经济支持等，G 表示能影响非劳动收入的其他变量；$T(H^0,\ H^S)$ 为所能支配的所有时间，由 H^0 与 H^S 共同决定。

通过求解，老人劳动供给函数可以表示为：

$$L = f[w(H^0,\ H^S,\ A,\ X),\ y(A,\ G),\ c(c_0,\ c_1),\ \alpha(H^0,\ H^S,\ A,\ Z),\ T(H^0,\ H^S)] \tag{3}$$

客观健康状况的恶化可能会降低可以利用的劳动时间以及个人劳动偏好，促使获得的非劳动收入增加（如子女在父母健康状况不佳时会加大经济支持力度），但是医疗费用和日常生活费用可能会有所增长，产生逆向收入效应，促使劳动供给水平的提升。较差的心理健康状况也可能如此，如子女因不在身边时为弥补老人孤独感而增加经济支持作为替代。

因此，从理论上看，健康状况对老人劳动供给的作用方向是模糊的，但由于观察数据的原因，一般也无法分离健康的影响，需要从总体上进行分析。

为了便于实证分析和处理，将方程（3）简单线性化，计量模型为：

$$L_i = \beta_0 + \beta_1H_i^0 + \beta_2H_i^S + \beta_3W_i + \beta_4TR_i + \beta_5C_0 + \beta_6C_1 + \sum_k \beta_kX_{ki} + \varepsilon_i$$

其中，TR_i 表示子女经济支持，X_{ki} 表示其他控制变量，$\varepsilon_i \sim N(0,\ \delta^2)$。

三、数据来源、变量选取与研究方法

1. 数据来源

本研究数据来源于2008年中国社会科学院人口与劳动经济研究所与山东省

人口信息中心联合开展的《山东省农村养老保障现状与需求调查》，共计1053个样本，分布在山东省烟台、潍坊、泰安、菏泽的四个地级市的农村，这四个地区从经济发展水平上反映了山东省从东到西由发达到落后的主要特征。

根据课题组提供的相关数据，主要变量的基本情况如表1所示，男性比例为51.3%，年龄在60岁以下比例为33.0%、60~65岁比例为21.7%、65~70岁比例为18.4%、70~75岁比例为14.6%、75~85岁比例为11.4%、超过85岁比例为0.9%，平均为65.51岁。

表1　变量描述性统计

变量	样本量	值描述	均值	标准差
性别	1040	1=男；2=女	1.49	0.50
年龄	1053		65.51	7.80
教育程度	1045	1=未上学；2=小学；3=初中；4=高中/中专；5=大专；6=本科；7=研究生及以上	1.75	0.78
婚姻状况	1046	1=未婚；2=初婚有偶；3=再婚有偶；4=离婚；5=丧偶	2.48	1.15
自评健康状况	1053	1=很好；2=好；3=一般；4=不好；5=很不好	2.88	1.07
客观健康状况	1044	1=很好；2=一般；3=严重慢性病但生活能自理；4=有残疾但生活能自理；5=长期卧床生活不能自理；6=有残疾生活不能自理；7=其他	2.06	0.95
子女数量	1039		3.12	1.50
与子女同住	1053	1=同住；0=不同住	0.26	0.44
儿子经济支持（元）	1053		967.7	2908.6
女儿经济支持（元）	1053		652.8	2309.4
日常生活支出（元）	1053		2330.8	2593.8
医疗保健支出（元）	1053		1910.6	5492.8
子女经济支持与日常生活支出之比	1053		1.10	2.64
家庭收入水平	1050	1=富裕；2=一般；3=不富裕；4=很困难	2.51	0.76

2. 主要变量选取

(1) 心理健康状况。《农村养老保障现状与需求调查》课题组针对老年人的心理健康状况用三个问题进行了调查：①您是否喜欢和别人聊天？②您是否经常觉得孤独？③您是不是经常觉得越老越不中用？这三个问题重点考察了老年的沟通交流、孤独感以及无力感，表2显示了分年龄段的这三者的分布结果。是否喜欢与别人聊天和老人本身的性格有关，也与外部环境相关，表现出老人与外界沟通的意愿，其强度越大，表明老人越愿意与外界进行沟通，这会缓解独处时的情绪，本调查显示的年龄组的差异并不明显。孤独感在没有可交流对象或交流对象本身并不符合老人期望时会产生，能够在一定程度上反映家庭对老人的照料与关心程度。而对越老越不中用的看法更是体现了对自我能力与自我价值的判断，如果身体健康，能够参加劳动或为子女提供帮助都会给老人带来一种价值感、孤独感及无力感明显随着年龄的增加有增强的趋势。

表2　分年龄老人心理健康状况

年龄	与他人聊天			感到孤独			越老越不中用		
	喜欢	一般	不喜欢	经常	有时	很少	经常	有时	很少
55～59岁	57.4	30.5	12.1	9.5	26.2	64.3	37.8	33.2	29.0
60～64岁	55.9	24.7	19.5	10.4	26.0	63.6	49.8	32.5	17.8
65～69岁	56.2	23.2	20.5	18.8	32.3	48.9	52.4	36.4	11.2
70～74岁	57.1	29.4	13.5	18.0	31.7	50.3	59.1	27.5	13.5
75～79岁	63.8	22.3	13.8	24.2	38.5	37.4	58.9	27.4	13.7
80岁及以上	56.5	26.1	17.4	37.0	37.0	26.1	76.6	21.3	2.1
合计	57.3	26.7	16.0	15.4	29.8	54.8	50.6	31.6	17.9

(2) 家庭支出。课题组设计了一组问题来了解老年家庭的主要支出类别及其数额，并进一步了解这种主要支出对老年家庭的影响。结果如表3所示，构成家庭最主要的负担是日常生活与医疗保健支出，其中日常生活支出超过了50%；而对于老人来说负担比较重的是医疗保健支出，认为很重及重的比例高达88.3%。日常生活支出可以认为是满足生存需要的基本手段，医疗保健支出是为了满足安全的需要，也是老人家庭支出的两个重要方面。

表 3 最主要支出的负担程度

		这项最主要支出对您来说负担如何					人数
		很重	重	一般	不重	很轻	
最主要支出	日常生活	11.0	31.6	46.5	9.6	1.3	471
	医疗保健支出	50.4	37.9	10.4	0.4	0.8	240
	人情往来	23.1	46.2	23.1	7.7	0.0	13
	其他支出	25.6	34.9	27.9	11.6	0.0	43
	文化教育支出	54.5	27.3	18.2	0.0	0.0	11
	生产支出	17.1	36.8	43.4	2.6	0.0	76
合　计							854

(3) 影子工资水平。对于农村大部分老年人来说，在家务农的比例较高，外出经商以及打工获取市场工资的情况较少，因此无法直接测量农村老年人是否参与劳动及其供给量。但考虑到部分农村老年人在家务农是满足自身的需要，也应被认为是参与市场劳动，获得的收入水平可以认为是影子工资。

因为实际调查中关于收入问题的回避倾向比较明显，课题组设计的问卷中并没有针对个人劳动收入的数据，而是采取了调查家庭收入来源的种类、最主要的收入来源及其数额的方式来避免数据缺失的问题。劳动收入的确定是以“传统大农业收入，固定工资收入，临时劳动收入和个体经营/开办企业收入”来确定。结果显示，有 90.1% 的人回答了主要收入来源的数额，但这无法作为劳动收入来源数据，因为其中还包含了有劳动收入但并不是最主要收入来源的 186 位老人。

为了解决这一问题，本文采取倾向得分匹配方法（PSM），以劳动收入是最主要收入来源的老人为参照组，采用最近邻匹配法进行劳动收入的匹配，从而获得影子工资水平。

四、农村老人的劳动供给行为

1. 劳动参与

在劳动经济学中衡量劳动参与的重要指标就是劳动参与率。所谓劳动参与率就是有工作或正在寻找工作的人占总体劳动力的比例。劳动参与反映了人们从事市场活动的意愿。由于农村老年人劳动的特殊性，本文界定劳动参与状况以是否获得报酬或收入作为判断的重要标准。

《农村养老保障现状与需求调查》相关数据表明，随着年龄的增加，老人劳动参与率越来越低，但仍然保持较高水平。55～65 岁的农村老年人的劳动参与率超过了 80%，65～75 岁老人的劳动参与率保持在 60% 上下，75 岁以后农村老年人的劳动参与率下降较快，超过 85 岁劳动参与率会下降到低于 10% 的水平。在相同的年龄段上，男性的劳动参与率一般较女性要高。另外，随着自评健康状况的恶化，老年人的劳动参与率下降较快。

2. 劳动供给时间

（1）临时性劳动与长期性劳动。农村老年人的劳动供给可以大致分为两种类型：其一为临时性的劳动供给行为，包括为子女提供田间劳作的帮助；其二为长期性的劳动供给行为，以老年人为主耕种土地，其目的是为了获取相应的收入或满足自身的需要。对于临时性的劳动供给行为，一般劳动时间不长，持续时间较短；而长期性的劳动供给，则表现为老年人长期耕种土地作为收入的重要来源。图 1 说明了长期性劳动的每天平均劳动时间反而更长，这就意味着，老年人的下地劳动时间越长，需要每天工作的时间则越长，显示老人参与的两种不同劳动之间的差异。虽然男性老人比女性老人的平均劳动时间要长，但就这一基本模式而言，男性老人与女性老人并没有明显的差异。

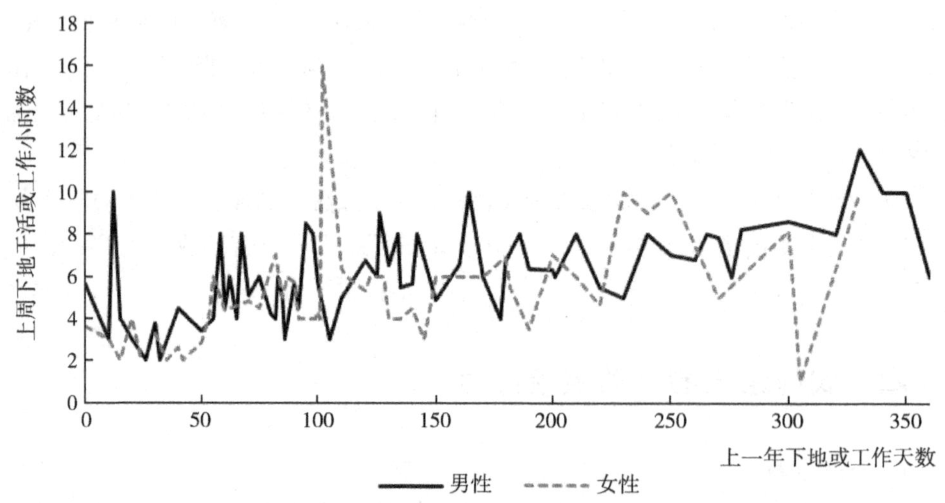

图 1　分老人性别的上一年下地劳动天数与上周每天下地干活或工作时间的比较

（2）不同个体特征劳动时间差异。分不同年龄的劳动参与时间来看，随着年龄的增长，长期性的劳动时间会下降，如图2所示，在小于60岁时，平均年劳动时间约为120天，而70岁以后，平均年劳动时间约为41天，超过75岁则约为21天，表现出明显的临时性劳动特征。

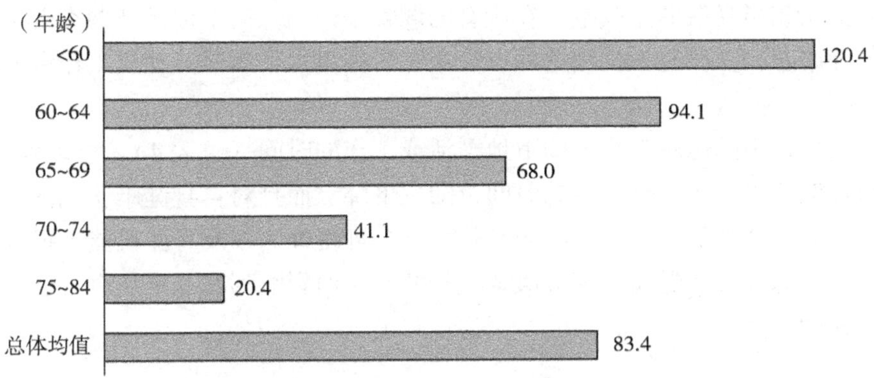

图2　分不同年龄的年劳动供给时间（天数）

通过分析不同年龄段主要耕种者的比例（见图3）可以看出，随着老人年龄的增长，进行农业生产的老人比例越来越小，并且对那些从事农业生产的老

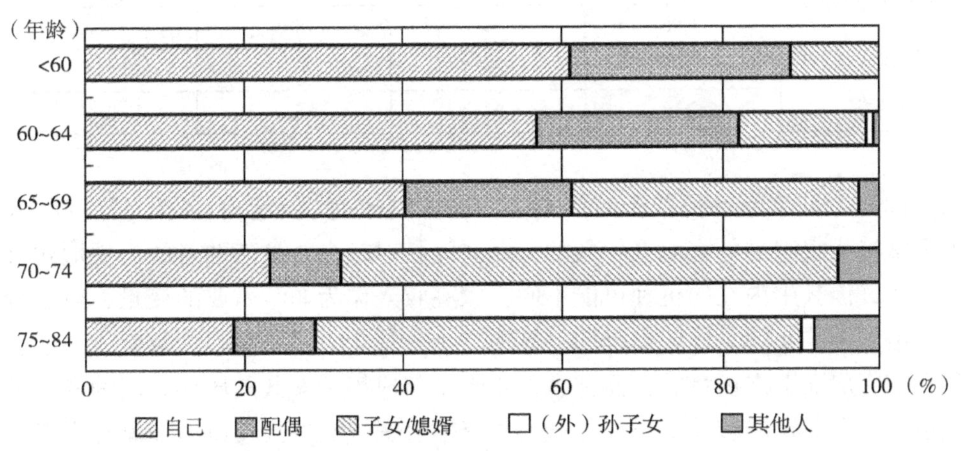

图3　不同年龄段家里的地主要耕作者

注：样本量为552个，其中<60岁老人为46.0%，60～64岁为20.1%，65～69岁为13.0%，70～74岁为10.1%，75～84岁为10.7%。

人来说，老人自己或配偶作为主要种地者的比例越来越低，超过75岁以后，仅为28.8%，而对于小于60岁的老人，自己或配偶作为主要种地者的比例则高达88.6%。

健康水平对劳动参与有着重要的影响，同时对劳动供给时间也有着较为显著的影响。因为健康是不可直接观察到的，所以健康对于老年人劳动供给的影响实际上是相当复杂的。基本上在所有的调查中，均倾向于记录被调查者主观评价的健康状况，研究人员用这种方法来了解健康水平对于劳动或工作潜能的影响。

通过分析不同健康水平下的下地干活或工作的时间（见表4），可以发现，随着自评健康水平的下降，劳动时间也随之下降，而且对自身健康状况评价较差的老年人，其参加劳动的时间明显较少。各种慢性病以及身体机能受损所导致的健康问题都可能促使自评健康状况较差，从而影响到其老年从事劳动获取相应支持的能力。

表4 不同个体特征的老年人下地干活或工作的天数

变量	选项	均值	标准差	人数
自评健康状况	很好	108.7	94.4	137
	好	97.1	83	172
	一般	88.2	85	390
	不好	54.4	75.5	222
	很不好	29.3	70.1	45
	合计	82.2	85.9	966

（3）不同家庭特征劳动时间差异。分不同家庭收入水平来看，家庭收入水平富裕或很困难的家庭老年人的劳动时间相对较少。虽然两者的表现形式可能一致，但其中内在的机理可能不同，家庭收入作为非常重要的变量，对于劳动供给的影响实际是比较模糊的，其模式十分复杂，主要是因为家庭收入一般是在家庭层面上来衡量的，而许多老年人是与成年子女共同居住。因为老人可能给予子女一定的转移支付，进行人力资本投资或资本投资以增加家庭未来的财富水平。另外，对于我国农村家庭来说，由于收入低，所持有的财富实际上具有预防性储蓄功能。在这种情况下，财富水平对于老人是否参与劳动的决策实际上是不清楚的。

课题组的调查结果显示，家庭富裕和很困难的家庭中老人劳动供给均较少，单纯用财富水平或家庭收入则无法解释这种现象，这与对印度尼西亚的研究并没有发现很强的关系相类似。但有针对中国台湾的研究却发现，更高水平的财富将会减少老年时的工作时间。

除了某些特殊情况，大多数关于发达国家老人退休行为的分析均假定家庭在老年人离开劳动力市场的决策中所起的作用很小。但在发展中国家，家庭在老年支持方面扮演了重要的角色。这种老年支持一般是通过其他家庭成员与老年人共同居住以及亲戚朋友的经济支持实现的。在印度尼西亚就有超过一半的与成年子女在一起的夫妇接受至少一个孩子的经济支持。家庭内其他人的劳动收入以及亲戚朋友的转移支付与个人或家庭资产相比，就更可能与老年人的劳动供给相关。

五、农村老年人劳动供给影响因素分析

根据第二部分提出的劳动供给模型，本文考虑两个方程，其一为劳动参与方程，其二为劳动供给方程。劳动参与采用 Probit 模型进行回归分析，劳动供给方程则应用了 Tobit 模型（考虑到劳动时间为零的样本）。表 5 报告了各种因素对劳动参与决策以及劳动供给的影响，其中系数均为平均边际效应。

表 5　农村老年人劳动参与决策与劳动时间决策的影响因素

变　量	劳动参与决策（Probit 模型）		劳动时间决策（Tobit 模型）	
	系数	标准差	系数	标准差
个体特征：				
女性	-0.0786**	(0.0345)	-39.13***	(7.897)
年龄	-0.0114***	(0.00316)	-4.378***	(0.669)
教育程度	-0.0291	(0.0234)	-4.378	(5.234)
有配偶	0.0281	(0.0475)	15.75	(11.02)
健康状况：				
自评健康状况	-0.0605***	(0.0227)	-5.099	(4.722)
客观健康状况	-0.0513*	(0.0289)	-31.86***	(6.083)
喜欢聊天程度	0.0287	(0.0202)	6.699	(4.311)
感到孤独程度	-0.0192	(0.0170)	-9.715**	(3.764)

续表

变　量	劳动参与决策（Probit 模型）		劳动时间决策（Tobit 模型）	
	系数	标准差	系数	标准差
感到越老越不中用程度	0.0195	(0.0173)	4.360	(3.753)
子女数量	-0.0155	(0.0123)	-3.386	(3.058)
家庭收入水平	0.0329	(0.0248)	15.71***	(5.754)
影子工资水平	0.0363***	(0.00522)	20.45***	(1.649)
家庭支出水平：				
日常生活支出	-0.0165***	(0.00620)	-9.094***	(1.586)
医疗保健支出	-0.00427	(0.00318)	-0.486	(0.866)
与子女关系：				
与子女同住	-0.0181	(0.0365)	-2.134	(8.308)
所有儿子的经济支持	0.0136**	(0.00673)	1.377	(1.855)
所有女儿的经济支持	0.0113	(0.00691)	1.639	(2.900)
子女经济支持与日常生活支出之比	-0.0155*	(0.00800)	-1.670	(2.169)
地区（以烟台为参照）				
潍坊	-0.0188	(0.0473)	10.23	(9.990)
泰安	-0.147*	(0.0759)	10.82	(12.62)
菏泽	-0.0789	(0.0563)	-16.00	(10.32)
常数			287.5***	(58.68)
样本量	933		863	

注：*表示在10%水平下显著，**表示在5%水平下显著，***表示在1%水平下显著。表中系数值均为平均边际效应。

1. 个体特征的影响

（1）性别、年龄及婚姻状况。性别无论是对于劳动参与决策还是劳动供给量均有显著影响，女性倾向于更少劳动且劳动时间相对更少。这与农村家庭内部的性别角色分工有关，男性老人在身体允许的条件下，一般会开展农业生产，特别是对于年龄较大的老人，由于可耕种的土地较少，基本上由男性老人来耕种，而女性老人则更有可能在家料理家务，而不用下地干活。年龄成为影响劳动参与和劳动供给的重要因素，年龄越大则参与劳动的可能性以及参加劳动时间均会降低。是否有配偶对老人的劳动参与决策并不显著。

（2）健康状况。老人的客观健康状况无论是对劳动参与还是劳动时间都有着较为显著的影响，身体状况较差成为妨碍老人劳动的重要因素。相比较而言，自评健康状况仅影响到老年人的劳动参与可能性，自我健康状况评价越高，劳动参与的可能性就越大，但是对老年人的劳动供给量的影响并不显著。

老人的心理健康状况对于劳动参与并没有显著的影响，从侧面说明了影响老人劳动参与决策的是其他因素，如身体健康水平等因素。但是孤独感对于劳动时间有着显著的负向影响，孤独感低的老人下地干活或工作的时间更短，可能与老人的家庭条件以及生活质量较高有着密切的关系，在老人不必为生活而进行大量劳动时，他们会减少劳动供给的时间。

（3）子女数量。子女数量对于劳动参与决策和劳动供给时间并没有显著的影响。子女数量少并不能成为老人参与劳动获取劳动收入的原因，而且也不会影响到劳动的供给量。显然在目前子女大量外出打工的情况下，老人的劳动供给完全是独立的行为。

2. 家庭特征的影响

（1）家庭支出。家庭支出分为两个基本部分，其一为日常生活支出，其二为医疗保健支出。在是否参与劳动决策和劳动时间上，日常生活支出有着显著负向影响。当日常生活支出较低时，老人的劳动参与可能性较高，劳动时间越长。很显然，日常生活支出水平较低的老人受到收入的限制，因而需要劳动更长时间来获取相应的收入，以满足基本生活需要。对那些日常生活支出较多的老人，本身家庭收入也较高，因而会形成一定的收入效应，会相应降低劳动时间。而医疗保健支出作为一种更高层次的需求，其水平的高低并不会影响到老人的劳动供给水平。

（2）家庭收入水平。从总体上看，家庭收入水平的高低并没有影响到老年人的劳动参与决策，但对于劳动供给时间有着显著的影响，更低水平的家庭财富将会促使老人工作更长时间。较低的家庭收入水平的日常生活支出水平也较低，如富裕家庭平均日常生活支出为6242.9元，一般家庭为2676.2元，很困难的家庭仅为1165.8元，两者对劳动供给的影响是一致的。

（3）与子女同住。与子女数量的影响相类似，与子女同住并没有表现出对老人劳动参与或供给的影响，这表明无论同住与否，老人都可能会参与劳动。与子女同住可能会接受来自子女的帮助，或者会帮助子女，但是在农村，目前老人独居或与配偶单独居住相当普遍的情况下，居住安排对于老年人劳动参与的影响实际上是非常有限的。

（4）子女经济支持。子女的经济支持作为老人获得的一种非劳动收入，可能会产生两个效应：一方面会减少老人的劳动时间；另一方面老人获得子女的经济支持可能是以老人为子女提供相应的帮助为代价的，包括帮助子女进行田间劳作，这在无形中会增加老人的劳动时间。因此，两种效应的叠加会导致子女的经济支持对老年人劳动时间的影响方向并不确定。

本文结果表明，女儿提供的经济支持对于老人的劳动行为并没有任何影响；儿子的经济支持对于老人劳动参与有着重要的积极影响，但对劳动时间的长短却没有任何影响。儿子经济支持力度大的，老人劳动参与的可能性也越高，这可能与老人帮助子女进行田间劳作有着密切的关系。变量“子女经济支持与日常生活支出之比”虽然仅在10%的显著性水平下对劳动参与有着负向影响，但其表明，子女经济支持与日常生活支出之比较高时，老人可能不再需要从事劳动获取收入来作为日常生活的来源。

3. 影子工资水平与地区特征的影响

与其他研究相类似，影子工资水平无论是对劳动参与还是劳动供给时间均有显著的正向影响。每增加1000元，劳动参与的可能性会增加3.63%，能够获取更高的收入成为老人参与劳动和增加劳动时间的重要原因。

虽然在山东省调查的四个地区经济发展差异明显，但地区特征对于老人的劳动供给行为并没有显著的影响，老人的劳动供给行为在全省范围内具有明显的一致性。

六、结论与讨论

通过对老年人劳动供给行为及其影响因素进行分析，可以得出如下主要结论：

（1）农村老人一直保持较高的劳动参与水平，但受年龄、性别及健康状况的影响较大。随着年龄的增加，老人劳动参与率越来越低，长期性的劳动时间会下降，70岁以后表现出明显的临时性劳动特征。女性与男性相比，倾向于更少劳动且劳动时间相对更少。身体健康较差成为老年人退出劳动的重要原因，如果身体条件允许，老人会持续劳动下去。

（2）孤独感对于老人的劳动供给时间有着显著的负向影响，孤独感高的老人下地干活或工作的时间更长。有可能通过劳动供给行为，老人获得了心理上的满足，会缓解老人孤独感，增强老人的自信心。

（3）农村老年人劳动的动机在很大程度上是因为家庭不富裕，为了获取

相应的收入以维持日常生活的需要，在下地干活或工作能获得较高收入时，他们一般会选择进行劳动，而且会劳动更长时间。

（4）与子女同住或接受来自子女的经济支持可能都不会改变农村老年人的劳动供给行为，尽管儿子经济支持力度大的老人劳动参与的可能性越高。这可能是因为老人与子女的双边互助关系导致家庭内部决策的一致性，因而老人的劳动供给成为家庭内部的一个决策，其过程融合了子女对老人的支持，使得老人的劳动供给行为由家庭外的其他因素所决定。

在我国农村人口老龄化问题日益凸显、社会保障制度尚不完善的今天，农村老年人的劳动首要解决的是生存的问题，为了维持日常生活的需要，他们不得不在人生的暮年付出艰苦的劳动。作为一个数量庞大的弱势群体，满足他们的日常生活需要可以极大地提高他们的福利水平。当生存问题解决以后，发展就成为切实可行的需要，适度的劳动则成为他们排解孤独感的重要手段之一。

虽然本文对农村老年人的劳动供给行为进行了较为深入的研究和分析，但其中不可避免地存在着不足之处。主要表现在如下三个方面：①数据局限。虽然课题组所采用的抽样技术具有较强的科学性，调查数据能够充分反映我们所要分析的问题，但是有些相关的信息可能会存在一定程度的偏差，如老人的个人收入问题，在调查时很多老人无法有效区分家庭收入与个人收入，这些都可能会对结论有一定程度的影响。②变量的内生性问题。纳入回归分析变量可能会存在着内生性，本文并没有对此进行相应处理。例如，自评健康状况与劳动供给的内生关系、年龄对健康的影响存在着群体效应等问题。③模型还有待进一步完善。本文提出的劳动供给模型是以单一老人为基础的，忽略了家庭联合劳动供给情形，单纯用个人效用最大化来建立模型有可能没有很好地解释老人的劳动供给行为。

（本文摘自：《人口与经济》2013 年第 2 期　作者：廖少宏　宋春玲）

“包容性增长”视角下农村民生工程金融支持实证研究

——基于山东烟台市农村金融资源配置的分析

一、包容性增长下的农村民生工程金融支持

包容性增长（Inclusive Growth）是2007年亚洲开发银行在对“穷人友善的增长”基础上提出来的新理念。所谓包容性增长，可以理解为倡导机会平等的增长，它强调社会需要公平合理分享经济增长成果，消除贫困群体面临的社会排斥，从而实现机会平等和公平参与。包容性增长关注民权民生，体现出显著的民本主义发展方向，胡锦涛同志倡导的“包容性增长”中就要求“着力保障和改善民生，建立覆盖全民的社会保障体系，注重解决教育、劳动就业、医疗卫生、养老、住房等民生问题”。而保障和改善民生是构建和谐社会的必然要求，也是我国发展经济的最终目的。农村民生工程不仅涵盖了农村基础设施建设、教育、医疗、社会保障等诸多内容，还包括了发展农村经济这个根本性的民生问题。建设农村民生工程需要大量的资金投入，目前财政资金成为主要的资金来源，“十一五”期间山东财政对民生投入7004.5亿元，2010年民生投入占财政支出总额的51%。烟台市每年用于保障改善民生的支出都在100亿元以上，5年来累计投入754.6亿元。但光靠有限的财政资金是不够的，庞大的农村民生工程建设必须得到金融支持。

“包容性增长”理念的形成是建立在对社会排斥及权利贫困理论研究基础之上的，因此从金融支持民生工程的角度，“包容性增长”要求金融业应在保障和改善民生方面给予资金支持，促使金融资源向“三农”、吸纳弱势群体就业的中小企业及其他农村社会事业薄弱环节倾斜，从而缓解农村金融排斥，增强农村地区金融资源配置的包容性。另外，金融资金运行是注重“效率”的，

这就与农村民生工程追求“公平”相矛盾，导致每年农村金融机构把吸收的大量农村资金输往城市，造成农村出现严重的“系统性负投资”，金融支持农村民生领域存在“不包容性增长”现象，金融支持民生领域逐渐边缘化。基于此，本文从包容性增长的视角分析目前烟台金融支持农村民生工程现状，并提出了相关路径选择。

二、烟台金融支持农村民生工程“包容性”现状分析

改善农民的生活状况是农村民生工程建设的根本目的，所以，发展农村经济、促使农民增收以及改善生产、生活条件应是农村民生工程的落脚点，而这些都需要金融支持。烟台市近年来金融支持民生领域特别是农村民生的力度有所加强，但还是存在较多金融支持“不包容增长”现象，烟台城乡金融资源分配失衡，大量农村金融资金流失，农村金融排斥程度严重，从而导致烟台建设农村“民生工程”得不到有效的资金支持。烟台市金融支持农村民生领域“不包容性增长”现象具体表现为：

1. “三农”快速发展所需大量资金与农村地区信贷资源配置排斥的“不包容”

烟台是农业大市，2010 年烟台农业增加值为 172.5 亿元，占山东这一农业大省农业增加值的 8.04%，但烟台的金融机构及金融资源在农村的配置却比较有限。由于金融资源的“趋利性”及涉农贷款的高成本，近年来商业银行纷纷撤销其在农村的网点，涉农金融机构网点减少。烟台市 2009 年末农业贷款余额为 254.97 亿元，其中农村信用社的农业贷款余额为 243.84 亿元，占到了全市农业贷款总额的 95.63%，而烟台其他 18 家金融机构的农业贷款只占农业贷款总额的 4.37%，这在很大程度上反映出烟台农村地区金融机构营业网点数量及金融资源配置的缺少。

由于农业存在“弱质性”，产业利润率很低，以及农村地区信用环境差，贷款收回没有保障，导致金融机构向农民贷款时要求其必须满足一定的抵押和担保条件，而农户一般缺乏可抵押的资产，这样就使得那些能够接近金融资源的农户由于缺乏抵押资产而难以获得金融服务（如贷款），从而形成金融条件排斥。最终金融机构不愿发放涉农贷款，而把资金转移出农村去寻找更高收益的投资机会，导致农村民生领域资金“失血”现象严重。基于有关数据的限制，本文用烟台主要涉农金融机构（中国农业银行、农村合作金融机构、中国邮政储蓄银行）的存贷比来说明烟台农村地区资金外流的强度，并以此反

映烟台农村金融的条件排斥情况。

表1　2009年烟台主要涉农金融机构存贷情况一览表

涉农金融机构	年末存款余额（万元）	年末贷款余额（万元）	存贷比（%）
中国农业银行	4775500	2300824	48.18
农村合作金融机构	5783690	4092672	70.76
中国邮政储蓄银行	1964269	133255	6.78

资料来源：烟台统计年鉴。

从表1可以看出，2009年作为烟台“涉农大户”的中国农业银行存贷比为48.18%，比2007年的55.27%下降了7.09%，在烟台所有金融机构（除中国邮政储蓄银行）中比重最低；农村合作金融机构的存贷比虽然达到70.76%，但还是比中国工商银行、招商银行等机构的存贷比低，中国邮政储蓄银行的存贷比在2009年才上升为6.78%，这些都体现了烟台农村地区信贷资金利用效率低，大量资金没有用于支持“三农”。另外，以烟台金融机构农业贷款为例，虽然烟台金融机构的农业贷款总额逐年上升（从2008年的2185822万元增加到2009年的2549720万元），但是农业贷款总额占短期贷款之比却下降了1%（从2008年的26.5%下降到2009年的25.5%），从而说明烟台金融机构对“三农”的信贷支持力度还是不够，没有把满足农村经济发展及农村民生工程建设对资金的需求作为重点（见表2）。

表2　烟台金融机构农业贷款情况一览表

年度	农业贷款（万元）	短期贷款（万元）	农业贷款占短期贷款比重（%）
2008	2185822	8247106	26.5
2009	2549720	9992166	25.5

资料来源：烟台统计年鉴。

2. 中小企业在民生方面的贡献与获得金融资源困难的“不包容”

近年来，烟台市中小企业发展迅速。据统计，截至2008年末，烟台市中小企业有20多万家，实现经济增加值2600亿元，占全市生产总值的75.7%，上缴税金218.2亿元，带动从业人员211万人。另外，由于中小企业在资金规模、内部管理、信用程度等方面有较大缺陷，因此，大部分中小企业仍难以达

到银行贷款标准。为控制风险，大部分金融机构对中小企业实行房地产抵押贷款，但中小企业多数地处偏僻的城镇、乡村，可供抵押的房产价值不足，导致筹资困难。据调查，烟台银行机构对中小企业贷款利率一般上浮10%～50%，而对大企业普遍实行下浮，小企业融资成本高于大企业，最后导致烟台市大中型企业信贷市场份额超过70%，而小型及民营企业信贷份额不足30%，这与其占烟台市60%以上的产值、40%以上的利税和75%的就业等社会民生贡献不相适应，中小企业占有的金融资源稀缺体现出明显的"不包容增长"。

3. 县域经济的快速发展与其获得的金融资源配置缺乏的"不包容"

烟台的农村和县域经济所占比重较高，但烟台县域金融资源配置匮乏。2011年2月末，烟台市县域贷款（芝罘区、开发区、莱山区、福山区除外）1081.79亿元，只占全部贷款的42.37%；2010年末，全市县域各项贷款余额存贷比为56.55%，虽然比2009年提高了4.82%，但是比全市同期各项贷款余额存贷比64.8%还是低许多。另外，县域间的金融资源配置失衡，烟台市区的芝罘区大约集中了全市35%的金融资源，而作为"农业大户"的栖霞、莱阳等县区配置的金融资源则很少，2009年末栖霞金融机构贷款余额仅占全市的2.2%（见表3），商业化运作的金融机构贷款的"脱农现象"就会严重，从而导致金融资源向经济发达的城市地区倾斜，而对亟待发展的农村民生领域的资源配置则是少之又少。

表3　2009年末烟台市部分地区金融机构贷款余额一览表

	全市	市区	龙口	栖霞
金融机构贷款余额（万元）	21051444	12990608	2414264	466223
占全市比重（%）	100	61.7	11.5	2.2

资料来源：烟台统计年鉴。

4. 农民亟须分享金融服务与农村金融营销排斥严重的"不包容"

当前，农民对资金的需求多样化，一方面，需要金融机构不断提升金融服务水平、做好金融产品营销定位，除支持农村种植、养殖业外，还要加大对农民的教育、医疗、就业、住房等一系列民生工程的资金支持，以满足多元化"三农"金融需求。另一方面，烟台农村存在较为严重的金融营销排斥，即金融机构开发的金融产品大都是针对城市客户，而针对于农村普通农户的金融产品设计单一甚至被忽略，不能满足农户多样化的资金需求。以烟台农信社为例，近年来烟台农业产业化进程不断加快，农民的经营领域也随之扩大，原从事苹果、葡萄种植及水产养殖的农户的经营范围已扩大到农产品加工、制造、运输等领域，从而引起农民对资金的多元化需求，尤其是对长期资金的需求。而农村信用社对农民的贷款还是采取“春放秋收”单一的短期操作模式，这种模式不能与农民（包括农村个体工商户）的生产和经营周期相适应，从而就把那些有金融资金需求的农民排斥在外，使其不能分享相应的金融服务。而由于缺少金融支持，农户的农业生产和经营规模不能扩大甚至要缩小，最后导致农民只能徘徊在低收入水平上。此外，针对农民消费、创业、住房等方面的金融服务创新品种比较少，农村金融电子化服务网络有待建设，农民对金融理财等相关服务知识知之甚少，农村金融服务缺失严重。

三、包容性增长视角下金融支持农村民生工程的路径选择

通过上述分析可以看出，烟台市金融支持农村民生工程的“不包容”现象还很普遍，农村金融排斥使金融资源在烟台城乡之间的分配不公平，排除了农民获得金融服务的机会，从而使农民增收困难、农村发展滞后，这与包容性增长所倡导的机会平等背道而驰、与民生工程追求的公平相矛盾。因此，烟台市要推进农村民生工程建设，就必须实现金融服务包容性增长，推行金融普惠制，将金融资源有效地引入农村，具体路径如下：

1. 落实扶弱政策联动机制，把金融支持农村民生工程的成本从农村转嫁出去

由于农业“弱质性”及农村信用环境差等原因，金融风险比较高，金融机构在支持农村民生工程建设中需要承担较高的交易费用，这样就挫伤了金融机构支持农村民生工程建设的积极性。所以，烟台地方政府要充分发挥财政扶贫资金的杠杆作用，建立起“政府间接贴息，金融机构放大匹配，农户贷款方便”的财政资金撬动信贷资金的良性循环机制，将金融机构承担的一部分交易费用转嫁给财政，这样就能保证涉农金融机构的盈利，放大了金融机构对农村民生领域的信贷支持效应。另外，可以实行“税贷挂钩”，即将减免税与存贷款比例联系起来，使当地金融机构新增的一定比例存款投放到农村，阻止金融资源“农专非”，引导资金配置一定程度上向农村倾斜，以便切实解决农户等弱势群体贷款难问题。

2. 拓宽农村民生贷款领域，推动农村金融产品和服务方式创新

在包容性增长观的倡导下，金融机构要加大对“三农”、农村中小企业、

县域经济等领域的资金支持力度，推进农民致富信贷、农业产业化信贷、中小企业信贷、扶持创业安居社会事业等几大农村民生工程建设。随着近年来烟台农业产业化及农村城镇化进程的加快，农村资金需求多样化，金融机构要进一步推动农村金融产品的创新；同时，农村要完善农业保险及担保体系，建立有效的农村民生领域金融风险补偿机制。

（1）建立农村金融和保险合作机制。一方面，鉴于烟台葡萄、苹果等种植业及海洋养殖业对资金需求越来越大，同时出于降低信贷资金风险，农村金融机构可研发"信贷+保险"的金融服务安全运行模式，由涉农金融机构出售保险公司开发的种植及养殖等险种；另一方面，由于烟台农村城镇化进程的加快，农村失地农民增多，农村金融机构可向失地农民推行"养老保险贷款+创业贷款"的金融创新产品，以解决基本生活保障及长远生计等失地农民关心的现实问题，从而保障烟台在城镇化进程中经济社会的"包容性增长"。

（2）建立农村民生领域贷款担保公司，并结合烟台各县域经济的特点创新出农村本土化的贷款担保方式，实行针对葡萄酒品牌的"伞式担保贷款"、苹果仓单质押贷款、海域（滩涂）使用权抵押贷款及农村宅基地抵押贷款等。

（3）由于农业产业化进程导致农户生产经营范围的延伸，农村金融机构需创新有效融入农业产业链的经营模式，实现农村经济产业链与金融产业链的对接。

3. 构建基于包容性增长理念的普惠性农村金融体系，缓解农村金融排斥

只有把包容性增长的理念融入到农村金融体系的构建中，建立起普惠制农村金融体系，农村民生领域才能获得更多金融资金的支持，从而使一直被排斥在金融服务之外的农村弱势地区、产业和群体受益。中国农业银行以"面向三农，商业运作"为原则，坚持发展"三农"经济和县域"蓝海市场"战略，增强"三农事业部"的信贷权限，推广"惠农金融服务站"的建设，提高对物理网点功能辐射以外区域的金融服务能力；中国邮政储蓄银行要积极向农村延伸网点，建立符合农村民生工程需求的零售业务经营体系，尝试对农业小企业的信贷支持；农业发展银行等政策性银行要发挥中长期融资优势，围绕农村基础设施及农村民生工程建设等重点改革领域加大信贷支持力度；在城乡统筹进程中鼓励股份制商业银行的"城乡并举"，使金融服务网络有选择地渗透到农村。要将金融资源真正引入金融供给严重不足的农村，就应降低农村金融机构准入门槛，引入具有包容性质的金融中介，创建小额贷款公司、村镇银行、农村商业银行等具有"融合"特征的新型农村金融组织，促使金融服务和农村民生领域的金融需求能有效对接。截至2009年，烟台市已有1家财务公司和3家小额贷款公司，并成立了莱州农商行（山东省第一家农村商业银行），今后要在加快小额贷款公司发展的基础上搞好村镇银行的试点，以便更好地服务“三农”，解决由于外部不公平造成的农民和农村中小企业等弱势群体融资难等问题，为农村民生工程建设提供更多的金融支持。

4. 加快打造农村信用工程，同时提升农村金融机构“民生金融”文化

积极推进农村信用体系建设，营造良好的社会信用环境，促进农村金融生态环境的改善。2009年末，烟台已评定33个信用乡镇、2994个信用村、26.25万信用户。涉农金融机构可以信用村、信用户为基础，实行“行政村金融服务模式”，增加对广大农户的贷款覆盖面，支持农村经济发展和农民增收。同时，作为金融公平的直接推动者——农村金融机构应处理好营利性与支持农村民生责任的关系，及时普及和强化农民的信用、信贷等金融知识，缓解存在的金融自我排斥。另外，农村金融机构要以“农”为本，关注民生，信贷人员要加强对农户、农企成长性的了解，以便开发出符合农民需求的金融产品，满足农村民生领域的资金需求。

（本文摘自：《农村经济》2012年第3期 作者：李建伟 辛波）

烟台市城乡老年人社会人际关系网实证比较分析

——以向阳街三居民区与姜格庄镇三村435个老年人样本为例

一、研究背景及理论框架

社会人际关系网是指个体间通过互动形成的相对稳定的联系，它包括亲属社会人际关系网、朋友社会人际关系网、近邻社会人际关系网等诸多方面，是个人的一种重要的社会资源，对个体的行为和态度产生着相当大的影响。学术界对社会人际关系网的研究由来已久，并出现了众多的方法和理论成果。早期的研究认为城市化和工业化所带来的后果之一是城市社区中人际关系淡化。人们之间的社会联系浮浅而变化无常，人们生活在这样的社会里会感到很孤单，产生失落感。社会学家称这种社会为“麻失社会”（Mass Society），这种观点被称为“人际关系淡化论”。20世纪60年代开始，西方的社区研究者们开始探讨不同社区背景对人际关系网形成的影响。美国密西根大学的Edward O. Laumann采用主体网的方法对底特律市的985位居民的研究发现：城市社区中仍保持着密切的人际关系。美国加州大学的Claude Ficher对1000个样本的总结得出结论：大城市中的人际关系仍然是密切的，但与乡村相比，人际关系的性质有了改变，表现为人们与远亲、邻居交往减少，朋友之间的交往增加，交往的人不局限于一个地方，同时这些变化并不影响主体网的密度和人们之间的亲密程度。以上观点被称为“人际关系维系论”和“人际关系松散论”。

近些年来，我国的一些学者也开始使用各种方法研究个人的社会人际关系网。徐勤从交往频度进行研究发现，老年人的交往模式是：邻居、分居子女、朋友、熟人、同胞。徐安琪的研究发现，城市居民的亲属网络双系并重且向女系倾斜，她的研究以上海市城市家庭为调查对象，发现姐妹是被访者除配偶外最信赖的人。林明鲜对日本名古屋市186份老年人样本的研究得出结论，学历、家庭收入、居住面积等社会经济地位是决定亲属关系网规模的重要因素。我国延续多年的城乡二元制导致了城乡居民在生活水平、行为方式、思想观念等诸多方面都存在着较大的差异，这两种社区中形成的个人社会人际关系网有何异同，这是一个很值得研究的问题。但截至目前，我国学术界对这两种不同社区的比较研究成果很少。戴庆瑄对广西城乡居民社会关系网的比较研究发现，亲属、朋友是城乡居民最亲密的关系；城市居民倾向于与同事、同学的密切交往，而农村居民则倾向于邻居关系。相对而言，我国学术界对两类不同社区中形成的社会人际关系网的比较研究还很薄弱，需要我们投入更多的精力去进行这一工作。

本文利用山东工商学院《城乡老年人孤独现象的社会学研究》课题组在山东省烟台市城乡不同社区进行的老年人生活状况问卷调查数据，运用社会网的分析方法，从城乡老年人社会人际关系网规模、人际关系网对象构成、交往频度、交往深度四个维度进行了城乡老年人社会人际关系网的比较研究，目的是分析城乡老年人社会人际关系网的相同与差异之处，为城乡社会人际关系网比较研究提供微观的实证研究成果。

二、调查研究说明

城市部分选取的调查地点为烟台市城市中心老龄化程度最高的向阳街街道办事处下辖的三个居民区：向阳街、所城里和烟台山，这三个居委会的老龄化程度在该办事处八个居委会中分别居于最高、中等和最低水平。抽样采用等距抽样方法，从三个小区的所有60岁及以上的老年人中等距抽取调查对象名单530人，用入户访谈问卷的方法进行调查，共获取有效问卷245份。农村部分选取的调查地点是烟台市老龄化程度较高的牟平区姜格庄镇，根据地理区间分布选取了三个老龄化程度较高的村子：上庄村、岭上村、东念村。用等距抽样的方法从三个村子中抽取调查对象名单332人，同样用入户访谈问卷的方法进行调查，共获取有效问卷190份。此次成功调查城乡老年人总数为435人。关于调查对象的一些基本情况如表1所示。

表 1　调查对象的基本特征

变量	分类	人数	比率（%）
户籍	城市	245	56.3
	农村	190	43.7
性别	男性	200	46.0
	女性	235	54.0
年龄	60～64	109	25.0
	65～69	105	23.0
	70～74	83	19.0
	75+	108	25.0
婚姻状况	有配偶	336	77.2
	无配偶	99	22.8
学历	无学历	130	30.0
	初等学历	247	56.8
	中等学历	39	9.0
	高等学历	19	4.4
健康状况	健康	152	35.0
	一般	243	55.9
	不健康	40	9.1

农村的样本数少于城市，调查对象中女性老年人数高于男性老年人。从年龄分布来看，75 岁及以上的高龄老年人比例较高，占到了 25%。无配偶的老年人（包括未婚、已婚丧偶、离婚）占到了 22.8%，也是一个相当高的比例。老年人的学历普遍较低，有 30% 的老年人没有上过学，具有高等学历（大专及以上）的老年人只占 4.4%，且基本上集中在城市，农村只有 1 个人，是回乡居住的退休教师。从老年人的身体健康状况来看，身体一般（一般和身体不好但能自理）的老年人占大多数，需要别人照顾或住院治疗的老年人只占 9.1%。这一份调查样本基本上与烟台市老年人总体的各方面数据情况相一致，具有显明的代表性。数据统计使用的软件是 SPSS 11.5。

三、城乡老年人社会人际关系网基本特征对比

这里主要考查的是城乡老年人社会人际关系网在规模、对象结构、交往频

度、交往深度四个方面的相同和不同之外，结果如下：

1. 城乡老年人社会人际关系网规模及其影响因素的比较

城乡老年人在社会人际关系网的规模上是否存在着显著的差异，这是本研究首先要分析的一个问题。从本次调查的统计数据来看，城乡老年人在近邻交往、知心朋友交往和亲属交往的数量上没有显著差异。具体如表2所示：

表2　城乡人际关系网规模比较

变量项	农村	城市	F	sig.
近邻朋友数	16.38	11.88	1.581	0.209
知心朋友数	2.61	6.62	0.681	0.410
交往亲属数	4.35	3.5	1.312	0.253

尽管农村老年人的近邻朋友数量高于城市老年人，而城市老年人的知心朋友数量高于农村老年人，从均值来看，农村老年人的亲属交往数量略高于城市老年人，但统计证明显示，在这个方面，两者没有显著差异。也就是说，无论是城市老年人还是农村老年人都保持着一个相似规模的社会人际关系网。

那么，有哪一些因素对城乡老年人社会人际关系网的规模产生了影响呢？从农村老年人来看，老年人的年龄、婚姻状况、是否参加生产活动、家庭收入、拜访亲属的频度均对老年人的亲属网规模产生了影响（$p<0.05$）。表现为：年龄越大，亲密交往亲属数量越少；无配偶老年人交往亲属数量明显少于有配偶的老年人；参加生产劳动的老年人，亲属交往数量显著多于不参加生产劳动的老年人；家庭收入越高，亲密交往的亲属数量越多；拜访亲属频度越高，亲属数量越多。但没有发现有什么因素对老年人的近邻交往和朋友交往产生了影响。因而，笔者认为，农村老年人的近邻与朋友交往在很大程度上不受个人拥有的社会资源量的影响。

相对比而言，影响城市老年人社会人际关系关系网规模的因素则既多又复杂。从亲属交往数量来看，城市老年人的年龄、婚姻状况、职业、身体状况、住房面积、老伴的身体状况、活动能力、对亲属的拜访频度均对亲属网规模产生了影响（$p<0.05$）。除了年龄和婚姻状况因素如农村老年人相同，城市老年人退休前的职业对亲属交往产生了影响，表现为专业技术人员与服务业从业人员的亲属交往数量显著高于其他职业人群；身体及老伴身体状况越好，则交往的亲属数量越多；住房面积越大，则交往亲属数量越多。而城市老年人的年

龄、婚姻状况、职业、老伴的身体状况、活动能力及拜访亲属近邻的频度同时也对近邻网的规模产生了影响（$p<0.05$）。具体情况是：城市老年人年龄越大，亲密交往的近邻数量越少；无配偶的老年人，亲密交往的近邻数量少于有配偶的老年人；机关和服务业从业人员的近邻交往数量高于工人的近邻交往数量；老伴身体健康的老年人近邻交往数量多于老伴身体不健康的老年人；活动能力强的老年人（一个人上下楼梯、买东西、去银行等）近邻交往数量高于活动能力差的老年人；更多地拜访亲属近邻的老年人，其近邻交往数量高于较少地进行拜访活动的老年人。另外，老年人的婚姻状况、职业、老伴的身体状况、月收入这些因素也对老年人的知心朋友交往产生了显著性的影响（$p<0.05$）。具体情况是：有配偶的老年人，知心朋友数量多于无配偶的老年人；专业技术人员和服务业从业人员知心朋友数量高于其他职业人群；老伴身体状况好的老年人，其知心朋友数量多于老伴身体不健康的老人；月收入越高，则交往的知心朋友数量越多。

通过城市与农村二者相对比，我们可以发现：从个人所拥有的资源量对于人际关系网规模的影响这个角度来说，在农村老年人群主要是对亲属网规模产生了影响；而在城市老年人群，则对于整个的社会人际关系网规模产生了影响。

2. 城乡老年人交往对象结构比较

所谓交往对象结构，即老年人的交往对象主要是由哪一些人组成。从统计数据来看，城乡老年人交往对象结构有共同之处，也存在有一定的差异，具体从“平时与老年人来往最多的人是谁”、“老年人最亲密关系的人是谁”、“老年人与知心朋友的关系是什么”这样几个方面来进行分析。从表 3 的交往对象我们可以较明显地看出一些问题。

城乡老年人平时来往最多的人均为子女，在这个方面二者表现出了显著的一致性。城市老年与子女的交往比例高于农村老年人，这可能与许多农村老年人的子女离开村子，到城里生活有关系。农村老年人的近邻交往高于城市老年人近 25 个百分点。而城市老年人的子女外亲属交往、近邻外朋友交往及其他交往均高于农村老年人，这也说明，城市老年人的交往对象范围比农村老年人要大。在城市中的生活扩大了老年人交往面，使他们有机会与更多的异质性群体产生联系，而农村的老年人由于活动空间范围的限制，不得不与近邻之间形成更多的互动交往。

从城乡老年人最亲密关系人这个角度进行分析，可以看出，城市老年人与农村老年人最亲密关系人也表现出了如表 3 所显示的特点，如表 4 所示。

表 3　城乡交往对象差异

来往最多的人	子女	子女外亲属	近邻	近邻外朋友	其他	X2	sig.
城市（%）	63.3	6.9	18.8	4.5	6.5	42.885	0.000
农村（%）	50.5	2.7	43.1	1.6	2.1		

表 4　城乡老年人最亲密关系人

关系	亲属	近邻	同事同学或战友	共同爱好	其他
城市（%）	59.6	9.8	18.0	0.8	10.6
农村（%）	61.1	22.3	1.5	0.5	8.8

城乡老年人最亲密关系人的主体均为亲属；农村老年人中有 20% 以上的人最亲密关系人是近邻，远高于城市老年人的不到 10%；同时，城市老年人的最亲密关系人是同事、同学、战友的比例远高于农村。另外，我们也可以看到，城乡老年人由于共同爱好而成为最亲密关系人的比例均很低。这也同样表明：城乡老年人最亲密关系人除了共同的血缘构成之外，农村偏重于近邻，而城市偏重于同事、同学和战友。

从老年人与知心朋友的关系上这个角度进行分析，我们可以进一步看清楚这个问题，如表 5 所示：

表 5　与朋友的关系

关系	同事	同学或战友	亲戚	共同爱好	邻居	其他	X2	sig.
城市（%）	39.8	14.3	5	3.7	27.3	9.9	70.253	0.000
农村（%）	12	1.7	6	2.6	70.1	3.4		

城市老年人与朋友的关系首先是同事，其次是邻居，最后是同学和战友，另外还有一些除上述因素以及亲戚、共同爱好之外的朋友交往关系。而农村老年的朋友主体是邻居，占到了 70.1%。同事交往只有 12%，其他朋友交往很少。

综合前述数据，能够说明的是：城市与农村老年人的交往对象范围有较大的不同，城市老年人交往的范围更大一些，除血缘与地缘交往外，还存在相当大的业缘交往与其他交往。而农村老年人更多地局限于本村的地缘与亲属的血

缘范围之内。另外可以看出的一点是：无论是城市老年人还是农村老年人，其交往对象主要是由一种血缘或生产、生活活动的近距离互动而形成的，由于共同爱好或价值情感等原因而形成的交往比例较低，这可能会降低我国城乡老年人的交往层次和水平。从对"当您遇到困难时，有谁会经常来帮助您?"这个问项的统计结果来看，能从朋友那里得到帮助的城乡老年人比例较低，均在3%左右，老年人的主要困难都是由子女帮助解决。

3. 城乡老年人的朋友交往频度比较

关于城乡老年人的交往频度，我们问卷中没有设计与亲属和近邻的指标，所以在这里只能通过朋友交往频度来说明。从问卷的统计数据来看，农村老年人的朋友交往频度远高于城市老年人的朋友交往频度，具体如表6所示：

表6　城乡老年人与朋友的交往频度

交往频度	经常	偶尔	不见面	X2	sig.
城市（%）	44.5	44.5	2.4	60.511	0.000
农村（%）	77.8	10.2	3.4		

农村老年人与知心朋友经常见面的比例高达77.8%，而相对来说，城市老年人能经常见到自己知心朋友的比例只有44.5%。这说明：农村老年人的朋友交往频度由于地缘的便利，高于城市老年人的交往频度；而城市老年人因为退休后业缘关系联系减少，一部分同学与战友的居住距离较远，相对的近邻交往所占比例较低，从而降低了其交往频度。

4. 城乡老年人的交往深度比较

城乡老年人的交往深度方面是否存在着差异?如有，存在着什么样的差异?对这个方面的研究，我们选取了是否能与自己的知心朋友谈心里话这个指标来进行衡量，结果如表7所示：

表7　城乡老年人的交往深度

能谈心里话	能谈	X2	sig.
城市（%）	88	7.304	0.026
农村（%）	83.6		

城市中能与知心朋友谈心里话的老年人比例高于农村，为88%，农村为

83.6%。另外，从与自己最亲密关系人能否谈心里话这个维度分析，我们发现，城市老年人能与自己最亲密关系人谈心里话的比例是85.7%，而农村是81.9%，低于城市老年人近4个百分点。这说明：城市老年人的交往深度略高于农村老年人，尽管农村老年人交往便利、频度较高，但深度较差。

那么，有哪一些因素对城乡老年人的交往深度产生了影响呢？交叉表的分析表明：在农村，主要是受夫妻关系及出生地域的影响，夫妻之间共同话语越多，则能与知心朋友谈心里话的比例越高；出生于外村的人，与出生于本村的人相比，能与知心朋友谈心里话的比例高（$p<0.05$）。而在城市，老年人的婚姻状况、身体状况、活动能力、夫妻关系、夫妻共同活动、家庭观念都对老年人的交往深度产生了影响（$p<0.05$）。具体表现为：有配偶的老年人，能讲心里话的比例高于无配偶的老年人；身体状况好的老年人，讲心里话的比例高于身体状况差的老年人；活动能力强的老年人，能与知心朋友讲心里话的比例高于活动能力较差的老年人；夫妻关系好（夫妻之间经常有共同话语交流、共同活动）的老年人，其能与知心朋友讲心里话的比例远高于夫妻关系差一些的人。也就是说，城市老年人与知心朋友交往的深度更多地受到个人及家庭因素的影响。

四、探讨及结论

总结以上资料及初步分析，本研究的发现有六个方面：

（1）从城乡人际关系网规模的对比来看，城乡老年人之间不存在着显著的差异，即城乡老年人有着相似规模的社会人际关系网络。这说明，城市老年人尽管相对于农村老年人来说有更多的可形成交往机会，但其交往规模并没有得到拓展。

（2）在城乡老年人社会人际关系网中，最重要的是亲属关系网，居于核心地位的是子女亲属网。与子女的交往，是城乡老年人人际交往的最重要构成部分，交往频度高，交往深度深，并可以从中获得绝大部分所需要的支持，而能从近邻和朋友交往中获得支持的比例很低。

（3）相对于农村老年人的交往，城市老年人的交往规模更多地受到个人特征的影响，也就是说，结构性的机遇和制约（个人在选择社会人际关系网时，因个人在社会结构中所占据的位置而产生的机遇和制约）对城市老年人社会人际关系网的规模产生了显著的影响。而在农村，影响老年人人际关系网

规模的因素更多的是生态学的机遇和制约（社会人际关系网形成时，其个人所占据的生态学上的位置，即因居住距离产生的机遇和制约），这也是城市老年人社会人际关系网规模不能显著大于农村老年人的重要原因。

（4）城市老年人相对比农村老年人，在都以血缘和地缘为主要交往的基础上，更多地偏重业缘的交往，而农村老年人交往的主体为地缘交往。

（5）由于以地缘交往为主，农村老年人的交往更为方便和快捷，使得农村老年人的交往频度高于城市老年人。

（6）农村老年人的交往深度低于城市老年人。

基于以上总结，本文认为，与农村相比，城市老年人的社会人际关系网在交往对象范围方面有所拓展，但并没有规模上的扩大，从而表现为近邻交往淡化，血缘联系维持了下来，并拓展了业缘往来，形成了人际关系松散型的关系网；而在农村则依然是人际关系维系型的社会人际关系网。

（本文摘自：《新疆社会科学》2012 年第 2 期　作者：刘永策　林明鲜）

理性分析就业困境，乐观面对就业压力

——山东工商学院经济学院毕业生调查报告

普通高等学校毕业生是我国社会主义建设中宝贵的人力资源。当前受国际金融危机影响，我国就业形势十分严峻，加之高等院校招生规模不断扩大，高校毕业生就业问题日益凸显，成为高校工作中的重点、难点问题。解决好毕业生的就业问题，关系到广大学生和家长的切身利益，关系到千家万户的安居乐业，关系到学校与教育的使命，关系到社会的稳定发展，关系到以人为本的科学发展观的贯彻落实。因此，高校就业指导人员应充分认识到做好学生就业工作的重要性和紧迫感，全力以赴地做好此项工作。为了深入贯彻《国务院关于做好当前经济形势下就业工作的通知》、《国务院办公厅关于加强普通高等学校毕业生就业工作的通知》等文件精神，切实做好新形势下的就业工作，笔者对山东工商学院经济学院2009届毕业生进行问卷调查，以便为下一步更好地完成这项工作提供依据。

山东工商学院经济学院共有5个本科专业，包括国际经济与贸易学、金融学、经济学、财政学和电子商务。本次调查活动共发放问卷650份，回收有效问卷605份，回收率为93.08%。本问卷就毕业生对自身的基本情况与就业准备、就业过程中的面试环节和目前国家大力倡导的到基层就业三方面问题做了调查分析，就业指导人员进行理性分析就业困境，进而引导学生乐观面对当前就业压力。

一、毕业生自身基本情况与就业心态调查分析

经济学院属于全国招生的普通二级本科院系，此次调查为随机抽样，男性占调查总数的39.67%，女性占调查总数的60.33%（以下无说明均为单项选择）。这些学生均来自全国各地（除新疆、西藏），生源地为城市的有35.21%，县镇的有24.79%，农村的有38.3%，其他地区的有1.7%。毕业生

对自己的就业前景的态度如图1所示：

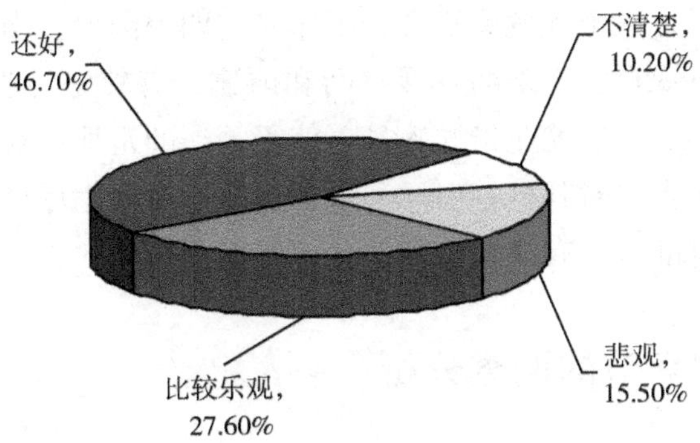

图1 毕业生对自己就业前景的态度

此外调查问卷显示：67.53%的毕业生认为毕业前6个月找工作是最佳时期，认为毕业前一年、毕业前两个月和毕业后找工作是最佳时期的比率分别为15.87%、14.7%和1.9%；选择工作时考虑专业对口问题重要性的调查显示，64.51%的毕业生认为重要，而32.4%的毕业生认为不重要，3.09%的毕业生无所谓；对于选择就业岗位时考虑最多的因素（多选），排在前四位的有公司发展的前景、工作待遇好、个人发展机会、工作稳定四个因素。

毕业生在激烈的就业竞争中，其自身的基本情况、社会发展进程以及公司要求等诸多因素决定了是否可以脱颖而出。首先，从调查结果可以看到男女比例悬殊，且县镇级以下生源的毕业生占2/3。对于如贸易、金融等经常出差的经济类行业，女性的竞争力相对弱，另外生育等问题会给女性求职者增添不利因素。大量县镇级以下生源的毕业生会选择留在城市，城市就业市场不时出现“僧多粥少”的局面，而县镇、农村岗位却没有高素质人才填补。因此社会、校园和家庭应该积极帮助毕业生开拓就业渠道，如到基层工作、“三支一扶”、参军、升学、支援西部建设、村官都是可以选择的出路。另外，女性的自信、自强教育以及考取各类技术资格证书等是高校不可忽视的环节。其次，在校教学符合学生要求，最后半年不安排学习课程，为毕业生就业提供保障。学院的教学重视专业教育，大一认识专业、大二学习专业、大三实习专业和大四运用专业的教学模式培养出的学生具有较强的竞争力，合理的教学安排也使毕业生有充分的时间准备就业。已经形成的以就业为导向的教学模式，将会越来越受到高校的重视。最后，在调查学生面对就业前景的态度时，有74.3%的比例是乐观和还好，25.7%的毕业生态度是悲观和不清楚，这是在就业压力巨大的今天让人比较满意的结果。而在选择岗位方面，毕业生最看重的是公司的发展前景、工作待遇好、个人发展机会、工作稳定四个因素，当前的毕业生是充满信心的，而且重视自己未来的发展空间和前途，有较好的职业生涯规划意识，重视个人价值的实现。就业指导人员更值得关注的是那些对自己前途迷惘、没有明确目标的学生，对其进行引导和教育，使这些学生尽早树立自信、树立目标，成为一个有准备、有能力为社会和家庭做出贡献的人。

二、面试环节的调查分析

面试环节目前是就业过程中最为重要的步骤之一，对于处于就业过程中的毕业生应该是要高度重视的，面试的过程中也会不断发现问题。对于“在面试前作为应试者您会准备怎么样的问题”，有10.55%的毕业生不知道准备些什么、34.55%的稍做准备、36.4%的一般对待随机应变，而只有18.5%的毕业生做了充分的准备。用人单位招聘时，毕业生认为综合能力、心理素质、专业特长和个人形象四个方面会在较大程度上影响应聘的成败。通过几次或者某次面试之后，有60.17%的毕业生认为要想被社会和单位认可，提升自己最好的途径应该是扩大知识面，做一名复合型人才。毕业生在就业过程中面临的常见问题调查结果如图2所示：

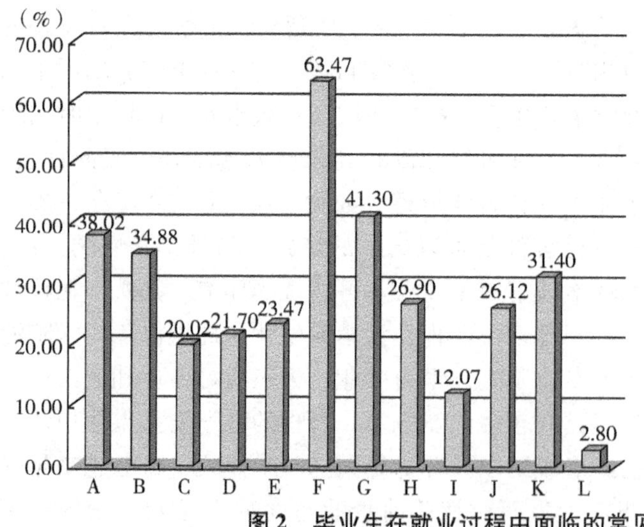

图2 毕业生在就业过程中面临的常见问题

面试是目前招聘和应聘最常用的方式之一，面试的成功可以看作是进入单位的一块敲门砖。调查结果显示，毕业生在经历了求职过程后已经认识到要想在面试过程中获得成功，一个复合型人才、具有高质量综合素质的人才是社会想要的。但毕业生在面试前的准备是不够的，高校必须一如既往地重视学生综合素质的培养，并且更要重视学生的职业生涯规划教育，面试的指导是不可忽视的重要部分。另外，面试过程中毕业生反映遇到最多的问题有本人的择业不确定性、单位对应届毕业生的高门槛、社会的就业信息不全面等，这些都是摆在应届毕业生求职道路上的问题。因此，高校要高度重视就业势在必行，帮助学生树立职业生涯规划观念，加大求职就业技巧教育，加强与社会企事业单位联系，为学生提供实习机会，采取形式多样的方式加大与外界的信息交换量，从各个方面为学生的就业提供更多的服务。

三、到基层就业的调查分析

目前国家大力倡导大学生到基层就业，这个重要的就业途径已成为社会和家长关注的热点问题。本调查就高校毕业生到基层就业的几个问题做出统计。在调查中有54.21%的毕业生愿意到基层工作；对于“三支一扶”（即支农、支医、支教和扶贫）优惠政策比较了解的毕业生占到78.18%，有21.82%的毕业生不了解；选择到基层就业的最主要原因按顺序排列为到基层就业优惠政策多（36.22%）、大城市就业压力大（28.26%）、自愿服务基层（20.8%）、其他原因（14.72%）；不选择到基层就业的最主要原因按顺序排列为基层生活条件和待遇差（37.52%）、基层工作条件差（23.97%）、家人不支持（23.1%）、其他（15.41%）；对于到基层服务的年限、选择1~2年的毕业生占到68.1%，选择如果合适可以留下来的毕业生仅占到8.8%。

当前在就业竞争日益激烈、就业压力越来越大的情况下，基层就业将成为高校毕业生就业的重要渠道之一。针对问卷调查的结果我们不难看到：①毕业生在了解诸多优惠政策的基础上，对于到基层就业的认同感较高。自国家2005年下发了《关于引导和鼓励高校毕业生面向基层就业的意见》，并出台一系列引导和鼓励大学生到基层就业的优惠政策，在社会和校园的积极宣传和倡导下，毕业生已认识到，到基层就业有利于自身的健康成长，有利于城乡经济的协调发展，有利于构建社会主义和谐社会和巩固党的执政地位。②到基层就业的动机有待端正，顾虑、障碍有待消除。调查显示，仅有20.8%的毕业生自愿服务基层，愿意无私奉献回报社会，而更多的毕业生是被诸多国家出台的优惠政策吸引和为逃避大城市的就业压力；相反，不选择服务基层的原因更多的是工作、生活的待遇条件差以及家人的反对，后续顾虑和障碍多。真正想扎根基层的比率也较低，选择 1～2 年的服务期限的占绝大多数。因此，作为高校就业指导人员，在日常工作中要充分利用多种途径大力宣传，提供大量的咨询和服务，形成引导和鼓励学生面向基层就业的长效机制，使广大学生了解面向基层就业的意义和国家相应的优惠政策，转变对基层就业的观念，合理调整自己的就业期望，增强大学生投身基层、干事创业的主动性和责任感，同时要在服务上狠下功夫，全力为选择基层就业的学生提供周到快捷的服务，以解除其后顾之忧。

笔者仅就以上三方面进行了调查，对结果进行简单分析。由于受到一些因素的限制，调查只限于经济学院的学生，但能从一定程度上反映出毕业生的思想、观念、行为等特点，希望能给今后的工作提供可参考的依据。

（本文摘自：《未来与发展》2011 年第 1 期　作者：郭绍华　尹逊涛　王宏伟）

烟台市劳动关系状况研究

当前在我国市场经济进一步完善的大环境下，企业的劳动关系发生了很大变化。劳动关系和谐程度，关系到越来越多劳动者的切身利益，以及企业竞争力的强弱，同时更是衡量社会是否和谐的重要标准。在2011年8月举行的全国构建和谐劳动关系先进表彰暨经验交流会上，习近平同志强调，“构建和谐劳动关系是解决社会现实中存在劳资纠纷问题的需要”。在企业微观层面的个体劳动争议中，企业中劳动者的维权意识和维权能力、劳动争议的调解机制以及人力资源管理措施等都将直接影响劳动争议的发展态势，如何利用好这些因素是目前企业构建和谐劳动关系的重要课题。由此可见，只有构建更加和谐的劳动关系，维护好广大劳动者的经济、政治、文化、社会权益，才能最大程度调动广大劳动者的积极性，进一步激发工作热情，推动经济社会健康有序快速发展。

目前，烟台地区劳动关系在总体上相对稳定，但由于劳动关系构成和运作机制的不规范，劳资矛盾和劳资冲突等情况也时有发生。劳资矛盾的产生，主要是在劳资力量对比极端不平衡的状态下，劳工权利得不到有效的保障而引发的。随着改革的不断深入，近年来，烟台市产业结构的优化调整和职工民主法制意识的逐渐增强，使劳动关系发生了复杂而深刻的变化。特别是劳动合同法和劳动仲裁法的实施，在有效维护劳动者权益的同时，也导致了劳动争议的问题持续增加，因此，如何构建稳定和谐的劳动关系是烟台地区进一步改革发展的重要环节。

一、烟台市劳动关系现状

近年来，烟台市十分注重构建和谐劳动关系，大力实施劳动合同和集体合同制度，落实最低工资保障制度，积极推行工资集体协商，强化劳动保障监察和劳动人事争议调解仲裁工作，实现了烟台市劳动关系总体和谐稳定的局面。在实践中，烟台市主要推出了以下三项措施：

（1）围绕建立和谐劳动关系，大力推行工资集体协商制度。2005 年，烟台市开始选取全市 4 ~ 5 家所有制性质不同的企业开展试点，建立工资集体协商制度。作为试点之一的斗山机械曾因历史遗留问题，劳资双方矛盾尖锐。在推行工资集体协商制度，签订工资集体协议后，有效缓解了紧张的劳资关系，劳资纠纷数量大幅度降低。以烟台交运集团、龙矿集团等企业为例，在工资集体协商中，政策向一线职工倾斜，连续三年职工工资收入以每年 14% 的速度增长。2006 年，烟台提出了“建立以开展平等协商工作为主要形式的市场工资决定机制”；2009 年又在《“劳动关系和谐企业”创建活动三年工作规划》中明确要求，全市各类企业三年内要普遍建立工资集体协商和集体合同制度。烟台市明确要求，从 2011 年底到 2013 年底，全市建会企业工资集体协商制度建制率要分别达到 70% 以上、75% 以上及 85% 以上，实现“三级跳”。由此看来，工资集体协商是保障职工劳动经济权益的必然选择，是化解劳动关系矛盾、建设和谐社会的现实需要。烟台市正是由于大力推进工资集体协商制度、充分发挥工会在工资集体协商制度中的主导作用，才有力促进了企业发展，维护了职工合法权益。截至 2011 年 6 月，烟台市建会企业已签订工资集体协议共计 9650 家，签订区域性、行业性工资集体协议 260 份，覆盖 2160 多家企业。

（2）完善劳动关系协调机制，注重矛盾纠纷的预警建设。为进一步完善劳动关系协调机制，烟台市在进行深入调研的基础上，借鉴外地先进工作经验，创新劳资纠纷调处模式，在各镇街规模以上企业建立了劳资纠纷调解办公室、企业劳资纠纷调解中心，逐步形成了区级调解、镇街调解、企业调解的“三级”大调解的网络化格局，实现了调处纠纷简易化、效率化，多角度、多渠道监测并及时化解了劳资纠纷，打造便民、利民绿色通道。此外，烟台市还不断完善预警工作机制，以劳动人事争议仲裁院为中心，以咨询热线服务为沟通平台，以法院、工会、信访、劳动监察、法律援助、基层调解组织等部门为信息反馈单位，形成了横向倒边、纵向到底的信息反馈网络。仲裁院与各信息反馈单位建立沟通联系制度，互通信息，及时预警，一旦获取劳资纠纷不稳定苗头，第一时间将信息反馈仲裁院。仲裁机构迅速进行评估，以应急预案为基础，针对情况的不同制定相应的处置方案，将不稳定隐患消灭在萌芽状态，避免劳资矛盾扩大化。

（3）以劳动用工专项执法检查督导劳动合同的执行。2008 年《劳动合同法》颁布以后，保证得到切实有效的实施，烟台市劳动监察局牵头联合人力资源和社会保障局、工会、公安局等部门成立了联合检查组，以常态化的劳动用工专项执法检查活动来督导《劳动合同法》的施行情况。检查人员深入用工一线，现场纠正用人单位的违法行为，形成台账记录在案，对存在违法用工问题较突出的单位实行黄牌警告，督促整改，对仍不整改且问题严重的，相关部门依法采取措施，该处罚的处罚，该停业的停业，绝不迁就。同时把执法检查与法律宣传、政策咨询服务相结合，指导企业开展工资指导线实施方案、工资分配制度、执行最低工资标准情况报送备案工作，现场解答企业和职工提出的劳动和社会保险方面的问题，推动企业规范劳动用工管理和劳动者学法用法。

二、存在的问题及原因

据调研显示，在当前经济社会发展过程中，不同所有制、不同行业劳动关系具有各自的特点，且差异明显。事业单位职工的收入、社会保障、劳动关系状况要好于非公有制企业，职代会作用发挥的效果好于非公有制企业，维权机制、福利待遇好于非公有制企业。

（1）部分企业劳动合同签订率低，用工不规范，劳动合同短期化等现象严重。总体看来，烟台市国有企业和大中型民营企业在劳动合同履行方面情况较好，而相当一部分小型民营企业劳动合同履行状况一般甚至较差，劳动合同签订率低，有的甚至没有订立劳动合同。根据本次对一线员工的抽样调查，有将近 40% 的劳动者并没有签订劳动合同，并且近 40% 的劳动合同是在未经过协商的情况下用人单位单方面签订的，违背自愿、协商一致的原则；有 20% 的劳动合同是由口头订立或者由他人代签，而本人并不明确合同内容，这两种方式都是违反法律规定的。

目前，烟台市企业与劳动者签订的劳动合同的期限多数为 1～3 年的短期合同，直接签订长期和无固定期限的劳动合同的情况不多，呈现劳动合同期限短期化、无固定期限合同签订率低下的趋势。造成这种问题的主要原因，一是部分企业认为无固定期限合同的设定会限制企业的用工自主权，阻碍企业的发展，削弱企业的活力与创新能力；二是有些劳动者还认为，规定了劳动合同期限会不自由，难以“跳槽”，不愿与用工单位及时签订劳动合同。

（2）工资收入分配两极分化现象较为突出。工资报酬是连接劳动者与用人单位的重要纽带，也是劳动关系的实质。经笔者调查，烟台市月工资在1000～1499元的人员比重最高，为36.5%；1500～1999元的占30.8%；而月平均工资在3000元以上的仅占8.6%。此项调查是在烟台市区中的芝罘区、莱山区、开发区进行的，这三个区的最低工资为1100元。由此可见，烟台市一线工人的工资水平仅是刚刚达到最低工资标准，收入分配两极分化现象突出。就工资整体水平来看，一线工人的工作量最大，却换不来较高的工作报酬，而且还需牺牲大量的节假日休息时间，劳动状况得不到保障。特别是在当前工资收入总体上升的情况下，不同社会阶层获得的收益却形成了巨大的反差。从企业内部看，普通职工的年工资收入与企业平均年工资收入相比，有着相当大的差距。企业内部分配差距的两极是经营者和普通职工，经营者拿高额年薪和各种工资外收入，而职工仅有基本工资，由此可见企业内部收入水平相差悬殊。这种收入差距大的情况在相当多的企业里都不同程度地存在，并且大多数是缺乏科学评估，这样一来必然会导致企业基层员工的强烈不满。更为严重的是，在企业极力压低工人工资的同时，许多企业特别是非公企业，拖欠职工工资问题十分严重。若由此引起的矛盾长期积累，一旦“发酵膨胀”，对于社会的稳定将是巨大的隐患。

（3）工会维权缺乏有力保障，加剧劳资地位不平等。经济资源上的差异使职工在市场化的劳动关系中处于弱势，工会理应成为其中平衡双方力量的重要因素。但在法律层面和实践层面上，却对工会组织的制约监督权利缺乏明确的保障，企业工会干部维权受到威胁和打击，致使工会维权力度软弱，在职工心中声望不高，进一步导致普通劳动者在劳动关系和社会上几乎没有什么经济政治的话语权，劳资双方力量严重失衡。本次调研发现，虽然有26.5%的被调查者认为工会在维护职工合法权益方面有重要作用，有38.5%的被调查者认为工会在维护职工合法权益方面有一定作用，但仍有23.1%的人认为作用不大甚至没有作用。

三、政策建议

（1）要加强劳动法律、法规方面的宣传和教育，增强法制观念，营造构建和谐劳动关系的法制环境。一是要加大对劳动者关于《劳动法》、《劳动合同法》、《集体合同规定》、《社会保险法》等法律、法规的宣传力度，增强职工法律意识，形成良好的舆论环境；二是对于企业经营者、人社局、总工会、经济局等来说，要联合力量，加强教育培训，提高企业依法管理的水平，认真执行劳动合同法，提高合同签订率和监督执行力，使良好的法制观念真正成为构建和谐劳动关系的基础。

（2）要积极推进工资集体协商工作的开展，提高工资协商的层次和水平。工资集体协商理想的效果首先就是能够稳步提高最低工资标准，然后逐步建立企业工资支付保障机制和工资正常增长机制。对生产经营状况较好企业，应积极引导企业科学合理地增长职工的工资收入。对生产经营状况一般、经济效益下降的企业，应尽量保证企业职工工资与往年持平不下降。对生产经营亏损的企业，则应要求企业重点保障最低工资标准、职工基本劳动报酬以及待岗、放长假期间的工资待遇，企业在生产效益恢复时，应及时进行二次或多次协商。要积极推进区域性、行业性的工资集体协商，积极探索多形式、多层次的工资集体协商模式。

（3）增强工会的自主性，积极发挥工会在构建和谐劳动关系中的重要作用。各级工会要认真履行职能，进一步扩大覆盖面，在提高企业建会率的同时更要注重企业工会的实际作用力。职工的权益保障与劳动关系的和谐运行息息相关，维护保障职工群众的根本利益亦是构建和谐劳动关系的本质要求，因此要充分发挥工会维护职工合法权益的作用，强化维权机制，切实保障广大职工的合法权益。对具备一定规模的企业，要进一步健全完善职工代表大会制度，提高职工参与的主动性。此外，在行业相对比较集中的一些地区，可以建立行业类工会组织，以便更好地维护同行业职工的共同利益。

（本文摘自：《商场现代化》2012 年下旬刊　作者：秦敏　朱亚男）

山东省农村生活质量报告实证研究

山东省农村经济发展缓慢、农民生活消费动力不足、与城镇居民的消费水平差距太大以及农民消费结构不合理、生存性水平的消费比重比较大等问题亟待解决，有必要对山东省各市农民的收支情况及影响因素进行考察并做比较研究，以期发现特点和规律。

一、实证分析

本文采用主成分分析和因子分析方法对山东省农村居民的收支情况进行分析。主成分分析是利用降维的思想，在损失很少信息的前提下把多个指标转化为几个综合指标的多元统计方法。

1. 收入情况分析

取定 n 个样本，每个样本观测 p 项指标，定义 4 个变量：工资性纯收入 (x_1)、家庭经营纯收入 (x_2)、财产性纯收入 (x_3)、转移性纯收入 (x_4)，得到原始数据矩阵，如表 1 所示。

表 1　原始数据矩阵 X

地区	工资性纯收入 (x_1)	家庭经营纯收入 (x_2)	财产性纯收入 (x_3)	转移性纯收入 (x_4)
济南市	2160.03	2912.70	249.78	157.48
青岛市	2783.07	3406.12	191.61	165.08
淄博市	3138.35	2175.90	195.56	130.73
枣庄市	1741.20	2608.10	154.82	183.19
东营市	1507.33	3391.65	174.62	83.54
烟台市	2420.34	3148.51	248.58	255.05

续表

地区	工资性纯收入（x_1）	家庭经营纯收入（x_2）	财产性纯收入（x_3）	转移性纯收入（x_4）
潍坊市	2211.86	2990.72	226.18	79.04
济宁市	1845.56	2506.40	143.38	95.43
泰安市	2323.57	2127.32	58.87	132.04
威海市	3275.96	3152.28	241.96	171.40
日照市	1613.00	2797.57	114.01	120.51
莱芜市	1632.24	3226.22	236.77	105.29
临沂市	1582.19	2337.34	80.47	83.40
德州市	1618.84	2484.57	95.51	80.48
聊城市	1373.07	2408.74	93.74	72.18
滨州市	1472.50	2613.53	163.48	120.97
菏泽市	1261.68	2078.38	52.48	87.71

资料来源：山东统计年鉴。

表 2 中相关系数矩阵的得出是通过 SPSS 软件完成的。

表 2　相关系数矩阵

		工资收入	家庭收入	财产收入	转移收入
Correlation	工资收入	1000	240	545	553
	家庭收入	240	1000	740	345
	财产收入	545	740	1000	523
	转移收入	553	345	523	1000

由表 2 可知，工资性纯收入与财产性纯收入、转移性纯收入存在着显著的关系。家庭经营收入与工资性收入相关性较小，说明农村有部分居民的收入在来自于工资性收入的同时，一般就不会存在家庭经营收入。

表 3　初始因子载荷矩阵

	Component
	1
工资收入	0.733
家庭收入	0.744
财产收入	0.905
转移收入	0.762

表 3 为初始因子载荷矩阵，用此数据可得到特征向量 A，如表 4 所示：

表 4　特征向量 A

特征值 B	特征向量 A
0.733	0.4646
0.744	0.4751
0.905	0.5735
0.762	0.4829

利用特征向量 A，可以得出主成分表达式，即：

$F=0.4646ZX_1+0.4715ZX_2+0.5735ZX_3+0.4829ZX_4$

利用 SPSS 软件对数据进行处理，得到主成分得分 y，从而得出各城市的主成分得分排名，如表 5 所示，收入占优势的城市有烟台、威海、青岛、济南，这几个城市一般都是沿海城市和省会及其附近的城市。而有些城市的得分比较低，如菏泽、聊城、临沂、德州、泰安，此处的农民收入比较低，由此体现了农村居民生活的非均衡。值得注意的是，各个城市的主成分得分都不是很高，说明山东省农村居民的收入还有待提高。

表 5　主成分得分

	Fac1-1	y		Fac1-1	y
烟台市	1.77451	2.8	济南市	0.88522	1.4
威海市	1.62813	2.57	莱芜市	0.44937	0.71
青岛市	1.25666	1.98	淄博市	0.39707	0.63

续表

	Facl-1	y		Facl-1	y
潍坊市	0.34634	0.55	泰安市	-0.74628	-1.18
枣庄市	0.13267	0.21	德州市	-0.96876	-1.53
东营市	0.03469	0.05	临沂市	-1.14819	-1.81
滨州市	-0.33572	-0.53	聊城市	-1.19941	-1.89
日照市	-0.40977	-0.65	菏泽市	-1.59982	-2.52
济宁市	-0.49671	-0.78			

2. 支出情况分析

下面对山东省农村居民的消费情况进行分析，以便与收入对比。

取定 n 个样本，每个样本观测 p 项指标，得到原始数据矩阵，如表 6 所示：

表 6　原始数据矩阵

地区	食品消费支出（y_2）	衣着消费支出（y_3）	居住消费支出（y_4）	家庭设备、用品消费支出（y_5）	交通和通信消费支出（y_6）	文化教育、娱乐消费支出（y_7）	医疗保健消费支出（y_8）	其他商品和服务消费支出（y_9）
济南市	1199.81	198.35	655.85	206.67	420.84	431.27	252.92	49.56
青岛市	1540.02	396.71	730.86	236.23	482.50	512.29	217.92	86.85
淄博市	1297.70	301.84	561.59	212.64	411.37	594.17	310.29	62.06
枣庄市	1152.44	229.19	418.70	185.58	360.13	307.46	187.10	67.89
东营市	1112.23	216.73	740.94	217.31	497.40	450.65	238.90	32.85
烟台市	1273.91	273.22	453.68	177.57	382.36	465.38	317.74	58.59
潍坊市	1246.56	258.86	749.76	193.74	415.54	423.77	197.65	78.59
济宁市	1071.46	159.65	478.35	156.72	338.56	402.86	167.10	46.56
泰安市	1113.22	171.82	387.61	225.32	299.74	349.60	112.61	23.16
威海市	1450.54	387.34	588.63	186.32	397.22	614.50	302.35	77.77
日照市	1038.13	233.16	380.39	140.79	314.98	387.42	111.91	23.00
莱芜市	1206.65	160.91	455.20	168.31	385.51	539.04	188.52	35.97
临沂市	963.23	155.81	421.83	118.98	307.19	336.52	112.85	39.76

续表

地区	食品消费支出（y_2）	衣着消费支出（y_3）	居住消费支出（y_4）	家庭设备、用品消费支出（y_5）	交通和通信消费支出（y_6）	文化教育、娱乐消费支出（y_7）	医疗保健消费支出（y_8）	其他商品和服务消费支出（y_9）
德州市	753. 22	104. 74	327. 15	152. 43	232. 62	200. 96	82. 75	22. 51
聊城市	911. 75	156. 20	452. 54	116. 29	311. 97	274. 67	130. 61	37. 78
滨州市	916. 89	150. 41	768. 93	132. 65	364. 59	343. 55	246. 07	45. 46
菏泽市	954. 04	128. 20	240. 87	79. 55	242. 71	338. 31	131. 54	39. 65

利用对收入情况分析的方法，可得到主成分得分，如表 7 所示：

表 7　主成分得分

	Facl-1	y		Facl-1	y
青岛市	1. 76649	4. 17	滨州市	-0. 224	-0. 53
威海市	1. 46191	3. 45	济宁市	-0. 36382	-0. 86
淄博市	1. 14181	2. 69	泰安市	-0. 59871	-1. 41
潍坊市	0. 78357	1. 85	日照市	-0. 72897	-1. 72
东营市	0. 63313	1. 49	临沂市	-0. 93629	-2. 21
烟台市	0. 62558	1. 48	聊城市	-1. 014	-2. 39
济南市	0. 5216	1. 23	菏泽市	-1. 36529	-3. 22
莱芜市	0. 02286	0. 05	德州市	-1. 7083	-4. 03
枣庄市	-0. 01756	-0. 04			

根据主成分得分情况，青岛、威海、淄博、潍坊几个城市的消费排在前列，与收入方面基本形成正比。但有的城市收入比较低但消费却不落后，潍坊就是一例，而有的城市收入水平很高而消费水平比较低，如烟台。其他收入水平较低的城市其消费主成分得分也很低，这些城市的收入和消费水平都需要提高。

二、结论及政策导向

山东省东部沿海地区农村居民的收入、消费水平较好，沿海地区有着优良的地理优势，各地政府应有效利用各地的资源优势，提高农民工作的积极性，以此来发展农村经济。

对于具体城市出现的具体问题应进行有效的解决。潍坊应抓紧其农村居民发展自身经济的积极性。省会及其附近的城市中的农村居民也在城镇发展的带动下得到了发展，农村居民应利用城镇经济优势和地区优势发展自身经济，提高自身的生活质量。

山东其他不发达的地区大部分都在山东西部地区，这些地区的农村居民生活都还比较落后，主要是由于这些地区的城市发展缓慢，无法有效带动农村的发展。与中国实行西部大开发一样，山东省也应该在发展东部经济的同时，致力于西部地区的发展。

（本文摘自：《阴山学刊：自然科学版》2012 年第 1 期　作者：代金辉）

烟台数字化社区的发展之路

随着现代网络、电子、计算机、软件以及信息等高新技术的应用，工程建筑中的数字大厦和数字社区越来越多，大部分房地产商也准备建设智能大厦和智能小区。数字化社区在国内的发展始于20世纪末，是由我国科委正式批准并启动，《首批重大科技产业工程项目——2000年小康型城乡住宅科技产业工程》是我国“九五”计划中的一项“双重项目”，着重以科技为指导，促进住宅科技与住宅建设的全面结合，要求以提高科技含量来提高住宅的功能质量。

什么是数字化社区？我国有关部门就数字化社区给出了基本的定义：利用现代先进的传感、数字信息、数字通信、计算机、多媒体以及网络等技术，完成社区内部各项数据信息的收集、处理、传输和管理，完成社区与家庭间各项机电、安防设备的智能化监控，完成社区生活和工作的安全、便捷和舒适。建设数字化社区是建设数字化城市的必由之路，要充分利用现代化的信息技术，加强服务管理质量和水平，加强数字化社区建设已经成为社区服务体系建立的必然趋势。

笔者走访了烟台市几个新建高档住宅小区，如天合城、南山世纪华府等，目前烟台市数字化社区的应用还不是很普遍，大部分房地产开发商仅从片面的认识上简单地实现了部分的智能化功能，如保安监控系统、可视对讲系统、停车场管理系统、社区物业管理系统等，并没有真正认识到数字化社区的本质理念。

一、烟台数字化社区的应用现状

大部分小区实现了以下功能：

（1）IC卡门禁系统是指代替传统的钥匙、门卫管理，以全天候的电子警察确保社区的人、财、物的安全。

（2）安全防范系统是指闭路监控、对讲防盗、住户报警、保安巡逻管理等系统。

（3）物业管理信息系统。能实现水、电、天然气、网络等的远程抄表及网上缴费，大大方便了住户的生活。

（4）智能停车场管理系统。以非接触式 IC 卡为车辆出入停车场凭证，用计算机对车辆的收费、车位检索、保安等进行全方位智能管理的系统。

二、烟台数字化社区应用中存在的问题

（1）表远程计量系统计费问题没有与有关部门沟通好，造成多表远程计量系统的运行存在诸多的管理问题。有的采用一些价格低廉、质量差、性能不好的产品，使系统不能正常工作；有的系统误差比较大，形同摆设，没有起到远传以及集中检测的作用。

（2）标准规范的制定严重滞后。目前，我国数字社区中存在诸多系统的设计、施工和工程验收标准不够规范的问题。旧的标准规范已逐步被现代化的数字技术所淘汰，在众多的智能系统建设中，从项目设计、规划到施工都是在无标准和无规范的情形下进行的，导致设计方案不科学合理、施工的质量不合格以及工程验收不能达到标准水平。

（3）数字化社区的系统集成性差。我国信息技术不断发展，人们对住宅小区的各项要求也越来越高，数字社区还需要进一步完善的功能也越来越多。要想实现这些功能，就要结合科学、技术、系统和设备等各方面共同完成。目前，山东省烟台市内住宅小区的数字化建设基本是各种产品和子系统在拼凑；各子系统间缺乏系统集成的综合考虑，缺乏系统集成平台。只有实现住宅小区数字化各系统的集成，才能充分体现住宅小区数字化建设的整体优势，实现住宅小区高效科学智能化控制管理。

（4）重视数字社区，轻视数字社区管理。众多方案在整体规划中没有考虑到建立数字社区系统之后需要的管理人员和有关费用等问题。由于有的房地产商只是为了楼盘的促销而盲目建设，轻视对社区的管理，致使物业管理成本增大或者有关管理人员素质较低，难以很好地操作系统，造成数字化效应的极大浪费。

（5）意识不够，重视不足，当地政府的支持力度不够。当地政府有关部门对建设数字化社区不够重视，没有把数字化社区的建设提到日程上来。部分

开发商只是把数字化作为宣传和卖点，对数字化社区的认识不足。人们的开放和认知程度也亟待提高。

三、烟台市建设数字社区的建议

根据建设数字化社区存在的问题，在建设数字化社区的过程中，应采取相应的措施促进数字社区持续快速发展。

（1）从自动抄表装置的运行来看，效果不是很理想，研究开发可以采用直读表具或IC卡预付费表具。

（2）相关政府部门要按照国家信息标准的规定，坚持“科学，全面，系统，兼容及扩充”的原则，完善数字化社区系统和有关产品的技术规范，不断补充和健全数字化社区的设计、施工及监理等方面的规范，从而促进我市建设数字化社区持续、健康、有序发展。

（3）提高数字化社区的系统集成性。系统集成是实现数字化社区技术的核心和前提条件。利用系统集成，实现系统之间信息交换和共享，使住宅小区实现智能化和信息化的管理。如今，系统集成的发展把需求作为导向，把住宅住户的需求转化为系统集成的技术应用，而且系统集成的开发直接面向信息以及相关数据。单一的、封闭的、难以引入高新技术的系统已经不能满足市场的需求，只有把开放的信息网络作为基础，灵活应用信息网络技术才能够满足各方面的需求。部分投资者都利用系统集成的方式，完善住宅小区的自动化、安保以及管理信息等系统，提升了住宅小区的档次和信息化程度。

（4）建立健全数字化社区。服务水平的高低不是由设备的先进程度来决定的。素质较低的人员管理和操作数字化系统，实现不了先进的住宅小区服务。要做好员工培训，深化信息服务意识，提升信息技术操作水平，使数字化社区系统真正地为住户服务。

（5）发挥政府在研究数字化社区理论和实践中起到的作用。建设数字化社区是涉及诸多方面的一个系统工程，要把供水、供电、供暖以及IC卡相结合，形成一体化的管理模式。通过政府部门的正确引导、统筹规划、分步实施，形成统一的、规范的行业标准，有效避免建设的重复以及有关行业的技术壁垒。

四、烟台数字化社区的发展展望

（1）WebGIS 技术的应用。随着信息技术的发展，社区数字化、智能化是社区建设的基础，数字化社区理念与地理信息技术中的空间信息管理、查询和分析等功能相结合，是数字化社区管理和服务的重要支撑。通过地理信息技术的支持，建设数字社区不但使物业公司对住宅小区所处的位置、周边的环境、地下管道线路的分布等方面与有关的空间信息，可以更加深入和直观地被了解以及管理，而且为业主提供了一个科学合理的投资和一个安全、高效、舒适以及便捷的居住环境。

（2）数字社区中的“一卡通”技术。利用 IC 卡作为居民信息的载体及与系统数据接口，住户持一张 IC 卡即可实现身份认证，出入社区、车库；利用自助查询终端参与社区事务投票表决；可以作为“智能钥匙”出入楼道，打开自家的大门、房间；也可以当作钱包使用，缴纳物业费用，在小区内的健身室、服务部消费。

建设数字化社区要坚持“以人为本”的指导思想，促进住宅小区的信息化要首先解决小区住户最关心的问题以及与生活相关的一些问题，提供就业、家政、监控报警、房屋维修、水电气数据的自动采集、医疗保健、文化娱乐、网络银行、社会保障、股票交易、交通出行、高速互联网接入、社区管理视频点播、联机检索、电子邮件、远程教育等方面的服务，使社区的信息服务成为人们生活中的一个必不可少的组成部分。我们应该加强数字化社区的建设与规范，为居民提供更舒适方便的生活环境，从而推进烟台数字化城市的建设与发展。

（本文摘自：《数字技术与应用》2012 年第 11 期　作者：邢华）

第三篇　儒商文化谋略

财经院校创建特色名校的路径：新儒商精神的凸显

——以山东工商学院为例

《国家中长期教育改革和发展规划纲要（2010～2020年）》明确提出，建立高校分类体系，实行分类管理。《山东省中长期教育改革和发展规划纲要（2010～2020年）》提出，引导和促进高校合理定位，形成各自的办学理念、办学风格和办学特色。在此背景下，山东省启动实施“高校内涵提升计划”，提出要引导和促进高校合理定位，建立高校分类体系，健全分类指导、分类管理和分类评估的新机制，按应用基础人才、应用人才、技能人才3个培养方向，加强引导、加大投入，重点建设3～5所应用基础型人才培养特色名校、10～15所应用型人才培养特色名校、20所技能型人才培养特色高职高专院校，建立起山东省类别清晰、特色鲜明的高等教育体系。引导高校在不同层次、不同领域办出特色的政策取向已经明确。

随着高等教育大众化趋势深入发展，人才竞争、生源竞争、毕业生就业竞争日趋激烈，高等教育的竞争态势越来越复杂。凝聚优势、培育特色，成为高校谋求生存、发展的必然之道。山东工商学院作为一所以经济、管理学为主的财经类院校，明确提出培养“具有新儒商精神、具备新儒商素质的人才”这一目标，是立足学校实际，创建应用型人才、培养特色名校的必然选择。

一、具有新儒商精神的高素质人才的基本特征

中国的儒商文化悠久，儒商是“儒”的伦理与“商”的职业的有机结合。这里的“儒”不是狭义的“儒家”，应是传统文化的精髓，泛指中华民族的传统美德，如诚信、道义、爱心、中庸、立人、达人等。重视商业道德，不取不义之财，这是儒商最起码的标准。因此，儒商相对一般的商人应该多两项素

质：文化内蕴、社会责任。“新儒商”的“新”是与“旧”相对的，主要是“内涵新”、“时代新”、“社会新”，是在现代社会特有的价值理念、国家法律和法规等各种制度下形成的一种新文化、新理念、新思想。新儒商是具有现代管理思想水平和一定的规模经营能力、富有创新意识、有高度社会责任感，并积极地在商业活动中实现儒家价值理想、弘扬中华民族优秀传统文化的企业家。

由此可见，新儒商精神的核心是以义取利和以利济世。这里所指的新儒商精神，实际上是民心所向的一种集中优化的“理想型”群体精神的化身。南京财经大学的邱宁认为，具有新儒商精神的高素质人才具备三方面的特征：其一，道德文化修养水平较高，积极传承中华民族优秀的传统道德，同时具有先进的经营理念和方法，勇于竞争，善于竞争，拥有较高的市场驾驭能力；其二，具有崇高的爱国主义精神和强烈的社会责任感、使命感，坚持实践“利”与“义”相统一的价值观，以产业报国，通过各种方式为国分忧，为民解难；其三，克服与改变了地域性、行会性、宗法性、“无商不奸”等弊病及历史定势，善于合作，奉法守信，以德为立身之本，自强不息。笔者认为，在新时代，具有新儒商精神的高素质人才还需具备第四方面的特征，即世界眼光和国际化视野。这种人才在传承中华民族优秀传统文化的同时，兼收并蓄世界各国的优秀文化和精神内涵，用古今中外优秀的文化来辅佐自身和企业的发展。

二、培养具有新儒商精神的高素质人才的现实需求

1. 培养具有新儒商精神的高素质人才是社会健康发展的需要

近年来，“毒奶粉”、“瘦肉精”、“地沟油”等不讲商业道德、不顾环境污染、不惜以人民的健康作为代价来获取所谓最大的经济利润事件相继发生，这些恶性食品安全事件表明诚信的缺失、道德的滑坡已经到了非常严重的地步，足以引起人们的高度警醒。在这样的社会背景下，提倡新儒商精神教育是尤为必要的。

美国的企业赚钱是为“投资人赚钱”，日本的企业赚钱是“为家赚钱”，但是一些中国企业不知道为什么赚钱，为谁赚钱，也就是缺少一种“企业信仰”，这种信仰体现为道德信仰、技术信仰等。高校的根本任务是为社会培养人才，财经院校培养的主要是社会需要的财经类人才，其中相当一部分将成为商人、企业家。他们信仰的形成受诸多因素的影响，但学校培养是重要的一

环。学生在大学该培养怎样的信仰、怎样的社会责任感，这些都需要大学教育来解决。

2. 培养具有新儒商精神的高素质人才契合了山东工商学院的办学实际

（1）适应人才培养的要求。山东工商学院毕业生就业情况报告显示，近几年，80%以上的毕业生流向国有企业、三资企业和其他中小企业。将学生培养成为具有“道德水准，创新能力，文化传承，责任担当”的人才是义不容辞的责任，因此有必要在“新儒商精神和素质”的教育培养上进行积极的探索和实践。

（2）契合学校的办学理念。这一定位与山东工商学院“惟平惟准，近知近仁”的校训非常契合。“惟平惟准”取自《史记·平准书》，旨在强调办学要突出财经特色，修身务必中正平允，处世须有规矩准绳；“近知近仁”语出《中庸》，旨在强调育人要注重才能品格，求学须崇尚博学真知，践行力求博大仁德。“培养具有新儒商精神、具备新儒商素质的人才”与校训都强调培养符合工商企业要求的德才兼备的人才，二者相通相融，极为契合。同时，这一定位与山东工商学院“敬业，诚信，求是，创新”的校风也极为契合，两者都体现出了对精益求精、无私奉献、诚实守信、正直正义、崇尚科学、追求真理，勇于创造、探索新知的诉求。

（3）体现区位优势。儒家思想发源于山东，山东工商学院地处山东，是山东半岛唯一一所财经类院校，对于“培养具有新儒商精神、具备新儒商素质的人才”，具有天然的区位优势和良好的资源环境，具有“同层次中突出财经类，同类型中突出应用性”的比较优势。具有新儒商精神的高素质人才有很强的应用性，与同类大学可以实现错位发展。

（4）具备了良好的培养条件和基础。“新儒商精神”在文化方面主要提倡“古今中外优秀文化继承发扬”。山东工商学院的经典教育、传统文化大讲堂等开展了多年，商学实验中心为学生提供了“专业知识和实践经验”平台，中外合作办学项目引导学生“开阔眼界，培养国际视野”。此外，学校的诚信教育、德育工作开展得有声有色。诸多因素使得毕业生赢得了基础扎实、作风朴实、适应能力强、实践能力强的口碑。

三、培养具有新儒商精神的高素质人才的实践追求

（1）强化“新儒商精神和素质”教育。一方面，充分发挥经典教育的优

势，注重学生道德素质培养，与财经专业知识培养相得益彰。另一方面，突出道德素质教育内容，优化课程体系结构。目前山东工商学院的课程体系是一个“正金字塔”结构，底部宽大，塔顶尖细，要求基础厚实，专业要精。而进行“新儒商精神和素质”教育，课程体系应呈“倒金字塔”结构，低年级引入，高年级强化，由浅入深，不断加强商业伦理、商业道德和社会责任感教育。如大一多开展参访活动，组织学生到能体现新儒商精神的企业观摩，大二与专业结合起来，大三、大四则要与就业、创业结合起来。

（2）创新人才培养体系。具有新儒商精神的高素质人才的培养体系应该包括理论教学、实践教学和素质拓展三大体系。在理论教学上，按照“有所为有所不为”的原则，对所有理论课程进行整合，构建出完整、系统的理论教学体系。在理论课程设计过程中，要使学生具备厚实的基础理论知识和必要的人文社会科学知识。开设相应的课程，增设相关改革课程，如开设新儒商课程，完善课程体系，从课程设置源头上进行改革。在实践教学上，围绕培养目标，构建从课堂内系统的、综合性的实践课程，到课外的自助开放实验、贯穿学习全过程的专业素质拓展训练和校外实习相结合的培养体系。强化实践教学环节，完善实践教学管理体制，加强实践教学过程管理与质量监控，深化实践教学内容与方法改革。在素质拓展上，通过各种灵活多样的形式开展素质拓展训练，包括各类专业证书教育、各类专项培训，使学生从中提高素质，获得技能。此外，还可以通过各种综合性技能竞赛，各类科技、文化活动，提高学生的社交能力和团队精神。组织开展道德领域的社会实践，增强学生的社会责任感。

（3）鼓励发展应用型科学研究。一方面，鼓励教师有侧重点地从事与社会实践密切结合，跟企事业单位的科研项目、生产项目、生产实际密切结合的科研项目、成果；另一方面，鼓励教师开展现代经济理论和伦理思想研究，进行新儒商精神和素质研究，形成研究特色，为教育教学提供支撑。

（4）打造高素质的教师队伍。加强“双师型”师资队伍建设，加强与对口企业的联系，建立青年教师挂职锻炼培训基地。既要把老师向重点大学送，更要把老师往企业送。让老师跟一条线、一项流程，跟上一段时间，回来再给学生讲，然后再聘请工程师、企业家给学生上课，来带老师，互相之间取长补短，融会贯通。此外，还要加强师德建设，提升教师的素质品质；在推进人员聘任制改革的过程中，提高教师的岗位适应性和职业能力。

（5）推进产学研结合。发挥实践性教学的主导性，实现应用型人才培养

计划与行业企业的用人标准的融通对接，以合作教育为切入点，以人才培养为根本点，既有针对性地培养极具行业企业特征、极富实践能力的专业应用型人才，又更便捷地为企业提供科技服务，更充分地发挥校企各自优势，实现校企资源共享和双赢目标。同时，讲究长期规划和法制化，清晰地明确责、权、利，以保证合作的常态化和规范化。

（6）推进办学国际化。把国际交流合作融入学校的办学理念中，形成全校开展国际交流合作的大氛围，培养全校师生的世界眼光，开阔全校师生的国际化视野。对山东工商学院而言，实现东、西校区的通融，构建学校“大外事”格局，学院、学科发展要善于放到国际范围内来审视、思考、规划。吸引国外知名专家学者来校讲学或从事教学和研究，与国外高校合作开发课程和教材，鼓励教师到国外留学、进修、访学，参加国际学术会议。借鉴国外高校，尤其是国外应用型院校的成功经验，全面提高学校师资、生源、课程、管理的国际化水平。

（7）创建浓郁的新儒商精神的校园环境。结合大学生就业创业工作以及“大学生创业论坛”等活动，通过“新儒商精神和素质论坛”等创新形式，邀请具有新儒商精神的精英和优秀校友来校讲学，通过现身说法，为学生诠释“个人能力”与“责任担当”之间的内在联系，提升学生素质。通过举行征文比赛、师生大讨论、主题班会等活动，营造新儒商精神和素质的文化氛围，形成独特的校园风气。

（8）健全评价机制，加大督办力度，提高执行效率。确立目标、建立制度后，关键要有较强的执行力，这样的制度设计才有生命力。如何督促各个部门完成自己的责任和义务是学校管理的大事，事关学校改革发展的大局，必须采取有力措施加强督查督办，提高执行力。

（本文摘自：《山东工商学院学报》2011 年第 5 期　作者：刘全顺）

儒商的内涵与外延辨析

一、引言

何谓儒商？至今尚无定论。企业界和学术界主要有三种观点：①从文化知识层面界定儒商，认为儒商即是“学者经商”，是亦文亦商者，即“文人型商人”；②从道德层面界定儒商，认为儒商是具有高尚道德的商人；③从文化与道德相结合的层面界定儒商，认为儒商既是有较高文化素养的企业家，又是有较强烈的人文关怀的企业家。葛荣晋先生认为，这三种观点都对儒商的本质内涵“缺乏一个整体性的理解和掌握”，“所描绘的儒商，只是‘单面人’或‘双面人’，还不是整体的‘全面人’”。葛先生从“文”与“德”两个维度进行分析，无疑抓住了人们所理解的儒商具有的两个重要特质，却忽略了人们之所以对儒商的理解存在差异，主要是因为对儒商之“儒”的理解不同，而这种差异并不是“文”与“德”所能完全涵盖的，所以仅从这两个维度还不足以概括企业界与学术界对儒商内涵与外延的理解。

事实上，学者们对儒商的理解与界定存在多种不同的视角，既有从单一角度理解和界定的，也有从两个甚至多个角度理解和界定的；有从现实的角度，从分析改革开放以后知识分子下海经商现象以及我国社会主义市场经济伦理构建的角度理解和界定的，也有从历史的角度，从分析儒商的产生与发展特别是明清时期和20世纪二三十年代儒商融合现象的角度理解和界定的；有从“应然”的角度理解和界定的，旨在明确什么样的人才够得上儒商这一称号，也有从“实然”的角度理解和界定的，旨在说明历史上与现实中出现过什么样的儒商或哪些人是儒商；有从儒商与非儒商比较的角度理解和界定的，目的在于明确儒商所具有的质的规定性，也有从传统儒商与现代儒商或新儒商比较的角度理解和界定的，把儒商作为一个历史范畴，以确定现代儒商或新儒商与传

统儒商的共性与差异，特别是试图明确现代儒商或新儒商应有的规定性。而这些视角与目的各不相同的研究，本身又不是基于共同的立足点，学者们对儒商的理解与界定不一致也就在所难免。任何一项研究在初期阶段都会出现这种现象，但也正是有了这些从不同视角做出的不同理解和界定，为我们在更高层次上进行归纳和深化对儒商的理解提供了可能。本文的目的就在于通过对 20 世纪 90 年代以来学者们对儒商的理解和界定进行归纳和辨析，深化对儒商内涵与外延的理解，并做出更进一步的界定。由于学者们的观点差异比较大，不能一一加以辨析，仅选取了具有代表性的五种观点，即儒商即从商的知识分子、儒商是具有人文情怀的文商、儒商是奉行儒家伦理的德商、儒商是好儒的商人、儒商是怀抱经世济民理想的商人。

二、"儒商即从商的知识分子"辨析

虽然学者们都认为儒商在中国古已有之，并把 2500 多年前孔子的著名弟子子贡奉为"儒商始祖"，历史上也有"儒贾"、"贾儒"等说法，但"儒商"这一概念在文献中却很少见到。1990 年出版的《辞海》中，收有"儒将"、"儒医"等词条，但没有"儒商"。在中国知网中国学术文献网络出版总库中，以"儒商"作为主题词能够检索到的第一篇文献出现在 1992 年，而且只有 1 篇。因此可以说学术界目前使用的"儒商"概念是 20 世纪 90 年代初才出现的，最初用来描述 20 世纪 80 年代后期开始出现的知识分子下海经商现象。最早试图对"儒商"概念进行界定的文献出现在 1993 年，所界定的儒商指的就是经商的知识分子。于光远在《儒商读本·总序》中就把"经济上善于经营，而且本人就是知识分子——有相当高的文化水平和相当丰富的科学知识"的企业家称为"儒商"；而把不是知识分子，但"热心支持社会主义文化事业，而且本人也在业余从事文化学术工作，愿意同文化学术界往来、进行交流和文化学术界人一起讨论问题"的企业家称为"商儒"。施学勤明确地指出，儒商"不是专指儒家商人，而是指有文人学者修养的商人，与儒将、儒医并列"。向贤彪认为，"许多人比较接近的看法，是把那些有较高文化素养和艺术气质的经商者称为儒商"，他们比一般经商之人"多了一些温文尔雅的气质和'书卷气'"。施忠连认为，"儒商是指具有很深的文化素养，有知识分子气质的商人"。谷迎春用"知识分子分流"来描述改革开放以后出现的"儒商现象"，实际上就是把"下海经商"的知识分子称为儒商。田间草认为，"中国知识分子从学者、专家转向企业家、商人者”即为名副其实的儒商。郭栋认为“儒商是知识分子跨世纪的选择”，并认为到20世纪90年代中期，中国已经形成一个由“永远离开学界进入商界的知识分子、以兼职为主而重心在商界的知识分子以及渴望成为儒商的非知识分子商人”三个群落组成的儒商文化群落，“他们大多受过良好的教育，修养儒雅，学者风范，有过人的智慧和超凡的胆识”。把“儒商”理解和界定为“从商的知识分子”，更多的是一种历史意涵，是为了描述“知识分子下海经商”这一社会现象，从学理上进行分析并不深入。但这里的知识分子并不局限于传统意义上的具有文化素养的人，也指从事理工科工作，有较少传统意义上的文化素养的知识分子，邱胜威将他们称为“当今中国社会中新生的一代‘儒商’”，“他们一边攻关，一边经营，亦文亦商，一身而二任”。

对儒商内涵做这一理解虽是现代意义的，但并不是现代才有的，在历史上也有类似的理解，因为历史上也有与20世纪八九十年代相似的知识分子下海经商现象，只不过当时叫作“弃儒从商”。明清时期的人们对经商的知识分子有“士商”、“儒贾”、“贾儒”等多种称谓，其中“儒贾”、“贾儒”等称谓突出了“儒”的特质，而“士商”一词将“士农工商”四民中的“士”与“商”相结合，与“经商的知识分子”这一内涵应该说是很接近的。士人从商在明清时期是很普遍的现象。清代李象琨在《棣怀堂随笔》卷二中说：“吾郡之士半商人。”方志远、黄瑞卿认为，“弃儒经商者乃是江西商人的主要成分之一”。明代一些士商还在总结自己与他人行商经验的基础上编纂刊刻了一系列对于经商有实用价值的书籍，其中就有专为士商编写并以“士商”一词为名书的，如明天启六年徽州人澹漪子编的《士商要览》（又称《天下路程图引》）和程春宇编的《士商类要》等。

虽然“儒”本义也是指有文化的读书人，但自从孔子创立儒家以后，它就不再泛指一般意义上的读书人了，而有了特定的含义。这在世界范围内都是公认的。明清时期把从商的知识分子称为“士商”、“儒贾”、“贾儒”等，应当说都是可以的，因为当时的“士”都是“儒士”，都是饱读“四书五经”的儒家知识分子。但是我们现代的知识分子早已不能称之为“儒”了，如果他们一旦下海经商就可以称之为“儒商”，那全世界尤其是西方发达国家就会有很多“儒商”了。事实上，就有学者认为，不仅有“建立在儒家道德基础上的东方‘儒商’”，也有“建立在基督教文化上的西方‘儒商’”。如果真是这样，那“儒商”这一概念还有什么意义呢？所以，完全不考虑文化传统，

抛开“儒”在中国文化和人们心目中具有的特定内涵理解和界定儒商，不仅是学者，就是一般社会公众也难以认同。柯秉刚就明确指出，“如果说文化人转而从商就称之为儒商，那么文化人从事农业生产，教授、博士当镇长、书记、县长、市长，大学毕业后去当兵，到工厂当工人，就应该称之为儒农、儒官、儒兵、儒工了”。更何况学者从商不一定就是儒商，“也可以成为违法缺德的‘奸商’”。称“奸商”为“儒商”则是除“奸商”自己之外，全世界任何人尤其是华人都无法接受的。所以“从商的知识分子”还不足以对儒商做出准确的界定，内涵太少，外延太宽。儒商除了具有较高的文化素养与科技知识之外，还应当具有非儒商所不具备的其他特征。

三、“儒商是具有人文情怀的文商”辨析

持这种观点的学者认为儒商不仅要有较高的文化素养，而且还应当有比较强烈的人文情怀。“他们是商人，而究其本质却是文人”，是“实力雄厚却有着浓烈文化情怀的另一意义上的文人”。“他们可以是先儒后商再儒，亦可以是先商后儒，他们用自己的磅礴之气参与着文化、改造着文化、扶植着文化甚而是构建着文化”。刘凌认为“所谓‘儒商’，实指有教养的文化商人”，因为“儒”字不仅可以“归结为儒家学说”，“也引申、泛指文人、学者”。在儒商文化较为盛行的东南亚，亦有许多学者持这一观点。如受潘亚暾先生称赞的林健民先生，就明确指出儒商“就是学者或读书人从事商业活动之称谓”。新加坡的周颖南先生认为，“儒，指文化人，那么，文化人从商，则称儒商”。马来西亚的陈春德先生认为儒商“是指一个人既是文人，亦是商人”，也就是陈公仲先生所说的“儒商，可谓亦文亦商者，或商人从文，或文人从商”。按照潘亚暾先生的说法，东南亚持这一观点的学者基本上都是怀抱“曲线救文”理想而“弃文从商”的华文作家，“各国华文文坛领袖人物几乎全是儒商”。

按照这一观点，儒商不是仅以利润最大化为唯一目的的企业经营者，他们同时还注重和追求非经济的社会价值，尤其是道德与文化价值。那些唯利是图、眼中只认得钱的企业老板，无论多么有知识有文化，都不能称之为儒商。显然，持这种观点的学者并不认同“从商的知识分子就是儒商”的观点。在他们看来，不仅理工科出身、缺少人文底蕴的知识分子商人不能称之为儒商，就是从商的文人如果缺乏人文情怀也不能称之为儒商。这种观点倒是与“儒”的传统意义更加吻合，因为在中国古代，“儒”虽然也泛指读书人或知识分

子，但传统意义上的读书人实际上就是人文知识分子，即使像祖冲之、张衡、郦道元那样著名的科学家，也都是有深厚人文底蕴的，同时也是著名的文人。更重要的是，儒家的基本精神都是属于我们今天所说的人文精神，儒家情怀也就是人文情怀。

但是，有强烈人文情怀的文人，并不仅限于中国古代的儒家知识分子，古今中外各国都有，难道他们从商以后都可以称之为儒商吗？即使我们愿意这样称，其他国家的人也不一定愿意接受。日本著名管理学家伊藤肇在分析日本企业家时就指出："日本实业家能够各据一方，使战败后的日本经济迅速复兴，中国儒商文化的影响力，功应居首。"明确将"儒商文化"说成是中国的，体现的是中国传统文化的特质。尽管就现代而言，日本企业家在将儒家文化运用于企业经营管理方面比我们中国的企业家要普遍和成功得多，并产生过涩泽荣一这样创造性地提出了"论语+算盘"经营哲学，堪称儒商典范的著名企业家。由此可见，对儒商含义的理解和界定不能过于泛化，不能切断其与中国传统文化尤其是儒家文化的联系，完全脱离"儒"的本义，从而失去了应有的中国文化特质。潘承烈先生就指出："作为儒商，应把儒学的基本价值观念作为生产经营遵循的准则，体现儒学的真精神。"

在科学技术高度发达的当今时代，无论是对社会经济发展还是对人们的日常生活，科学技术的影响都无处不在，离开了科学技术，人们不仅将只能在传统落后的状态下停滞不前，现代生活将无从谈起，绝大多数企业恐怕也将无法生存。况且，现代社会的知识结构和人才结构，包括企业家队伍的知识结构和人才结构，与科学技术很不发达的中国传统社会也已经完全不同了，理工科出身的企业家可能要比人文学科出身的企业家还要多。在这种状况下，如果还是局限于"儒"的人文内涵，把儒商界定为从商且有强烈人文情怀的文人，从而把理工科出身的企业家都排除在现代儒商队伍之外，既不符合客观实际，也与时代的需要不相吻合。

四、"儒商是奉行儒家伦理的德商"辨析

绝大多数学者都承认，中国语言里的"儒商"是一个褒义词，是有一定道德意蕴的。但"儒商"所蕴涵的"德"并不是一般意义的"德"，而是儒家伦理中的"德"，至少也是以儒家伦理为主体的"德"。所以许多学者都主张，凡可称为儒商者都应自觉地用儒家伦理规范经营管理行为，诚信经营，以

义取利和以义制利。田亮就认为“儒商”之所以被称为“儒商”或“儒贾”，是因为“他们在经营活动过程中处处以儒家伦理规范来约束自己，以诚待人，以信接物，以义为利”，特别是以义制利。纪宝成认为我们称之为“儒商”的是“秉持儒家基本伦理观念，规范自己经商行为的文化型商人”。汤恩佳认为“儒商与一般商人最大的区别是儒商非常重视商业道德，不取不义之财”。周桂钿认为儒商“以仁义之道经商”，遵从“己欲立而立人，己欲达而达人”和“己所不欲，勿施于人”的原则，重义轻利，信誉第一，以善为宝，为善最乐。张岂之认为“诚”是儒商的人文本质，以“诚”为人生准则的企业家才是儒商。全国工商联主席经叔平先生在首届中华儒商国际论坛开幕式的讲话中提出，“儒商就是义利兼顾的商人”。潘亚暾更是明确提出，“儒商又称为德商”，他们把回报社会视为自己不可推卸的责任，“在个人生活上往往崇尚俭朴，热心于将个人财富用于希望工程、光彩事业、赈灾捐款、架桥修路等公益事业”。成中英先生则认为“儒商就是君子商人”。陈志良认为，“儒商是奉儒家仁义道德之规范来做生意的商人”。马涛认为，所谓“儒商”绝不是一般意义上的商人，而是深受儒家思想的影响，具有商业道德和文化素养的商人，具有“人本主义”的经营观念，崇尚“见利思义”的商业美德和服务社会的人生观。王贤辉则以公认的儒商始祖子贡为例，说明“中国儒商做人经商都遵循‘诚’、‘信’、‘义’、‘仁’的传统美德”。吴鸣提出“儒商要有社会责任”，成为“备受推崇的商业楷模”，就像明清时期“贾而好儒”的徽商那样：一是以义为先，重义轻利；二是重承诺，崇信誉；三是诚实经商，童叟无欺；四是货真价实，讲求质量。总之，许多学者都把“德”作为衡量儒商的标准，并提出了很高的要求。如果不考虑其“儒”的特质，他们都可以称之为“德商”，就像吴鸣说的那样，是“备受推崇的商业楷模”。

能够称之为儒商的企业家或商人毫无疑问应当具有一定的“德”，而且是以儒家伦理为主体的“德”。但同时我们也不应忘记，无论是在历史上还是在现实中，真正称得上德商的毕竟是少数，纯粹的奸商也是少数。在德商与奸商之间，还有大量既称不上德商也没有堕落成奸商的有较高文化素养、遵循商业伦理的企业家。他们不取不义之财，诚实守信，商而不奸，也愿意行善，出一点钱资助公益事业，但远没有达到重义轻利乃至愿意舍生取义的程度，所以并不乐善好施，急公好义，并且在他们身上也有许多缺点。就像吴趼人在《二十年目睹之怪现状》中塑造的“儒商”吴继之那样，不仅中过进士、当过官，是谋取正当利益的有知识、有才学的商人，而且具有诸多的儒家传统美德，个人生活态度严肃，对朋友仗义、对百姓体恤、对长辈孝敬。作为商人，他不仅有创业精神，诚实守信，而且以义行商，完全靠朋友之“义”与同族的血缘亲情维系与共同经营者的关系，相互之间连契约都不用。但他也沾染了封建官场的诸多陋习：圆滑、世故、庸俗，奉行所谓的“好人”哲学，对官场陋习采取明哲保身的态度，不愿意“独标高洁”以免被人孤立、嫉恨，坚持“只要不另外再想出新法子来舞弊，就算是个好人”的为官哲学。对于这样的商人，我们不能说他们没有奉行儒家伦理道德，更不能说他们没有商德，但是否可以称他们为德商，还很值得商榷，因为他们仅仅是不失德而已（如果按照严格儒家的观点来看，他的这种“好人”哲学恰恰是被孔子称为“德之贼”的乡愿哲学）。就是这种不失德，也可能完全出于明哲保身甚至胆小怕事，在面临两难选择需要舍财取义甚至舍生取义的时候，他们这个群体中的人会发生分化，有人会选择义与死，也有人会选择财与生，并且选择义与死的人在平时未必就比选择财与生的人更有商德。当他们做出了不同的选择以后，我们才可以说谁是德商，谁不是德商。但在这种困境没有出现时，却很难做出判断。如果我们把这一部分人全部排除在外，那历史上和现实中真正称得上是儒商的人就少之又少以至于寥寥无几了。儒商无论是作为一个社会群体还是作为一个学术概念所具有的意义就需要重新考虑了，一些学者提出的培养一大批儒商的理想，也就变得像培养一大批圣人一样不切实际了。

此外，在经济全球化和文化多元化的现代社会，企业的基本制度模式都是从西方学来的，但凡有国际业务关系的企业，都还必须遵循公认的国际贸易规则（如WTO规则），甚至需要获得国际认证，如ISO质量体系认证、环境体系认证等，这其中自然也包含许多商业伦理，但是这些伦理并不是来自儒家文化，虽然它们与儒家伦理并不冲突，但不可否认的是，其中的有些内容是儒家文化中所没有的。很显然，仅仅奉行儒家伦理对于从事国际化经营已经不够了，对于仅奉行儒家伦理的企业家我们固然还可以称其为儒商，这就是我们时代所需要、我们应当努力培养的现代儒商或新儒商吗？

五、“儒商是好儒的商人”辨析

在对儒商做历史考察时，学者们几乎都持这样的观点，认为儒商是指那些深受儒家思想影响，具有重儒倾向乃至贵儒轻商倾向，具有儒士的追求，行儒士之行，甚至努力跻身儒士之列，热心出资兴儒或捐资助儒的商人。这种观点在明清时期就已经出现，只不过按照当时的话语系统，不叫“儒商”而叫“儒贾”或“贾儒”。明代戏剧家汪道昆的《太函集》卷五十四中就有这样的记载：“余唯乡俗不儒则贾，卑议率左贾而右儒，与其为贾儒，宁为儒贾。”歙县《潭渡黄氏族谱》卷九说黄氏“虽游于贾人，实贾服而儒行”。这些被称为“儒贾”或“贾儒”的商人，无论是“先儒后贾”，由儒士转化为商人，还是“贾而好儒”，“虽为贾者，亦近士风”（《戴震集》），他们都是好儒的，在价值取向或人格追求上，都执着于儒家文化的基本精神，具有明显的重儒倾向乃至贵儒轻商倾向。所以黄敦兵认为，儒商是“业‘商’而行‘儒’，为‘富’而行‘仁’，谋‘利’而取‘义’，将求‘利’的职业活动与向‘义’的伦理追求高度统一的一种商人理想人格”。他们“或业儒而后经商，能以儒行商”；或“商而优则学，以儒益商，以商惠民”。

这种观点反映的主要是“儒商”概念的历史意涵，学者们也主要是用来指历史上特定时期的儒商。例如，朱贻庭就认为从历史上看，“儒商”主要是指明清时期出现的那些“弃儒就贾”或“商而学儒”的商人，也就是“具有儒家文化精神的传统商人”。吴长庚认为“儒商之名，始于徽商”，因徽商好儒，亦儒亦商，或先儒后商，或先商后儒，总之是商儒结合，所以才有了儒商之称。张松山明确指出“儒商这一概念大概出于宋朝以后，经历了明清和20世纪二三十年代两个发展时期”，明清时期的儒商包括“贾名而儒行者”的“儒贾”和“以儒饰贾者”的“贾儒”。

明清时期的儒商之好儒，并不仅体现在遵循儒家伦理，运用儒家文化从事管理经营。在这方面倒并没有什么特别之处，因为中国古代儒家文化本来就占统治地位，有文化的人所受的基本上都是儒家文化教育，社会伦理也主要是儒家伦理，他们遵循儒家伦理、运用儒家文化从事管理经营是自然而然的事。况且他们也不可能遵循别的伦理，更不可能对自己掌握的儒家文化弃而不用。所以他们被称为儒商，主要还不在这一点，而在于他们“好儒”：或者在人生价值取向上以儒为本，认为业儒才是人生之正途，“弃儒从商”乃不得已而为之，所以虽为商人但并不愿意放弃儒士身份，一些因少小从商未能业儒的人甚至以此为人生憾事；或者不满足于仅仅做一名成功的商人，甚至不愿意被人看成是一名商人，希望侧身儒士之列，至少也要被人看成是具有儒士风范的商人。这两方面事例在明清时期的徽商、晋商等著名商帮中都不胜枚举。所以对他们自身而言，虽“弃儒从商”，但是希望能够成为儒商（儒贾），即使少小从商成不了儒商（儒贾），也希望能够成为商儒（贾儒）。并且他们中的许多人，特别是视儒士为人格理想的那一部分人，并不希望他们的子孙步他们的后尘成为儒商或商儒，而是希望他们能够成为真正的儒士。例如，明人李维祯记陕西商人王来聘告诫其子孙说："四民之业，惟士为尊，然无成则不若农贾。"有学者甚至将历史上"儒贾"或"贾儒"的这种倾向，看成是阻碍中国资本主义发展的重要原因。所以，有学者把传统儒商理解为"儒士出身，并把儒家思想观念运用到经商活动中的商人"，显然与历史事实并不完全相符。

从道德的角度理解和界定儒商的学者，特别关注企业家或商人对义利的取舍，以此作为是否儒商的判定标准。但事实上企业家或商人的价值与行为取向，并不仅受"义利关系"的影响，还受"名利关系"的影响。重儒轻商是自汉武帝时代以后中国社会的基本意识形态，可以说深入人心。宋代以后特别是到了明清时期，随着工商业的发展，这种观念有所改变。一些著名学者已不再把儒与商对立起来，视商为末业或轻视商人，如王阳明就有"虽治生亦是讲学中事，但不可以之为首务，徒启营利之心。果能如此处调停得心体无累，虽终日买卖，不害其为圣贤"的说法。更有一些著名学者如黄宗羲甚至提出了"工商皆本"的思想，认为"工固圣王之所欲来，商又使其愿出于途者，盖皆本也"。但在一般人心目中，儒士依然是最受人尊重的，是人生之正途。商人虽然有钱，但钱并不值得尊重，人们也并不对商人肃然起敬。广为流传的"万般皆下品，唯有读书高"，就是宋元符三年（公元1100年）进士、工商业发达的宁波"神童"汪洙写的。在他的《神童诗》里，还有"满朝朱紫贵，尽是读书人"、"学乃身之宝，儒为席上珍"、"遗子满赢金，何如教一经"等说法，充分反映了当时的社会观念。所以在儒士面前，商人们总是难免有低人一等的感觉。所以许多"儒贾"与"贾儒"之"行儒"或"向儒"，并不是出于对儒家理想人格的追求，也不是因为有儒家崇尚的重义轻利等传统美德，而是为了得到一个"儒"名，为了能被人称为"儒贾"或"贾儒"。如蒲州盐商展玉泉，花数百金捐得归德商丘的一个小小驿丞，竟然把生意交给儿子，弃商入仕。临行还高兴地对儿子说："我仕矣，得间或视而。"俨然有鲤鱼跃龙门的感觉。山西代州商人杨近泉"独喜与士人游，江淮数千里间，皆籍重翁名，无敢以贾目翁矣"（张正明，1989）。对这类"儒贾"或"贾儒"，当时的人们就有"儒为名高，贾为厚利"的评价，应该说是比较客观的。吴长公甚至说："儒者直孜孜为名高，名亦利也。籍令承亲之志，无庸显亲扬名，利亦名也。"为儒为商都是出于对名利的追求，这真是像司马迁说的那样："天下熙熙，皆为利来；天下壤壤，皆为利往。"

这些出于对名利的追求而“行儒”或“向儒”的“儒贾”与“贾儒”，显然称不上是“德商”，尽管他们也遵循儒家伦理。有的学者认为他们中的“贾而好儒”者甚至也称不上儒商，如成中英就认为明清之际那些“于从商致富之后，附庸儒者的风雅，热衷琴棋诗画，甚至与儒者唱和诗词”的传统商人，最多也只能算是“只重形式或徒具形式”的儒商。但是这些从商致富之后附庸儒者风雅的传统商人，其行为未必就与儒家的社会伦理与经济伦理相悖。说他们都算不上“儒商”，无论从历史事实上，还是从学理上，都是说不过去的。因为这些已被传统儒家社会称为“儒贾”或“贾儒”的商人，不仅具有较高的儒家文化修养，奉行儒家伦理，运用儒家文化从事管理经营，而且还实实在在地行儒者之行，至少也学儒者之行。《中庸》就说：“或生而知之，或学而知之，或困而知之，及其知之，一也；或安而行之，或利而行之，或勉强而行之，及其成功，一也。”这些“只重形式或徒具形式”的“儒贾”或“贾儒”之“行儒”或“学儒”，虽然远远没有内圣真儒“安而行之”那样高的境界，只不过是出于名利追求所需的“利而行之”甚至“勉强而行之”者，但作为儒家伦理的践行者，其行为无疑具有积极的社会意义，对传承与弘扬儒家文化，特别是在遵循价值规律、凡事讲求投入产出比、以利润最大化为目的的市场经济领域，其积极作用更是不可或缺的。况且他们无论如何也比我们现代的企业家，特别是一些几乎没有受过儒家文化教育的企业家，具有更多的“儒”的特征。作为儒商，他们无疑更加纯正。

至于历史上儒商的这种“好儒”倾向，是否应当成为现代儒商或新儒商的价值取向与行为取向，或者在多大程度上应当被现代儒商或新儒商所继承，则是需要我们认真思考的问题。因为现在已经没有了相应的社会环境，“贾”固然亦可“厚利”，但“儒”再也不可能使人“名高”了。

六、“儒商是怀抱经世济民理想的商人”辨析

儒家文化不是一般意义的知识体系，而是个人修身、齐家、治国、平天下的“内圣外王”之道。所以历史上真正的儒家都怀抱经世济民的理想，都有强烈的历史使命感和社会责任感，都有范仲淹所说的“先天下之忧而忧，后天下之乐而乐”的“古仁人之心”。一些学者或许就是基于这一点，认为儒商不仅是运用儒家文化从事经营管理的企业家，而且是怀抱经世济民理想的企业家或商人，就像怀抱实业救国理想的近代著名实业家张謇那样。潘亚暾先生就

认为，“儒商的意义超出了经济范畴，他们把社会变革的经济目标与人们寻求的人文目标合二为一，把时代精神与传统文化冶于一炉”。他们首先是品格高尚，胆、识、才、能兼具，人、文、言、行一致之士（不一定有高学历或文凭），以弘扬中华文化为己任，以义制利、见利思义、以利兴义，乐为社会做贡献，是文商结合、德才兼备的成功人士。章开沅在其所著《张謇传·自序》中讨论何谓“儒商”时说：“但如商而冠之以儒，而且又是作为正面人物类型来理解，则应具有以天下为己任的历史责任感，以诚信自律的伦理规范，以取之于民用之于民为夙愿的回馈思想，如果要求稍高一点，还应该具有较高的文化素养与优美情操，即所谓虽厕身商贾而仍不失其儒雅风度者也。”彭安玉则从三个方面概括张謇的儒商本色：经世济民，以天下为己任的儒商境界；义利并重，以诚信为根本的儒商准则；体恤民众，以回报社会为宗旨的儒商关怀。胡小伟认为：“从孔子时代起，中国儒生就像西方的清教徒一样，具有强烈的入世精神。”张謇创办实业和教育事业的当下行动，体现的正是这种“以道自任的儒家君子传统和救国救民的时代要求”，由这种传统“生发出的创业精神，是一种超越于一般营利动机之上的更高价值”。成中英先生所说的“第一种意义或第一个层次的儒商”实际上也属于这种类型，他们不仅在“特殊的经济事务上”，“服膺与实践儒家的社会伦理与经济伦理”，而且“在一般的社会事务上”也“自觉及有恒或系统地履行与表现儒家关切社会和谐、文化创造活动的精神，对于经济事务更要强调儒者重人的风范、人性的关怀与人性的生活安排以及待人处世力求公平公正之道”。苗泽华、毕园把“富民强国”看成是儒商精神的归宿点，认为儒商以“惠民而不费，藏富于民，均富于民，开发财源，节用爱民”作为经济目标。著名美籍华裔学者杜维明先生把儒商定义为“企业界的公众知识分子：他不仅是个企业家，他还关心政治，参与社会公益事业，在发展企业的同时也关心文明的进步”。

严格地讲，这种观点最符合“儒商”之“儒”的本质含义，因为只有这种意义的“儒商”才真正具备儒家的理想人格。毫无疑问，这种意义的“儒商”应当是全社会最期待的商人典范，是理想的“儒商”或者说是“儒商”的理想。经世济民是儒家理想人格的体现，如果没有这种理想和追求，就与儒家“道不同”了，又怎能同名为“儒”呢？所以，作为儒商，必须具有这样的理想和追求。但是，有这样的理想和追求，与实际达到的境界、所取得的成就，并不是一回事。正如《大学》所说的儒家人生追求是通过明明德、亲民而达到至善之境而成就圣贤人格，但是真正达到至善之境而成圣的人却少之又少，古往今来公认的圣人只有尧、舜、禹（大禹）、汤（商汤）、文（周文王）、武（周武王）、周（周公旦）、孔（孔子）八人，其余的亿万人包括孔门十哲以及子思、孟子等，都没有达到至善之境，都处在向至善之境攀登的道路上，尽管各人所处的层级有很大的不同。很显然，我们不能说这些具有儒家理想和追求但没有达到至善之境的人都不能称之为儒家。同样的道理，我们也不能说具有经世济民理想，但没有取得近代儒商典范张謇那样卓越成就的商人都算不上儒商。就像“悬壶济世”的医生，哪怕只医治了一个病人，那也是在济世。另外，具有经世济民理想和追求，与一个人的道德境界，也不是一回事。虽然经世济民的理想和追求本身就具有深刻的道德内涵，但二者并不完全等同。道德的范围与层次要宽广和丰富得多。因而在现实中，可能会出现具有经世济民理想和追求的商人在道德上并不完善甚至有明显缺陷的现象，而不是都像张謇那样，既是儒商典范，更是人世楷模。

而对“经世济民”本身，也不宜做狭隘的理解，以为只有做出一番经天纬地的事业才称得上是经世济民。事实上儒家之修身、齐家、治国、平天下理想，并不是要人人都去做国家乃至天下的统治者，因为这根本就是不可能的，也是完全没有必要的。在儒家看来，修身、齐家、治国、平天下既是崇高的理想和追求，更是每一个人做人的本分，作为家庭、国家、天下之一分子的本分，所以，儒家所要求的只是人人都要尽自己作为家庭、国家、天下之一分子的本分而已。只要人人都这样做，家就会齐、国就会治、天下就会平。只要这样做了，就是在修身、齐家、治国、平天下，而不管居于什么位置，从事什么职业与工作，贡献是大还是小。作为儒家修身、齐家、治国、平天下理想外在表现的经世济民，也应当是如此，只要怀抱这样的理想和追求，不管经营的领域是什么、事业的范围与规模如何、实际的贡献是大还是小，都可以称之为“经世济民”。

（本文摘自：《山东工商学院学报》2012 年第 5 期　作者：傅志明）

从传统文化视野看儒商形成的必然性

商贾阶层以货物转南北、通有无，于其中牟利，于国交税，于民为用，于己盈利，为多方受益之事。史上有名商贾亦屡见于史书之记载，如春秋孔门弟子端木赐（子贡）、战国陶朱公范蠡、吕不韦、明代巨商沈万三、清代巨商乔致庸等，然纵观古代，则对商贾阶层普遍评价偏低。究其原因，若仅着眼于对商贾的偏见，恐耽于皮相，尚须从文化的视野来看待这一问题，才能准确把握。

一、商贾阶层在传统社会中地位偏低的原因和历代“抑商”措施

笔者认为商贾阶层在传统社会中评价偏低的宏观原因有以下三点：

（1）传统中国社会中的统治思想为外儒内法、济之以佛道的统治思想模式。儒释道三教中，佛教、道教于人间金钱黄白之物视为身外之物，唯有儒家重视现实、关注人生。然而儒家价值体系中，自先秦儒家宗师孔子便有“君子喻于义，小人喻于利”之说，又有“不义富且贵，富贵于我如浮云”这种对富贵的超然态度，也会让士大夫阶层产生一种对富贵的偏离态度；其余如对颜回“一箪食一瓢饮”的赞美，对安贫乐道、君子固穷的认同也对传统士大夫阶层有同样的心理诱导作用。至于宋明理学更把“人欲”与“天理”置于绝对对立的地位之上，逐利思想为士大夫所不齿。法家思想与儒家思想虽一则冷峻、一则温和，然而其思想在抑制商贾方面则有惊人的统一性。韩非子对商贾危害宗法和专制体制的批判也相当严厉。如韩非子在《五蠹》中说：“夫明王治国之政，使其商工游食之民少而名卑，以寡趣本务而趋末作。今世近习之请行，则官爵可买；官爵可买，则商工不卑也矣。奸财货贾得用于市，则商贾不少矣。聚敛倍农而致尊过耕战之士，则耿介之士寡而高价之民多矣。”对商贾阶层可能对统治秩序产生的危害分析得很透彻。这样传统文化中道德意义上

对商贾评判已先入为主。此为商贾于传统文化中地位偏低的文化原因。

（2）古代中国传统社会以宗法制为其政治基础。宗法制以血缘为纽带，国家如此、士大夫封地如此、百姓小民家庭亦如此。在这样设计出来的社会制度中，商贾游离于故土，在转运贩卖中谋取大量的金钱，他们用金钱享受到本来不应该属于他们这个阶层享受的物质生活、享受其他阶层民众的崇拜、收买官吏为其服务等，这样会逐渐让社会的统治秩序发生变化，必然使得统治阶层产生危机感。故而统治阶层竭力削弱其势力，采取一系列“抑商”政策。古代“抑商”政策大概可以分为两类，按照司马迁在《史记·平准书》中所记载的就是“困辱之”。所谓“困”就是减少商人的收入来源，所谓“辱”是降低商人的社会地位。减少商人收入来源政策的方式之一为国家垄断经营，以擅山海之富。此类政策之代表为汉武帝时期实行的盐铁专卖制度，此后凡有利可图之业，均可被纳入国家垄断经营，除了盐铁之外，酒、茶、瓷器、烟草等均属此类。方式之二为对商业征收重税，重惩逃税，倍征人头税。秦代商鞅变法时《商君书》云：“不农之征必多，市利之租必重。”汉代据《史记·平准书》记载：汉高祖时“重租税”；汉武帝时“算缗”、“告缗”的政策，“得民财以亿万计”。方式之三为改变币制，使货币贬值，搜刮民财，其中又以搜刮商人之才为最。《史记·平准书》中记载：“於是天子与公卿议，更钱造币以赡用，而摧浮淫并兼之徒……为皮币，直四十万。又造银锡为白金。名曰‘白选’，直三千；二曰以重差小，方之，其文马，直五百；三曰复小，撱之，其文龟，直三百。令县官销半两钱，更铸三铢钱，文如其重。更请诸郡国铸五铢钱。”王莽的币制改革天下铸五铢钱也是此意图。降低商人社会地位的方式主要有两种。其一为生活起居方面的限制。汉代高祖乃令贾人不得衣丝乘车，到了晋代规定更离奇：“侩卖者皆当着巾白贴额，题所侩卖者及姓名，一足着白履，一足着黑履。”其二为社会生活方面的限制。主要是限制其进入仕途，汉代规定商贾阶层、犯法的官吏和招赘的女婿三种人不得进入仕途，商人的子孙需几代之后才能科举。此为商贾于传统文化中地位偏低的政治原因。

（3）古代中国传统社会中以小农自然经济作为其经济基础。这种固守一地、自给自足、男耕女织的生活生产方式，除了食盐、铁器等必须购买的产品外，不需要太多的商品交换。商贾提供的各地产品最终的流向是进入封建统治的政治、经济、文化中心城市。这种附庸在国家政权统治之下牟利的方式也使得商贾的社会地位成为附庸。此为商贾于传统文化中地位偏低的经济原因。

二、商贾阶层在传统社会中存在的合理性与类型

虽然商贾阶层于传统社会中地位偏低，然而自商贾阶层这一主体而言，其存在有其合理的经济基础和必然性。自人类从狩猎阶段进入了游牧和农业社会后，社会产生了大分工。士农工商自然出现。一方水土有一方水土之特殊的自然环境，物品需相互交换，农业与手工业也需要交换，在交换过程中商贾穿梭于买卖双方之间，不可或缺。随着中国古代统治秩序的建立、城市的出现，统治阶层需要来自农村来的大量农产品、手工业产品以供其享乐，这就需要大量的商贾转运南北，甚至于西出塞外，南下大洋，远涉万里。中国古代陆上和海上两条丝绸之路虽则以中国出口之货物命名，然亦有外域产品大量输入以供国人，尤其是统治阶层使用。故而虽则商贾依附于统治阶层的消费享乐而存在，然而又是不可或缺的一个阶层。这个阶层诞生后逐渐分化为各种类型的商人，从事各种行业，笔者将商人按照其经营方式和道德水准分为如下九类：

（1）小本生意，依靠勤恳、本分和诚信，以辛苦赚取微利以养家糊口。这种商人的代表如《水浒传》中的武大郎以卖炊饼为业、《醒世恒言》中的卖油郎秦重以贩卖油为业，以及唐五代小说中屡屡出现的经营胡饼的胡商。如能有一技之长或生存有道则发展为今天依然可见的各种老字号，如同仁堂药店、全聚德烤鸭店、狗不理包子铺等。

（2）虽也依靠劳动经营致富，但略有财富即对穷苦人颐指气使、盛气凌人，更有甚者欺行霸市，欺凌弱小。前者的例子如《儒林外史》中范进的岳父胡屠夫在范进中举前的尖酸刻薄态度，后者例子如《水浒传》中《鲁提辖拳打镇关西》一章中的“镇关西”郑屠夫欺凌流落江湖、靠唱小曲度日的金氏父女的行径。

（3）将货物转运南北，以谋其利。此类相对于本地生意的商人而言，心理上苦恼尤甚，抛妻舍子、远离坟井。此类商人形象如白居易《琵琶行》中琵琶女之商夫，《喻世明言》中《杨八老越国传奇》中的杨八老。正所谓“商人重利轻别离，前月浮梁买茶去”，妻思夫，独守空床意难忘；夫念妻，漂泊异乡愁断肠。

（4）由经商而通过科举进入仕途，或因对朝廷之贡献巨大得以授官。前者如明代复古运动中“前七子”的领袖人物李梦阳、吴中四杰之首唐寅、《聊斋志异》的作者蒲松龄等。李梦阳其家世低微，其祖父由小商贾而致富。蒲

松龄其家庭环境与李梦阳相类似。唐寅家则世代为商人，唐寅为其家庭中第一个由商而入仕途之子弟。此外依靠对朝廷贡献巨大得以授官的如清代的著名红顶商人胡雪岩。此外历代衰落时期，为补朝廷财政之空虚，更有卖官鬻爵之事发生，商人得以跻身官僚阶层。

（5）依靠官府的力量谋利而发展壮大的巨商群体。这一类商人以明清时期的徽商和晋商为代表。徽商和晋商的发展，一则与其当地经商之习气、辛勤且敢于冒险有关，二则与官僚结合紧密，利用盐业与茶业或军事物资谋利甚巨。再到后来晋商资本逐渐积累，以至于出现了类似于现代银行业的票号业。至于票号之繁荣，也是因其主要业务是汇兑官银获得大量手续费而发展的。

（6）与官府腐败权力勾结在一起，权钱交易而独霸一方，坏事做尽的官商。这一类形象的典型代表是西门庆。他和知县相公过从甚密，并且又与东京杨提督结了亲家，又借这门亲事得以结交当朝权贵蔡京、李邦彦、蔡一全、宋御史等人，展开了庞大的金钱贿赂。在得到了这些政府权力的庇护后，他在清河县独霸药材市场，对蒋竹山开药店后连打带骂并加以恐吓，勾引潘金莲，害死武大郎，无恶不作，日日醉生梦死，穷奢极欲。

（7）既有精明的商业头脑，又有兼济天下之胸襟视野的商业领袖人物。这一类商贾是中国商贾中的杰出人物，是传统文化熏陶出来的商业领袖。其代表人物是春秋时期的孔子弟子端木赐（子贡）和清代晋商代表乔致庸。鲁国遭田常之乱，孔子忧之，子贡请出以救父母之邦。子贡一出，凭其卓越的口才和外交洞察力，利用各国之间的矛盾，纵横捭阖，存鲁、乱齐、破吴、强晋而霸越。乔致庸以“汇通天下”为己任，建立了一个能为官民生便利的金融体系。此二子，既有谋利致富的能力，又能为国分忧、心怀天下。

（8）有超常智慧、独到眼光的商人。这类商人以吕不韦为代表，吕不韦“投资”秦王孙异人，最终能为秦相。此类商人自吕氏后，难有如吕氏功成者。

（9）天才式全能型商人。中国传统社会中唯有一人可堪此名号——陶朱公范蠡。其人忠则能保国，助越王勾践三千铁甲一举灭吴；智以保身，免兔死狗烹、鸟尽弓藏之祸；商以致富，富甲一方，故而能成名天下。

此九类商人中既有大智慧、大胸怀之商贾，也有勤恳辛劳之商贾，既有传统文化熏陶出来的商人杰出代表，也有商人的恶劣代表。虽然在中国历代统治相对安定的“盛世”，商品经济都会有相当程度的繁荣，然而在中国传统文化中商贾的形象与“无商不奸，唯利是图”联系得更加紧密，对商贾阶层的记载多商贾之反面形象。直到明代的中后期，冯凌二氏“三言二拍”、陆人龙《型世言》等一系列市民小说的出现，才对商贾形象有正面描述，对其辛劳、诚信、精明、忠厚等品质赞扬有加，这也是文化史上第一次对商贾形象做了肯定和褒扬。

三、商贾阶层的道路选择

商贾阶层在古代社会中拥有大量金钱与无法获得相应社会地位的错位中，作为非主流的他们自然想进入传统的中国主流社会，在当时情况之下，其选择有三：①利用手中金钱广买土地，摇身而成为地主；②通过科举而为官，成为朝廷官吏；③利用其经济基础接近、贿赂官吏，与官僚联姻，甚至于以钱买官，成为社会统治阶层的附属阶层。

成为地主阶层，则变换其社会身份与牟利方式，成为了廉洁的官吏则失去了源源不断的财富，故而商贾阶层的现实黑暗“恶”的选择就是成为官商。利用手中的金钱和拥有行政权力的官僚做交易，权钱勾结。西门庆正是依靠放“官吏债”以及对大大小小的官吏贿赂、联姻等方式才能在清河县呼风唤雨的。然而这种官商勾结、权钱交易形成的罪恶之花——“西门庆”型商贾并不能刺激和发展商品经济，他们的出现对于真正商品经济的发展是有害而无益的。因为这种商贾牟利之后的利益分配很大一部分要继续贿赂官员，没有太多的资本投入到生产经营中去；另外这种“西门庆”型官商容易借助政府的权力而形成行业的垄断，使得其他商贾难以涉足其垄断的行业。

以商贾阶层作为主体而言，商贾在传统社会背景中如果不能或不想与官僚权力结合成为罪恶之花，而是想成为社会所认可的正面形象，则只有一条路，就是在道德上提高自身的素质，在追逐金钱的同时要有道德的自觉，这就是商贾阶层在中国传统文化背景下的必然选择。故而，儒商的出现是社会其他阶层对商贾逐利观的道德期盼和约束，由此意义而言，儒商的出现是中国历史和中国文化对商贾阶层“善”的选择。

由以上分析可以看出，在传统社会中“儒商”的出现实际是商贾阶层向传统道德靠拢的结果，也是传统文化正视并接纳商品经济不断发展壮大的结果，所以说儒商的出现是商贾阶层和中国历史文化相互选择的必然结果。

四、儒商的“内圣”和“外王”

商贾阶层的躯体之中一旦注入了儒家的灵魂，那么儒商便具有了与以往商人不同的内涵和形象，也不同于单纯的儒家士人形象。这样儒商的内涵就从单纯的商业形象，转化为具有儒家精神的“内圣外王”。所谓商贾阶层的“内圣外王”，是在儒家注重修炼内心精神塑造、培养浩然正气以及强大而完美人格的同时，具有以经贸、金融等商务领域内的外在的功业作为其表现。以上两点内涵的具体表现是：

（1）“内圣”方面。儒商要求商贾的眼界上有士大夫以天下为己任，先天下之忧而忧，后天下之乐而乐的精神。不仅要追逐金钱，追求个人享受和炫耀财富，而且要求商贾对社会担负更多的社会责任，心怀民众疾苦和为国家分忧；在追求金钱的手段上应该符合道德的要求，而不应该如马克思《资本论》中所言的那样，为了追逐利润不择手段、铤而走险甚至践踏人间的一切道德与法律。总之其价值观应为“义利结合”，以正义的、合乎法律和道德的手段去追逐金钱，金钱是实现社会公平正义的手段，社会的公平和正义才是金钱的目的。此外在人格修养上要求知书达礼、温文尔雅、内敛含蓄，而不是飞扬跋扈、恃强凌弱。

（2）“外王”方面。在“内圣”的指导下，获取丰厚的利润，建立商业方面可观的“功业”，建立自己的公司、企业、集团，创建某一个行业规范的制度和道德标准，培养后继的商业人才。

以上“内圣外王”的两方面内涵如果借用“立德立言立功”的标准则为：立商人之德、行业之德，创商业之制度，建商业之功勋。

在当今社会主义市场经济体制下，商品经济已经成为国民经济的支柱，商贾阶层在社会中数量剧增，和古代传统社会的情况已经大大不同了。在这个社会急剧变化的过程中，也存在许多问题亟须解决，商贾阶层普遍的道德品质和法律规范问题是亟须解决的问题之一。通过汲取传统儒家经世思想、民本主义、人文主义，以及追求完美道德、君子人格的有益营养，来解决当今商贾阶层道德缺失。这不仅是权宜之计，也是塑造未来中国商界精神领域的一个重要方法。

（本文摘自：《山东工商学院学报》2012 年第 5 期　作者：马兴波）

试析孔子义利观与新儒商商业伦理的构建

近年来，恶性食品安全事件屡见报端，一些企业不当经营、非法牟利、损害消费者利益及社会整体利益的情况更是层出不穷，足以表明整个社会尤其是商界的道德滑坡已经到了足以引起大家警醒的地步。在这样的社会背景下，培养新时代的儒商精神以规范现代商业伦理已成为现代社会亟待解决的问题。儒商，顾名思义，其精神内核来自于“儒”，是儒家思想精华与现代商业精神的融合。那么，作为儒家创始人的孔子，对新时代儒商精神的塑造，又有哪些启发呢？本文仅以义利观为核心，探索孔子思想对构建儒商商业伦理的意义，希望能对新时代儒商理念的省思与实践的探索有所裨益。

一、利益的两面性：构建新儒商商业伦理的出发点

谈到商业精神、经营伦理，势必需要谈到利益问题，因为追求财富的增值以获取利润是商业活动的重要目的。那么，自称“罕言利”、倡导“君子固穷”的孔子是否就弃绝利益呢？事实上，无论在何种社会，完全排斥个人物质利益都是不可能的。一贯崇尚民本思想，明确提出过“利民”、“惠民”主张的孔子更是如此。那么孔子是如何肯定财富、利益这两种人基本的生存需要的呢？

1. 肯定“饮食男女”为人之大欲

作为一位人道主义的圣人与先师，孔子重视人的利欲和物质财富的增值与他的人性论思想密切相关。孔子说“性相近也，习相远也”，他认为人的本性是相近的，在人最根本的需要处都是相似的。他又说“饮食男女，人之大欲存焉”，明确肯定基于人的自然生理需要的“饮食男女”之需求根于人的天性，是自然合理的。对此，徐复观先生有过中肯的评价，认为孔子从来都是以

人们的自然生命的要求居于第一的地位。由此，他主张为政者在“修己”的基础上应当做到“安人”、“安百姓”，让老百姓能够安居乐业，并高度评价“博施于民”的行为是“何事于仁，必也圣乎”。因而，我们可以看到，孔子对普通人的重视与关爱就表现在对人的基本生存需要这种物质利益的关心，因为，对物质资料的需求，是人所共有的，是由其本性决定的。孔子的这种思想影响深远，开启了儒家后学重视老百姓正当利益的人道主义精神。如后学孟子强调“制民之产”，荀子则将孔子名言进一步阐释为“凡人之所一同，饥而欲食，寒而欲暖，劳而欲息，好利而恶害”。而到了注重天理人欲之辩的宋明理学那里，正当的“人之大欲”便被解释为“天理”，强调“饮食者，天理也；要求美味，人欲也”，天理人欲之辨中仍然闪耀着孔子的人道主义精神。

2. 肯定追求“富与贵”对人生存发展的意义

在肯定人正常的生理欲望根于人的天性之后，孔子自然地肯定常人追求财富与地位的正当性。孔子说过，“富与贵，人之所欲也”，“贫与贱，人之所恶也”，“死亡贫苦，人之大恶存焉。故欲恶者，心之大端也”。这里所讲的富与贵，显然指的是基于物质占有欲与社会地位欲的人类生存发展的需求，是人人想得到的；而贫贱、死亡贫苦，则是人人都尽力想逃避的，普通人的人心好恶皆是如此，是人的“心之大端”。在孔子看来，普通人这种心理的倾向没有必要弃绝，而只能在适当的条件下加以肯定，从而促进个人与社会的发展。所以，孔子又说，“富而可求也，虽执鞭之士，吾亦为之”，“邦有道，贫且贱焉，耻也”，明确肯定在国家、社会良性有序的情况之下，人们求利、求发展的正当性。孔子肯定正当的“人之大欲”，并由此肯定求利、肯定物质财富的增值的思想不仅在当时具有巨大的价值，在当代依然闪烁着理性的光芒。马克思也曾指出：“大家知道，有一种心理学专门用细小的理由来解释大事情。它正确地猜测到了人们为之奋斗的一切，都同他们的利益有关……”新中国成立后的几十年，我们也曾批判“物质刺激”，要废除“资产阶级法权”，历史已经证明，那只能阻碍生产力的发展，阻碍老百姓幸福生活的实现。

3. 片面逐利带来的问题

可以说，利益驱动的确是人类社会进步的杠杆，这已经被历史与现实所证明。但反过来，我们应看到，利益驱动是一把“双刃剑”，它具有正面的效应，即激励发挥个人的积极性，提高效率，推动生产力发展；同时我们还应看到它的负面效应，即片面追求物质利益而带来的侵犯他人合法权益的行为，以及私欲过分膨胀带来的心理失衡、人性的扭曲和异化、人格的分裂和堕落等。马克思说："利益就其本性来说是盲目的、无止境的、片面的，一句话，它具有不法的本能。"其实，我们的先贤孔子早就看到了不加限制的利益追求所带来的问题，他说："放于利而行，多怨。"这种因为某些人的过分逐利而造成的"多怨"现象，同样在我国改革开放之后的几十年得到了印证。曾经我们为了发展市场经济，一度忽视了精神文明与良好的市场秩序的建设，造成了某些不法企业唯利是图、危害消费者及国家利益的现象。为了遏制商界的道德滑坡，拯救面临崩溃边缘的商业伦理，我们仍可以从孔子的义利思想中寻找资源。对此，孔子为我们提供的思路就是"以义制利"，把作为社会伦理范畴的"义"与单纯经济行为的"利"结合起来，以义来规范引导我们的商业行为。

二、以义制利：构建新儒商商业伦理的途径

孔子主张"以义制利"，这就将人们对物质利益的追求纳入到伦理规范中来，从而使经济活动接受伦理规范的制约。对此，孔子的具体说法就是"君子义以为上"，"义以为质"，对利要"义而后取"。因为，在孔子看来见利思义，先义而后利，才能不损人利己，使财富的获取及使用受到合理的引导，走上正确的轨道。孔子的如上思想都成为当今构建儒商商业伦理的重要理论来源。

1. "义以为上"：儒商修养的至高境界

关于"义"字，《中庸》解释为"义者，宜也"，所以，"义"一直被儒家看作人类社会活动与人际关系中应当遵守的最高原则和应当追求的价值标准。正因为它是一种指引个体与社会群体的一种最高价值标准，所以孔子说君子"义以为上"，不仅以"义"作为思考问题的出发点，并以"义"作为评判人们言论、行为是非的标准。孔子说："君子义以为质，礼以行之，孙以出之，信以成之。"君子应自觉地把"义"作为内在的道德准则，并通过外在的语言、行为表达出来。人一旦背离"义"这一准则，而以人的私利为中心，考虑问题必然会"患得患失"，甚至"苟患失之，无所不至矣"，正是在此意义上，孔子讲"君子喻于义，小人喻于利"，"义以为上"还是"利以为上"便成为区分"君子"与"小人"的试金石。"义以为上"的观念要求有志于

成为现代新儒商的企业必须树立起一种诚信守法、以大义为重的崇高精神。经商先做人，只有如此，企业在从事经济活动时，维护市场秩序、遵守商业道德、承担社会责任才能成为一种自觉的行为，而非仅仅出于害怕惩罚而趋利避害的行为。被誉为“日本近代实业之父”、“日本近代化之父”的涩泽荣一不仅在实业方面取得了巨大成功，而且形成了自己独特的“论语加算盘”相统一的经济伦理思想。他认为，“在处世之际，一般既要立身，同时也要为社会尽力，在力所能及的范围内多做些事，谋求社会的进步。因此，为自己谋求发财、地位和子孙的繁荣等都应放在第二位，而把主要的意图放在如何为国家尽心尽力”。涩泽荣一的“论语加算盘”的理论与实践既是对孔子“义以为上”理念的继承，也为现代新儒商商业伦理的构建指明了方向。

2. 见利思义：儒商修养的具体方法

“义以为上”是孔子所提倡的理想境界，而要实现这种境界，就要从商者在日常商业活动中“以义制利”，不断地“见利思义”。对于现实中义利相悖的社会乱象，孔子看到问题的症结在于某些人“放于利而行”，对利益过分地患得患失，以致到了“无所不至”地去干不义勾当的地步，整个社会的“多怨”即因此而起。对此，孔子的解决方法就是“不义而富且贵，于我如浮云”，“义然后取，人不厌其取”，从正反两个方面去探索道义对财富的约束引导作用。获取财利，要反省是否合乎道义，在孔子看来，财富可以追求，且应当努力追求，但一定要以“义”为引导，并且“先难而后获”，获利是建立在相应付出的基础之上。孔子主张以义制利，具体的修养方法就是“见利思义”。他主张：“见利思义，见危授命，久要不忘平生之言，亦可以为成人矣。”孔子这里讲的“成人”，就是谈的培养理想人格的问题，所以要塑造儒商的精神风骨，仍然可以从孔子此语中得到启发，自觉地见利思义，经受住长久穷困的考验。孔子这些思想都成为后时代儒商精神的重要来源，对构建现代的商业伦理启发甚大。近年来，经济领域内出现的一系列问题，带给我们很多的警醒与思考。著名经济学家厉以宁提出了著名的“第三种调节”，强调重视道德与习俗对市场经济的调节作用。无独有偶，温家宝同志在英国剑桥大学“用发展的眼光看中国”的演讲中，也强调道德缺失是导致这次金融危机的一个深层次原因，同时倡导企业要承担社会责任，企业家身上要流淌着道德的血液。经济学家与政治家不约而同地强调道德建设，这正与孔子“以义制利”的思想古今辉映。正是在孔子义利观的长期影响下，在我国人民当中形成了“不发不义之财”的经济伦理观念和“勤劳致富”、“仁义经商”等行规民风。

这些民俗对于抵制不正当的谋财行为、培养良好的职业道德，乃至提高整个社会的道德水平都发生过不可估量的历史作用。在新时期，为了培养儒商精神、规范商业伦理，我们仍应当继承和发扬孔子的如上思想。

三、义利统一：构建新儒商伦理的最终目标

“义以为上”、“义以制利”、“见利思义”都主要强调了义对利的引导、制约作用，体现了义利相互矛盾的一面，但同时也透显出了义利之间具有内在的一致性，是可以在更高层次上统一的。所以，孔子在强调以义制利的同时，又提出了“义以生利”、“利以平民”的说法，以期实现义利之间的良性循环。

“义以生利”说最早是由春秋时期的大夫丕郑提出的，他说，“民之有君，以治义也。义以生利，利以丰民”，从国家政治与民生的角度谈到了义利如何统一的问题。孔子继承了丕郑的这种说法，并把它发展为“名以出信，信以守器，器以藏礼，礼以行义，义以生利，利以平民，政之大节也”，认为“义以生利”、“利以平民”是国家政治链条中不可或缺的两环。丕郑和孔子虽然都是从政治的角度谈义利的良性循环问题，但同样可以适用于当今的企业。“义以生利，利以平民”，其实正是新儒商商业伦理构建的目标。

1. 义以生利：道义是新儒商实现利益的最佳途径

作为一个经济实体，企业以利润最大化为其重要目的，这是天经地义的事情。那么，从长远看，如何才能实现企业利润的最大化呢？我们看到，一些逐利忘义的不法之徒利用一些不正当手段确实也获取了一些利益，但这种短视的行为却使得一个个企业成为异常短命的企业。素有现代儒商之称的著名实业家李嘉诚说，“企业失败半数是因为贪婪”，所以，他倡导，“我首先是一个人，然后才是一个商人”。李嘉诚的话也告诉我们，追求利润必须适度，必须合乎做人的道义，这样才能带来相应的利润。《乾卦·文言传》就讲“利物足以和义”，是说天能利益万物使万物各正其性、各得其所，而反过来，万物各得其宜、相处和谐，也就会使天更加美好，形成一种良性循环。《乾卦·文言传》所讲的这种投入（义）与产出（利）的良性循环，用到企业上，则体现在各个方面，如企业内部之间、企业竞争者之间、企业与消费者甚至整个社会之间，都是如此。所以，现代儒商作为企业的管理者，必须首先搞好企业内部之间的关系，克己自守，宽以待人，以道义凝聚人心，形成整体的合力，这样就会带动整个企业的活力，形成蒸蒸日上的局面。其次在与同行竞争者交往时，

要坚守道德底线，坚持儒家“和而不同”的竞争观，实现企业间的良性竞争，同时也给自己带来一个良性的市场秩序与社会秩序，为企业的发展争取一个良好的环境。最后也是最重要的，就是以诚信的品质面对消费者，以合理的价格、优良的产品与高质量的服务回馈消费者，因为消费者是企业的上帝，也只有如此，企业才能占据市场的制高点，获得长远的利益。这些都说明，义以生利，对现代儒商来说，不仅是理论上的应当，而且已经被无数的事实所证明。

2. *利以平民：新儒商应回报社会以实现义利的良性循环*

孔子讲“利以平民”从政治与民生的角度谈到了国家的社会责任问题，谈到了利益反馈对安顿百姓生活、维护社会和谐秩序与国家长治久安的意义。将孔子这种可贵的思想应用到现代企业，其实也就是当今全球企业界所共同呼唤的“企业社会责任”的问题。现代意义上的企业社会责任的（Corporate Social Responsibility，CSR）是指企业在创造利润、对股东承担法律责任的同时，还要承担对员工、消费者、社区和环境的责任。这就要求企业必须超越把利润作为唯一目标的传统理念，强调要在生产过程中对人的价值的关注。今天来看，西方发达国家的企业已经认识到，在创造财富、追求利润最大化的同时，企业还要承担对各方面的社会责任，包括遵守商业道德、生产安全、职业健康、保护劳动者的合法权益以及保护环境、节约资源、支持慈善事业、捐助社会公益、保护弱势群体等。

我国作为一个重视道德并有着几千年人本主义传统的文明古国，并不缺少企业社会责任方面的文化资源，而且我们传统上的儒商也一直以“诚信经商”、“富而好礼”来承担着他们应当承担的责任。只是近年来，由于特殊的原因，我国经济领域内不断出现企业不承担社会责任的事件，矿难、劣质奶粉、苏丹红、石蜡油、三废污染、偷税漏税、拖欠工资等触目惊心的字眼频频撞击我们的眼球、震撼我们的心灵，同时也在一遍又一遍地拷问中国企业家的良心。而张海入狱、三鹿奶粉破产，牟其中、周正毅、杨斌等富豪前赴后继地落马这样的事实，也让中国的企业家警醒。在这样的情况下，企业应承担社会责任的呼吁才日益强烈。

在新形势下，我们必须结合现代企业的理念，将孔子的“利以平民”、“富而好礼”等思想进行现代转换，才能塑造出主动承担社会责任的新儒商企业家，才能构建出具有中国特色的新儒商伦理精神。

总之，孔子的义利观通过将伦理范畴与经济范畴联系起来，在中国文化史上首次自觉探索了经济伦理的问题，对我们塑造新时代的儒商精神、构建儒商商业伦理启发甚大。至于这种商业伦理如何在现实中转化为具体的、可操作的规范，做到如荀子所讲的“张而可设，起而可施行”，还需要众多有识之士的广泛探讨与参与，本文仅是抛砖引玉，以待时贤。

（本文摘自：《山东工商学院学报》2012 年第 3 期　作者：房秀丽）

论鲁商孟洛川的儒商人格结构和经营伦理

世界连锁店大王沃顿曾说："40年前我创办沃尔玛的灵感来自中国的一家老商号。100年前，这家老商号用一种能带来金钱的昆虫为商号起名，它可能是世界上最早的连锁店，它干得很好，好极了。"沃顿说的老商号即是瑞蚨祥。在现代中国，瑞蚨祥家喻户晓，分号遍布北京、上海、天津、济南、青岛、烟台、周村等地。瑞蚨祥的东家孟洛川被誉为"东方儒商"，其旗下一度拥有40余个商业连锁企业，是鲁商之翘楚。孟洛川以仁义、诚信为内核的为人、经营之道充分折射出了儒家思想，实乃儒商之典范。

一、孟洛川与瑞蚨祥

瑞蚨祥由孟洛川的父亲孟传珊于同治元年（1862年）在济南院西大街（今泉城路）路创办，孟洛川将其发展壮大。

"亚圣"孟子第55代孙孟子位、孟子伦兄弟2人于明洪武二年（1369年）自河北枣强迁居济南章丘。到孟洛川父亲孟传珊这一代，孟家已在济南、北京等地经营布匹多年。

孟洛川（1851～1939年），名继笙，字鸿升，号洛川，孟传珊的第4子，年龄最小，人称孟四，因其精明伶俐，故绰号"孟四猴子"。孟洛川少年时即表现出经商天赋，很早便参与家族的房院营建、年终结账等管理活动，18岁进商号任资东，经管庆祥、瑞生祥、瑞蚨祥等店柜的业务。经过孟洛川几十年的精心擘画，瑞蚨祥由济南发展到青岛、烟台、周村，由山东拓展到北京、天津、上海，形成庞大的布匹绸缎连锁商业帝国，同时，又开辟茶号、当铺、药铺等其他产业。孟洛川说："从岱岳山麓到渤海之滨要处处有孟氏庄田。"孟家在各地土地数千亩，房产五六十处，价值千万余银元；单店资产上百万；总号每年平均利润额为37万元，股本收益率超过21%，人称“山西康百万，山东袁子兰，两个财神爷，抵不上旧军孟洛川”。

二、孟洛川的儒商人格结构和经营伦理

孟洛川少年丧父，其母高氏出身官宦富绅人家，知书达礼，精明善良，文雅端庄，对孟洛川一生影响甚大。为教育孟洛川，高氏聘请章丘名儒李青函为师，在家中私塾研读四书五经。从此，儒家思想在年轻的孟洛川心里扎下了根，他长大以后的思想、行为无一不带有儒家的烙印。孟洛川年幼时，母亲告诫他，家中财产是祖辈留下的，不能坐享其成，要壮大家业，勤俭上进，不积万金，不准穿绸缎。所以他一生喜俭约、戒奢华，不讲究吃穿，家中冬季不生暖气，另备火炉取暖。有时还去各屋检查炭灰，以视有无浪费。早晨只用开水冲几个鸡蛋，鸡蛋涨价就减少食用数量。

孟洛川提倡三纲五常，三从四德，主张长幼有序，兄友弟恭，男女有别。他要求晚辈做到非礼勿言、非礼勿动、非礼勿视、非礼勿听。孟洛川注重对后代的教育，为此，他创办私塾，令子侄皆读四书五经。

孟洛川在企业经营、人事、财务领域“修身正己”，不仅事必躬亲，而且以身示范，严于自律，让属下严守规则。他居住济南时，每天到各店视事，听取各号经理汇报。客室里设有软炕，专为来客准备，他从不倚坐，以示刻苦谨慎。他常检查各营业场的商品布置、店员精神面貌，名为“检阅商容”，不允许伙计有丝毫松懈疏漏。

儒家提倡的“仁义乐善，乐善好施，急公好义”以及“重族谊，恤孤弱，厚人伦，关心族党、乡里”等标准儒行，在孟洛川这个商人身上皆有具体体现。

1. 乐善好施、急公好义

1883～1899年，山东境内黄河三次决口，泛滥成灾，章丘深受其害。孟洛川与其兄孟铭鑫出巨款堵口修堰、治理黄河，自此章丘免受河患，受到乡亲的铭感。因为黄河决口及天灾人祸，章丘多饥民，遇到这种情况，孟洛川与其二哥孟铭鑫举办平粜和赈济活动，在章丘城立社仓，囤谷备荒，救济灾民，舍放谷米。此外，每到冬腊做200套棉衣，用大锅熬稀粥施赈；盛夏做200套单衣，烧好茶汤，放于大街，任由讨吃要喝、少衣无裳的穷人领取。

孟洛川在章丘城主持维修文庙、尊经阁、文昌阁，在旧军设立先祠学堂，

重修旧军镇圩墙。他联合孟铭鑫集资存商生息，帮助贫寒子弟入学，奖励学习优异者。

2. 知人善任、仁爱员工

作为亚圣后代，成长于书香之家，“以德为本”和“与人交，择贤者”的儒家思想影响了孟洛川，这些也成为他企业的用人原则。孟洛川认为，企业管理实际上是人事管理，孟洛川用人或用其“德”（对东家忠心），或用其“才”（会做生意），使“德者”、“贤者”各安其位，各司其职，祥字号管理层从上到下，各显神通。

沙文峰，章丘万辛庄人，初在济南从事钱庄业，后被孟洛川任命为瑞蚨祥第一任全局总理。沙文峰出任总理后，对孟洛川忠贞不贰，虽不十分精通业务，却善于管理店员。他数十年如一日，呕心沥血，为孟洛川创造大量财富。北京、天津、青岛、烟台瑞蚨祥都是由沙文峰筹划设立的。沙文峰不仅管理瑞蚨祥，还代表孟洛川向各店发号施令，经常到外地巡视各店业务。此外，他还管理孟洛川的其他事务，成为孟洛川的左膀右臂。1916 年沙文峰去世时，孟洛川大悲道：“沙公之殁，如断我手臂。”

孟觐侯，孟洛川远房侄子，原是济南瑞蚨祥的外跑伙计，因才华出众，30 岁就被任命为全局总理。孟觐侯被孟洛川视作治店能人、买卖精灵。他坐镇北京瑞蚨祥，在大栅栏一条街连设 5 号，财雄势巨，上通宫廷王府、权贵势要，中连衙局所司军警豪强，下结三教九流士农工商，买卖做到各个阶层。孟觐侯不仅会做生意，而且对孟洛川更是忠心耿耿，为瑞蚨祥倾心尽力。孟觐侯壮年时，事业心特别强，精力旺盛，处事认真，每天除“上朝”外，所有时间都在卖货场里，随时督促、检查备货情况及售货员态度。1900 年八国联军侵入北京，大栅栏一带被焚毁，当时孟觐侯正在老家休假，听到这个消息，他不顾天寒地冻、积雪盈尺，也不管战事致交通断绝，行人裹足，立即雇马车，兼程赶到北京，收拾残局。孟觐侯成为北京瑞蚨祥的中兴功臣，使瑞蚨祥在劫难之后再次兴盛。

负责泉祥茶庄南方业务的经理李竹轩，常住福州南台制茶厂，指导收购、加工、调运等事宜。李竹轩对窨制茉莉花茶经验丰富，技术高超，在同行中久负盛名，经营上素有稳准的特点，所以泉祥经营的花茶不但成本低、质量高，而且货源丰富，从未脱销。

对普通伙计，孟洛川则以“仁爱”、“仁民”之道，采用多种形式，关心爱护员工，增强员工的凝聚力和积极性：

（1）工资。伙计自第三年起开始增加工资，年年增加。一般说来，工资最多增至200余元。瑞蚨祥的工资水平不但高于一般产业工人，而且高于同业。1935年左右，同业最高工资为15元，瑞蚨祥则达21.1元。

（2）馈送。馈送的幅度一般是一年10～50元。对于准备提升为经理的人员的馈送一年可达到200元以上。

（3）其他福利待遇。①伙食。日常一日两餐，早餐两荤两素，每人一碗汤。晚餐四盘两碗，荤素各半，有酒。每月有两次“犒劳”，节日时有酒宴。据测算，伙计平均每人每月伙食费比当年大掌柜的月工资水平高37.14%。②川资。店员每隔一段时间可以探家一次，假期天数及路费钱数各有不同规定。婚丧及本人病故，职工家中有红白事时，以资东名义送幛一架，不送幛料则折价送钱6元。本人病故，如果是殁于店中，衣食棺椁以及运灵费用，全由资东负担。③假期。每年6月轮流放假1天，谓之“官工”（北京两天）。春节休假5天（每人须轮流值班两天）。放“官工”每人发给娱乐费2元，春节每人发“守岁钱”2元。④医药费。店里常年聘有中医大夫，医生诊视费用完全由店里负担。药费早期由店里负担，后来改为包干制，把钱发给店员本人，由店员自行处理。此外，水烟、旱烟、茶也由店内供给。为使店员面容整洁，店内常年设有理发师，店员每5天修容一次。事实上，瑞蚨祥实物工资的数量常超过货币工资。正是由于用人得当，待遇优厚，瑞蚨祥上下同心，祥字号才得以日益发展壮大。

3. 诚信经营、和气生财

孟洛川之所以被誉为“东方儒商”乃至“东方第一商人”，是因为他在商业经营中贯彻“诚信不欺”、“履中蹈和”、“和气生财”的儒家精神理念。

（1）诚信不欺、货真价实。瑞蚨祥为保证销售的染布质量，自办染坊和织布厂。所聘染师都是技艺高超、经验丰富的行家里手。掌柜对染工的要求十分严格，规定须用上等染料、布料、布坯，不准偷工减料；店员要认真操作，接受检查，发现瑕疵，立即返工。

由于自营染布厂产量满足不了瑞蚨祥销售需求，瑞蚨祥就委托外面的染坊染布。瑞蚨祥对委托染色的染坊要求极严，委托前再三考察其信用和工艺，委托后采取措施保证产品质量：①要求染坊用优质名牌煮青，不允许使用杂牌染料。②明确责任。染坊的布匹由瑞蚨祥织布厂提供，染坊店员上门自取布匹，每匹布上都打上铁印，以防染坊偷换。③中间抽查。瑞蚨祥常派人到染坊检查，看其是否偷工减料。④严格验收。染坊都是在白天送货，由号房人员在院内明亮处逐匹查验，一旦发现颜色不足或不匀，退回重染，有的布返工多达四五次。

一般商户的布匹随染随卖，色泽不深，染水又差，顾客买回去洗洗就变色，而瑞蚨祥要闷色3～6个月，闷得越久，颜色渗透越深，越不易褪色，色布挺括、色足、坚牢，深受顾客欢迎，所以社会各界名流购买绣货绸缎时，都以瑞蚨祥作为第一选择。

泉祥茶庄在茶山开设制作厂，直接在茶叶产地加工、制作茉莉花茶。采用“三窨一提”工艺，窨出的花茶，香味浓厚纯正，久冲不淡，深受市场欢迎。清末民初，北京瑞蚨祥东鸿记茶店和西鸿记茶店销量占北京市总销量的70%。

（2）明码实价、童叟无欺。旧时做买卖，一般都要谎，但是瑞蚨祥却打出了“明码实价，言不二价，童叟无欺，足尺加一”的响亮口号，因此赢得顾客信任。“童叟无欺”，就是不在价格、数量、质量方面欺骗任何人。儿童买货，对于所买布匹的花色、品种、尺寸，特别问明。如果说得不清楚，或让他回去再问，或派人到家中问明再剪。对于耳聋眼花的老年人买货，要凑近对方的耳朵问话。“足尺加一”就是瑞蚨祥规定10尺以内加放1尺。顾客为此十分满意，前去购买者越来越多，瑞蚨祥从而扩大了销货量，获得更多利润。

（3）义以求利、信以立业。瑞蚨祥在与染坊合作中，从不以大欺小，所付染价大大高于当地行情，每月结清供货款，从不打折扣，有时还预付染款。逢年过节，给染坊送肉送面，因此染坊为瑞蚨祥染色总是尽心尽力，染出一流的货品。对于偶尔失误的合作方，孟洛川即使亏本也要收其产品。这样虽然暂时亏本，换来的却是长期牢固的合作关系。仅与北京瑞蚨祥来往的染坊、踹坊就有三四十户，其中很多是专为瑞蚨祥加工的业户，瑞蚨祥仓库长期存有染好的色布多达万余匹。

1900年八国联军入侵北京时，瑞蚨祥惨遭焚毁，所有来往账簿化为灰烬，但孟洛川决定瑞蚨祥所欠外债分文不差一律偿还，而别人所欠瑞蚨祥之货款则不予追究。凭着伙计的回忆，瑞蚨祥还清了所有欠款。瑞蚨祥的诚信举动赢得业界喝彩，传为佳话。

注重诚信不仅给孟洛川带来良好口碑，也扩大了他的经销范围和客户群体，带来了实实在在的财富。因瑞蚨祥恪守合约，英国、荷兰、日本等国洋行均愿与其交易，让其包销英商普丰洋行的“蓝圈狮漂布”、怡和祥行的“乞巧图洋纱”，订货只预交货价款10%，出售时却能获得20%～30%利润。

（4）履中蹈和、稳健经营。做生意，善抓商机固然重要，但从长远和整体看，行事稳健、注重安全更加重要，孟洛川就是一个十分稳健的儒商。

第一，不用外款。不向银行银号拆款，免受人挟制。瑞蚨祥在发展过程中，曾经利用商业信用向银号借款，向批发庄赊进货物，发行礼券，吸引客户存款等，但引起过挤兑。孟洛川怕重蹈覆辙，定下规矩，不许再用外边的资金。瑞蚨祥每设分店皆先买地盖房、后开业，从不租赁房屋，免受房东要挟。

第二，现金交易。过去绸布业买货惯例是期款，而瑞蚨祥进货一律现款交易。因现款购货，各厂在价格、花色、品种各方面都对瑞蚨祥优待，厂家一有新产品、畅销货就优先让瑞蚨祥选购，瑞蚨祥因此占得商机。

第三，不熟不做。孟洛川没有经营工厂和银钱业的原因，一是认为自己没有经验；二是认为工程技术人员是学堂出身，不好控制，工人不好管理；三是认为银钱业行业风险太大。事实上，在军阀横行、战火连绵的年代，金融业风险极大。张宗昌任山东督办时，倡办山东银行，他通过张子衡力劝孟洛川出资，但孟未允。后来，张子衡因办银行受累，其他商号亦有因入股破产者，唯瑞蚨祥毫发未损。为了掌握企业决策权，孟洛川也从不与人合伙、合资做买卖。

(5) 敏于行、慎于言。孟洛川特别重视同行动态，经常派人扮成顾客到各个绸布店了解商品成色、行情、价格等，然后再给自己的商品定价。凡普通商品，价格皆略低于同行市价。为了不让同行了解自己商品的真实价格，瑞蚨祥货价用暗码记在飞子（单据）上，顾客购买时由售货员临时报价。暗码一共有5套：即“瑞蚨交近友，祥气招远财”；“心田辅百世，义理助千秋”；“诚纯守慎且，敏善就正习”；“恭从明聪睿，肃末哲谋圣”；“汉泗淮汝济，恒横岱华嵩”，最常用的是前两套。暗码主要是防备同行来偷看价钱，但在某些场合下（如须留给顾客手下人底子钱）也利用它来欺瞒顾客。瑞蚨祥申庄与各店的联系除信件外，还有自拟的密码电报以保密信息。

(6) 智力权变、多智善贾。儒家历来重“智”，而商业竞争也是智慧与胆略的竞争。商场如战场，兵家曰：“凡战者，以正名，以奇胜。”瑞蚨祥的许多商业举措，皆为当时商业经营的创新之举。

第一，店内环境优美。瑞蚨祥门面大，店内宽敞，摆设古色古香，到处挂着牌匾，使顾客一进门便有一种美的享受。北京各店设备比济南店铺更为华丽：室内有暖气设备，掩饰货架子的幔帐都是大红缎面绿绸缘，柜台台毯以英国丝绒织成，楼上楼下铺地毯，家具为楠木材质，角灯、台灯、宫灯不计其数，夜晚明亮如昼。

第二，店员形象端庄。瑞蚨祥规定售货人员穿着要整洁朴素，即使在三伏天，也要穿长衫，特别规定店员不许吃生葱、生蒜，以免口中异味引起顾客反感。

第三，富而好礼。顾客到来时，先由四位职工拉开大门含笑迎接，接着售货员上来请坐、看茶，送上顾客需要的商品。顾客走时要欢送，欢迎再来。对于特殊顾客，售货员还要手提货物，同掌柜的送出门外。此外，瑞蚨祥还特别规定，凡远道而来买大宗商品的顾客，必须要管一顿饭。掌柜的常说："顾客是衣食父母，哪有让衣食父母饿着肚子赶远道的理。"

第四，提倡和气生财、平等待人。瑞蚨祥是为各个阶层服务的。农村的顾客购买青、蓝、白布在前柜接待；购买比较细的布匹，设在二柜，备有座位和烟茶招待，还送货上门，赊销记账；购买高级绸缎呢绒、皮货等，设在楼上。店方规定，顾客无论穷富，都要热情、和气相待，一视同仁。为此店里设专人监督，若发现服务不周，说话不妥，除了向顾客赔礼外，顾客走后，还要提出批评，严重者辞退。

第五，周全服务。为了方便顾客，瑞蚨祥服务方式灵活多样：需要成衣，可代做新装；电话要货，随时送到；外地函购，可以代邮。此外，顾客如购买整匹布料和成衣，不如意时包退包换，绝不强求。

第六，包装精美。顾客买的布匹丝绸都要有包装，面料里边要衬纸，前面用丝绒线捆扎，一律系活扣，便于拆解。包装纸采用最好的有光牛皮纸，印上绿色字号和商店地址、电话、经营品种等。

从孟洛川的身上我们看到：儒与商不仅可以结合，而且必须结合才能完成"穷则独善其身，达则兼济天下"的"济世富民"目标。在知识经济和全球化浪潮中，需要越来越多有知识、有文化、有信用、有能力、有责任的儒商，来撑起我们民族工商业的脊梁，以求中华民族的伟大复兴。

（本文摘自：《山东工商学院学报》2012年第3期　作者：孙维屏）

儒商文化传统对现代企业经营的价值及借鉴

儒家思想文化对于我国历史上的商业经营活动有着深远的影响，其被广泛地运用于商业经营领域，形成了源远流长的“儒商”文化传统。深入挖掘儒商文化传统，探讨其对现代企业经营的借鉴价值，可以进一步提升企业的经营理念，保障企业在激烈的市场竞争中获取更大的发展。

一、问题的提出：儒商研究热潮

目前，伴随着中国社会的转型，社会主义市场经济的发展遇到了严重的道德危机，商业领域假冒伪劣、坑蒙拐骗的欺诈之风日盛，损人利己、尔虞我诈的不正当竞争时常发生，极大地破坏了市场经济的正常秩序。在社会商业道德普遍滑坡、商业诚信崩溃的情况下，儒商引起了人们的高度关注。中国历史上的儒商文化，成为人们医治当今社会商业道德沉沦弊病的一剂良药。电视连续剧《儒商》和同名长篇小说同期推出，风靡一时，以致“儒商”成了一个新潮的社会名词，一些语言学专家提出将“儒商”作为一个新词条收入汉语辞典中去。特别是电视剧《乔家大院》的热播，更加引起了人们对儒商文化的广泛探讨。

近年来，“儒商”研究已为学界和商界所重视，且呈发展之势，“国际儒商学会”、“国际儒商文学研讨会”的成立和多次举办就是一个重要标志。“湖南省儒商学会”于 2002 年 12 月 25 日成立，同时还成立了“湖湘儒商俱乐部”，2004 年 5 月由国际儒学联合会与中国实学研究会在北京主办了“儒学与儒商学术研讨会”，2006 年浙江大学成立了儒商与东亚文明研究中心，第六届国际儒商大会又于 2008 年 5 月在扬州成功召开。不但海内外成立了不少儒商研究机构，召开了多次儒商学术研讨会，而且关于“儒商”的研究论著日益

增多，如宫达非等主编的《儒商读本》，潘亚暾等主编的《儒商文丛》，鲍建强、蒋晓东所著《儒商之道》、朱钟颐所著《中国近现代儒商研究》等。社会各界有关人士还充分利用现代信息技术大力宣扬儒商文化传统，建立了中国儒商网（www. china. rushang. com）、儒商客栈网（www. xhtang. com），全方位、多角度地展示成功儒商的魅力风采及其所倡导的企业经营理念。

二、儒商文化传统的基本内容

1. 儒商的内涵界定

儒商其实是一个古老的概念。春秋时期，在百家争鸣的宽松学术氛围下，孔子提出了一整套系统的思想主张，开创了儒家学派，对人们的思想观念和行为方式产生了深刻的影响。春秋后期和战国时代，工商业的迅猛发展，商品交换日益频繁。在儒家思想文化的熏陶和培育下，“儒”与“商”开始相互融合，“崇尚道德”、以“仁义礼智信”为主要内容的儒家思想开始被运用于商业经营活动之中，从而出现了一批具有儒家传统伦理道德观念和价值取向的著名商人，如子贡、范蠡等。他们的商业经营活动都在一定程度上融入了儒家思想，能够周急济贫，具有仁、信的商业道德，强调商德乃“万利之本”。至晚明时期，随着商品经济进一步的大发展，经商成为一种社会时尚，在社会各阶层中掀起了一股经商的浪潮。在这股经商之风的影响和冲击下，一些读书人纷纷“舍儒就商”、“以儒服贾”，投身于商品经济大潮之中，“贾儒结合，文与商交融”。商人更是深受儒家思想的影响，并将儒家思想运用到商业经营活动之中，主张诚诺忠厚、童叟无欺，提倡“不二价，不欺人，有误增直以易而去，立追还之”。那些“弃儒就贾”或“商而学儒”的商人，被称为“儒贾”，也就是“儒商”。此时，儒商这一称呼开始正式出现，并日益风行。

总之，所谓儒商，就是经受儒家思想的熏陶和影响，认可和尊奉儒家思想，并运用儒家思想指导商业经营活动的商人。

2. 儒商文化传统的基本内容

儒商在其长期的商业经营活动中，形成了自己独特的具有儒家伦理文化特色的商业文化传统。这种儒商文化传统是儒家思想，尤其是其伦理价值观念和商业经营活动相结合的产物。

具体说来，儒与商相结合的儒商文化传统主要包括以下几个方面的基本内容：

（1）“义”、“信”为根的经营道德。儒商非常注重自我内在的道德自律，自觉信守一系列商业道德准则，其中最主要的就是“义”与“信”。重义是儒家思想的本质规定之一，也是儒商思想的重要特征。儒商也重利，但认为不能把利绝对化，应当讲利而不忘义，提倡“见利思义”、“义然后取”，强调以义驭利，同时不把利作为唯一目的，在一定条件下能够超越利而行义，可以去利怀义，以利成义。儒商的重义精神可能暂时有损于利，但义而取信，又可带来更大更长远的获利机会，即“义以生利”。与义相联系的儒商另一重要道德规范就是“信”。儒家提出了“讲信修睦”的口号，把“信”当作立人之本，认为“无信不立”，在人与人的交往中要讲信义，做到以诚相见、言而有信。儒商不只是把“信”作为谋利的条件，同时把信看作是一种精神信仰和哲学，用来指导自己的商业经营活动，不因一时一地的得失而失信，甚至可以为守信而牺牲暂时的利益。“诚信为本”成为儒商一种基本的传统经营理念，是儒商获取商业经营成功的一大秘诀。

（2）“以人为本”的经营观念。儒商能够在一定程度上超越单纯地对物质利益的追求，注重以人为本去进行经营，强调通过充分发挥人的积极主动性去获得商业活动的成功。这种以人为本的经营思想是儒家以人为中心去认识处理问题，注重推己及人、推物及人的思想在商业活动中的运用。以人为本是儒商文化传统中最具特色之处，也是其取得成功的一个根本条件。它主要体现在两个方面：一是立足于人去经营。他们认为经营虽然离不开金钱资本，但其根本还在于人，人是企业经营发展的决定性因素，在经营中把人当作获取事业成功的最大的和最有价值的资本，尊重人的价值，重视选择人、造就人、发挥人的能动作用。二是提倡人情式经营，主张把人当作主体来对待，通过尊重人、爱护人去获取回报、赚取利润，而反对仅把人当作最有价值的资本，甚至不择手段地剥削压榨和巧取豪夺。

（3）“经世济民”的商业理想。儒商文化传统一贯主张从纯商业经营的思维定势中跳出来，不能把获利作为商业活动的根本或唯一目的，而提倡树立“经世济民”的理想和目标，把自觉地忠于国家、服务于社会作为商业经营的出发点和最终目的，把经商谋利与经世济民有机地结合起来，把商业活动当作利国利民的“仁术”，从小事做起，从一点一滴做起，时刻不忘用爱心和实际行动关怀社会、回报社会，致力于“公益化的经营”，从而通过世俗的经商谋利来达到超越性的经世济民的理想目的，借财富与金钱来实现自己人生的功名。这种“经世济民”的商业理想，表现了儒商一种崇高的价值取向和超越

于一般商人的精神境界，为中国历代儒商所遵从，成为儒商的一种文化传统。

(4) 敬业乐群的职业精神。儒商思想传统包含着一种强烈的事业功名意识和自强不息的进取精神。它提倡“知其不可而为之”的奋斗精神，“君子以自强不息”的积极进取精神。儒商这种积极进取的文化传统体现在商业活动中就是儒商的敬业精神。儒商力求在商业经营中通过各种途径培育和发扬敬业精神，强调要勤勤恳恳、兢兢业业，始终保持有一种刚健有为、勤奋进取的精神和坚韧不拔的毅力，不断地开拓创新、奋进不息，在不断拓新中发展自己的事业。儒商职业精神的另一个重要方面就是乐群精神，即团体主义精神。儒商在商业活动中重视群体的价值和利益，注重统一与合作，强调大力发扬团体主义精神，形成一个互相信任、高效协作的团队，依靠群体力量去参与商业竞争。

(5) “和为贵”的经营态度和策略。“和”是儒家处理各种关系的一个基本原则和方法。儒商把“和”的方法运用于商业活动之中，注重和谐经营、和气生财。“和”的经营方法主要体现在三个层面上：一是注重不同经营者之间的互利合作，寻找共同的生财之点，所谓“有钱大家赚”，而不提倡你死我活，相互吞并；二是注重内部人际和谐，淡化内部消耗性竞争，注重上下沟通；三是注重对顾客的和气态度，不巧取豪夺、欺行霸市，提倡让利于民、方便顾客、诚恳相待、和气生财。

三、儒商文化对现代企业经营的价值

作为一种思想文化，儒商文化传统曾极大地推动了中国传统商业经营的健康发展。例如，晋商曾经在中国商业的历史舞台上驰骋纵横500多年，一度掌握着全国的金融命脉，成为中国历史上第一大商帮，靠的就是“诚信”经营理念。又如，中药老字号同仁堂，至今已存在了300多年。同仁堂之所以长盛不衰，并不断发展壮大，其秘诀就是一直坚守“德、诚、信”的经营理念，以为百姓制好药为本分，一以贯之地坚持诚信为本的药德。“炮制虽繁必不敢省人工，品味虽贵必不敢减物力”是同仁堂几百年来代代相传的堂训。

随着时代的不断进步和社会形势的不断变化，越来越多的企业经营者清楚地认识到，儒商文化传统对于企业经营活动有着非常重要的借鉴价值。许多信奉儒商文化传统的现代儒商企业家，运用儒商文化指导企业经营活动，获得了极大的成功。例如，日本的爱华路多株式会社是一个以百货为主、年营业额达亿日元的企业，该会社的经营信条就是“通过履行公正之商道，以实践向社会做奉献”、“人生就是奉献，商道即人道”，这正是儒商“经世济民”文化传统的最好体现。日本企业家吉田忠雄先生初创公司时只有3名员工，而现在已发展到活跃于五大洲、年销售量为25亿元的国际知名企业，其成功的秘诀就在于奉行先义后利、义以生利的儒商经营之道，相信只有坚持把利益施于人，才能将利益回归自己。中国香港星光印刷集团主席林光儒先生认为，星光集团的成功全靠“星光精神”，即“诚、爱、勤、敏”四字。中国香港首富李嘉诚在做生意时，一直坚守诚信的原则，他曾指出：“有些生意，给多少钱我都不赚。已经知道是对人有害，就算社会容许做，我也不做。”还曾说：“如果单为赚钱而损害名誉，我不做。”霍英东、邵逸夫、李嘉诚等一些著名的企业家都在经营赚钱之后，捐献出巨资用于社会教育和公益事业，以达成自己造福家乡、服务社会的人生理想。

现代儒商企业家取得经营成功的事实，充分说明了儒商文化传统对现代企业经营仍然具有其行之有效的理论借鉴和实践指导价值。一般说来，其至少表现在以下几个方面：

（1）提供一种交易保障机制。企业通过市场所进行的交易活动纷繁复杂，国家难以制定一套系统完备的法律，以对其进行全面的规范。在法律这种正式制度缺乏的条件下，企业经营者不得不充分利用以“三缘”（地缘、血缘、亲缘）关系为纽带的非正式制度资源，来从事人格化交易活动。此时，伦理道德、价值观念等非正式制度对企业市场交易将起到十分重要的作用。所以，儒商文化传统可以在一定条件下为企业经营活动提供一种人格化交易保障机制，在一定程度上降低交易费用，维持企业市场交换的正常秩序，保障其顺利进行。

（2）确定企业合理经营目标。许多企业往往将追求利润最大化作为经营的唯一目标，并以此考核企业经营者的业绩。在这种情况下，企业经营者面对瞬间万变的市场行情动态，常常处于精神的高度紧张状态，甚至为了增加企业的利润而唯利是图、坑蒙拐骗。儒商思想所提倡的先义后利、义以生利的求财之道及经世济民的商业理想，可以给企业注入一针精神清醒剂，在一定程度上转换企业的价值追求，将企业经营从追求利润最大化的利欲“魔圈”中解脱出来，从而确立企业经营目标的合理维度。

（3）培育企业良性经营环境。儒商的诚信经营理念不仅可以最大限度地降低交易成本，也会为企业经营者树立良好的社会形象，带来更多的商业机会，促进企业经营活动的顺利进行。儒商经世济民的商业理想则提高了企业经营活动的目的性，强化了其内在动力，同时也弘扬了一种崇高的商业理想，净化了市场交易的风气，提高了企业经营者的社会声誉，从而为进一步开展企业经营活动创造良好的社会环境条件。相反，如果儒商文化传统失落，企业经营者放弃了先义后利、诚实守信等经营理念，就会导致市场上假冒伪劣商品的泛滥，从而严重扰乱市场交易的秩序，妨碍正常企业经营活动的顺利进行，甚至给企业造成无可弥补的巨大损失。就拿“三鹿奶粉事件”来说，偌大一个著名的三鹿企业集团，却因贪图蝇头小利，把有毒的三聚氰胺注入到婴儿奶粉中，结果被三聚氰胺一下子打倒在地，可谓利欲熏心搞垮了企业。再如完达山问题注射液、山西太行药业茵栀黄注射液致死事件等，都使得如日中天的企业瞬间陷入困顿。

由此可见，儒商文化传统所强调的重诚守信、先义后利等经营理念，将可以促使人们在现代企业经营中去正确地认识和处理谋利与守义、个人利益与社会利益的关系，从而强化企业经营的内在动力，为企业赢得良好的社会信誉，最终获得更多的商业机会和更好的经营条件，从而进一步提升企业的经营绩效。总之，儒商文化传统对于现代企业经营有着极其重大的借鉴价值，它可以而且应该成为现代企业经营理念的重要组成部分。

四、现代企业经营对儒商文化的借鉴

1. 积极肯定和继承儒商文化的合理因素

目前，企业经营活动出现了道德滑坡、信任危机等一系列问题，极大地扰乱了企业经营活动的正常进行。在此情况下，现代企业经营应该积极肯定和继承儒商文化传统的合理因素。

（1）儒商“重诚守信”的行为规范应成为现代企业基本的经营准则。诚信不但是立身社会、为人处世的基本原则，而且成为经商之通理，“诚者天之道也，诚者人之道也，诚者商之道也”。诚信直接关系到一个企业的企业形象和顾客占有率，“诚招天下客，誉从信中来”，而这些又与企业的经营业绩和效益直接相关。讲求信用、注重信誉，是企业经营获得成功的一个基本条件。缺乏诚信的企业只能逞一时之快，却难以长久。实践证明，现代企业只有以诚信为导向，才能立于不败之地，最终实现预期的经营目标。正因为诚信有如此的“妙用”，所以被称为“商业的灵魂”。由此可见，儒商诚信为本、重诚守信的文化传统，与企业经营的基本要求是一致的，是企业经营成功的一个基本法则，对企业经营具有重要的指导意义。企业经营者要能够取得企业经营的成功，必须注意借鉴儒商文化传统的诚信思想，大力倡导以“诚”为“本”的理念，坚持进行诚信经营。

（2）儒商“先义后利”的求财之道应成为现代企业盈利的基本原则。义利问题是企业在经营过程中始终面临的一个重大问题。利润是企业自身安身立命的根本，企业是不能不追求盈利的，然而，对于如何求利，不同企业所采取的具体方式、方法和途径却各不相同，其实际效果和最终影响也有天壤之别。一些企业经营者能够坚持先义后利的原则，做到“见利思义”，从而获得了持久丰厚的利润。反之，一些企业唯利是图，为了眼前的蝇头小利，不顾国家法律、法规，不讲社会道德，损人利己、唯利是图，这种不义的行为最终损害了企业的长远利益，甚至葬送了企业的发展前程。所以，一个企业，为了维持它的生存与发展，就要正确地处理好“义”与“利”的关系问题。儒商先义后利的求财之道告诉我们：企业经营者不要把利润作为企业管理的唯一目标和首要目标，而应当坚持先义后利的经营理念，积极倡导“见利思义”、“以义取利”，把经营谋利与“博施济众”结合起来，并坚决反对“见利忘义”、“唯利是图”的不道德行为。显然，儒商的先义后利观，有利于引导企业经营者正确地去求利，促进其把利和义合理地结合起来，谋利而不失义，循义以生利，以保证企业稳定健康的发展。所以，儒商“先义后利”的求财之道，应该是企业经营活动所必须遵循的一条基本指导原则。

（3）儒商“经世济民”的商业理想应成为现代企业经营的最终目标。虽然企业以利润为其安身立命之根本，但追求利润不应是企业的唯一目标和最终目标。现代企业评论家伊藤肇指出：“经营者万万不能只以‘追求利润’为至高无上的目标。当然，企业为了生存，非有利润不可；但是，太偏执于财利，见利忘义，到头来心智必被蒙蔽，终至被社会、大众见弃，岂能不慎?”而“经世济民”的商业理想，不但能够培养员工对企业的忠诚和热爱，增强其内部凝聚力，形成强大的精神动力，促使企业蓬勃发展，而且能够为企业发展提供正确的导向和有利的外部社会环境，保障企业经营取得成功。所以，企业经营者必须将儒商“经世济民”的商业理想作为现代企业经营的最终目标，自觉地把获取利润与促进国家经济兴旺发达、实现人民生活富裕和幸福联系起来，积极地致力于“公益化的经营”。

（4）“以人为本”的经营观念应成为现代商业经营管理的根本理念。在一个企业中，人是最活跃、最具潜力的第一要素，对于企业能否获取良好经营效益起着决定性作用。现代企业经营者越来越重视“人”，“以人为本”已成为其基本的指导思想。松下公司总裁松下幸之助指出：“公司经营是以人为中心而运作的，尽管组织重要，但这还是次要的，最重要的是要有以人为中心的思想。”随着西方人本主义思想的回归，“以人为本”业已成为当今广大企业经营者的口头禅。由此可见，儒商以人为本的思想，对企业经营具有积极的理论借鉴价值和极大的实践指导作用。现代企业经营者应认真研究和借鉴儒商以人为本的经营观念，积极地从中发掘有价值的东西，将其融汇应用于现代企业经营之中，将人当作进行企业经营活动的根本，大力提倡“人情味经营”，从而建立现代的、科学的，又具有中国特色的人本经营模式。这样既能人尽其用，调动员工的积极性，提高其工作效率，又避免了人际关系的紧张，形成强大的内在凝聚力，有效地促进企业的发展。

（5）现代企业经营应继承和发扬儒商敬业乐群的职业精神。在现代市场经济条件下，优胜劣汰的市场机制使得企业之间的竞争异常激烈，企业的生存和发展面临着极大的挑战和巨大的压力。从某种意义上讲，现代企业之间的竞争，最重要的是团队协作能力的竞争。敬业精神则能够激励企业战胜艰难险阻，经受住各种各样的考验，在激烈的市场竞争中立于不败之地，成为企业生存和发展的根本。而儒商文化传统包含一种吃苦耐劳、自强不息的高度敬业精神和强调依靠群体力量参与市场竞争的团队合作意识，是保障企业持久发展的不竭动力和精神支柱，有利于激发和培养企业经营者和员工的勤奋坚韧精神，增强企业内部的凝聚力，提高企业的经营绩效。由此可见，儒商“敬业乐群”的文化传统对于现代企业经营仍具有积极的借鉴价值和指导作用。所以，面对激烈的市场竞争，现代企业经营必须充分继承和发扬敬业乐群的职业精神，寻求其和现代企业经营的契合点。

（6）坚持儒商“和为贵”的经营策略。企业管理者与员工之间的和谐、企业与企业之间的和谐、企业与顾客之间的和谐、企业与社会之间的和谐，是企业能够有效地进行生产经营活动、提高经营效益、实现预期目标的基本客观条件之一，为此，企业应当积极地构建基于融洽人际关系的和谐发展环境。儒商“以和为贵”的经营策略，有利于企业经营者之间互利合作、共谋生财之道，避免两败俱伤式的恶性竞争，纠正假冒伪劣、坑蒙拐骗等违法败德行为，并淡化内部消耗性竞争，形成一种融洽和谐的氛围，为企业经营的顺利进行打下坚实的基础，促进企业持续、协调和快速的发展，保障企业面对日益激烈的市场竞争而长盛不衰。因此，儒商注重合作、追求“和合共存”的“贵和”理念，是企业经营一项不容忽视、不可或缺的基本指导原则。现代商业经营者要想获得成功，必须注重汲取和倡导儒商“和为贵”的经营策略，实行和谐经营，在不同企业之间寻找共同生财点，做到互利合作、和气生财，同时注重企业内部人际关系的和谐，以此来促进企业的良性发展。

2. 高度警惕儒商文化传统的有害成分

儒商文化传统虽然能在一定程度上对企业经营起到积极的作用，但也存在一些不利的消极因素。随着现代社会企业市场交易的日益频繁和进一步扩大，儒商文化传统的缺陷日益显现。我们在借鉴儒商文化传统的过程中，必须高度警惕其有害成分。

（1）经营规范伦理化。儒商文化传统以儒家思想为支撑点，主要倾向于通过道德规范来协调和保障企业经营活动，具有较为浓厚的伦理色彩。它过分强调道德的作用，往往排斥契约和法制的约束，使人们对企业经营活动中存在的义务和权利往往羞于以法律和契约的形式确定下来，从而容易产生经济利益纠纷。随着市场交易的日益扩大化和复杂化，仅仅依靠儒商文化传统这种伦理化的经营规范来协调企业经营活动，已经越来越不适应了，构建健全的契约和法制关系就成为当务之急。企业经营者应当尽可能地以协议契约和法律的形式来规范企业经营活动，明确企业交易双方必须履行的经济义务，并有效地保障其经济权益得到实现。

（2）交易方式人格化。儒商从事商业经营活动十分注重地缘、血缘、亲缘关系，基于对“三缘”关系的认同，他们构建了以“三缘”为纽带的人格化交易方式，并主要倾向于依靠这种人格化的交易方式来维系企业交易活动，对人格化交易机制形成很强的依赖。人格化的交易方式主要适用于熟人社会，却难以在较广的范围内或素不相识的陌生人社会中有效地发挥作用。在企业经营对人格化交易机制形成严重路径依赖的情况下，由于在新的企业经营领域里往往缺乏人格化交易机制运行的条件，不确定和由此带来的风险就非常大。这样，企业经营常常只能局限于比较狭窄的范围，阻碍其进一步拓展经营领域。

消除儒商文化传统不良影响的根本途径，就是发展出一套无须以地缘、血缘、亲缘为纽带，而以法律为基础，可向陌生人社会推广的非人格化交易方式——契约交易，确立契约交易方式在企业经营活动中的主导地位。在注重法律规范和确立契约交易方式主导地位的前提下，我们可以借鉴儒商文化传统的一些优秀成分，使其成为促进企业持续健康发展的精神动力和思想保障，否则，儒商文化传统将不可避免地对企业经营活动产生诸多方面的消极影响。

（本文摘自：《山东工商学院学报》2012 年第 4 期　作者：刘甲朋）

从《论语》看中国礼文化的特点

“礼”作为人类物质文明和精神文明进步的产物，其本质是文化，是文化的特殊形态，也被称为礼文化。它是历史发展中逐步积淀下来，以传统的方式出现的时空文化连续体，是一种历时持久的、由社会传递的文化形式，它始终以某种精神约束力支配着个体行为，是一种人为构建的，在社会中规范着人们的言谈举止等行为，影响并制约着一个国家、一个民族乃至一个社会的文明高度的文化。

礼文化在中国萌芽很早。礼起源于原始人事神祈福的仪式，到春秋时期孔子开始涉及对礼学的研究和论述。礼作为孔子思想体系中一个重要的部分，在其思想、言论、行为中对礼都极为重视，《论语》中言及礼字就有七十多次，对后世如孟子、荀子以及汉初以董仲舒为首的儒士对礼学的研究和发展都起到了奠基的作用。礼经过世代礼学家的丰富发展，形成了一套具有中国礼文化特点的完整的礼学思想，长久地影响着上至国家下至普通老百姓的思想和行为。本文从以下六个方面浅论《论语》对中国礼文化的影响。

一、礼是人真情的体现

据《论语》记载，孔子极力强调礼的实行应该充满真情实感，不能只流于“仪”。孔子认为：礼的本意并不是要规定外在的形式，而要使人们通过适当的形式表达内心的感情。因此，孔子强调与其过分注重形式，还不如在实际表现上多下功夫。孔子说：“人而不仁，如礼何？人而不仁，如乐何？”（《论语·八佾》）意思是说：一个人没有仁爱之心，遵守礼仪有什么用？一个人没有仁爱之心，礼乐又有什么用？孔子认为，所谓礼乐，只不过是外在的形式，而内在的仁才是真正的人性核心和文化的根本。礼追根溯源是发自人心的内在情感，对孔子来说，礼乐的真正意义就是正人心、塑造完美的人性心理，礼的

根本就是“仁”。孔子的礼学思想同他的仁学思想之间有着直接密切的联系，他实际上是从仁学出发，理解、贯彻、实现礼，使他的礼学更加理性化。孔子特别强调礼不仅是表现在形式上的“仪”，关键在于内容要与形式相结合，正如其对君子的评价一样：“质胜文则野，文胜质则史。文质彬彬，然后君子。”（《论语·雍也》）孔子要求自己的弟子深入理解礼、乐的深刻含义和重要意义，他说：“礼云礼云，玉帛云乎哉？乐云乐云，钟鼓云乎哉？”（《论语·阳货》）孔子觉得礼不仅是指玉帛，乐不仅是指钟鼓。玉帛是礼物，钟鼓是乐器，赠礼物，鸣钟鼓，不是礼乐之本，礼乐的本义在于敬、在于和。所以他在《论语·八佾》篇中对祭神这种非常虔诚的祭祀这样说：“祭如在，祭神如神在。子曰：‘吾不与祭，如不祭。’”这就是说祭祖先就要像祖先真在面前，祭神就要像神真在面前。他说：“我如果不亲自参加祭祀，那就和没有举行祭祀一样。”认为只有诚心诚意、亲自参加并且做到毕恭毕敬才是真正的礼，强调参加祭祀的人，应当在内心有虔诚的情感。当子游问孝时，子曰：“今之孝者，是为能养。至于犬马，皆能有养；不敬，何以别乎？”（《论语·为政》）在孔子看来，如果一个人对父母只是供养衣食，而不是从内心深处真心诚意地给予孝顺、关爱、尊重的话，那和喂养狗马就没有了区别。对身居高位的人，孔子也指出了举行礼仪活动要真心诚意，参与丧事要悲伤哀悼，即“居上不宽，为礼不敬，临丧不哀，吾何以观之哉”。孔子极其重视礼，尤其推崇周礼，在“世风日下”、“礼乐崩溃”的春秋末期奔走呼号“克己复礼”，然而在继承、恢复周礼的同时，在形式上“侈”与“俭”冲突的情况下，他宁愿放弃周的礼仪规定，而选择附和当前大众情势的“俭”，“麻冕，礼也；今也纯，俭。吾从众。”（《论语·子罕》）当林放问礼时，子曰：“大哉问！礼，与其奢也，宁俭。丧，与其易也，宁戚。”（《论语·八佾》）通过以上分析可以看出，孔子认为，礼的本意并不是规定某种外在的形式，而是要使人们通过适当规范的形式表达内心的感情。

孔子平生很讨厌那些善于伪装、华而不实的人，认为这些人的言行违背了人的真情。《论语》中孔子对此有诸多的批评，如“巧言乱德”、“巧言令色，鲜矣仁”，又云：“巧言，令色，足恭，左丘明耻之，丘亦耻之。匿怨而友其人，左丘明耻之，丘亦耻之。”（《论语·公冶长》）这足以见得孔子痛恶那些耍花言巧语，装出一副和颜悦色的面孔，不敢表达内心真情，为人处世不偏不倚之类的人。孔子特别赞赏保持真性情、品格质朴的人，如《论语·子路》篇中说：“刚，毅，木，讷，近仁。”其中“木”即为朴实无华、忠厚老实。

孔子不以子证其父攘羊为直，认为那是屈己奉人，不是人的真性情的表现；相反，“父为子隐，子为父隐”（《论语·子路》）才符合父子人伦纲常，是人真性情的流露。孔子以身作则，根据实际情况确定真正体现仁爱之心的礼仪形式，《论语·卫灵公》篇中记载了孔子如何帮助盲人乐师上台阶、入席而坐，又介绍在座的人。子张指出孔子的做法不符合礼仪规定时，孔子答道：“对盲人乐师的帮助应不受礼仪规定的形式约束才是真心的帮助。”孔子把礼与仁结合起来赋予礼新的内容，强调以爱人之心对待礼、执行礼，执礼应体现人的真情。正如冯友兰先生所说：“无真性情，虽行礼乐之文，适足增其虚伪耳……孔子注重人之有真性情，恶虚伪，尚质直。”

二、礼是社会秩序的维护者

孔子一直称道周礼，而周礼是用来区别亲疏、长幼、贵贱、尊卑、上下、男女的氏族宗法制度、贵族等级制度、财产分配的原则和伦理道德规范，以此来维护和巩固奴隶主阶级国家统治。孔子认为礼是为了维护社会的和谐稳定，用来治国安民。治国之礼表现为以宗法制度为核心的典章制度和等级纲纪体统，通过维持君臣、夫妻、父子之间的关系而达到和谐的人际关系，进而齐家、治国、平天下。礼在实际操作中是靠一系列规范的仪式、服饰、器用等的安排以及对左右周旋、进退俯仰琐事的严格规定维护着社会秩序，做到“非礼勿视，非礼勿听，非礼勿言，非礼勿动”（《论语·颜渊》）。当鲁哀公问孔子说：“隆重的礼仪是什么样子的，你在谈到礼制的时候为什么对它那么重视？”孔子曰：“丘闻之，民之所以生者，礼为大。非礼则无以节事天地之神焉，非礼则无以辨君臣、上下、长幼之位焉，非礼则无以别男女、父子、兄弟、婚姻、亲族、疏数之交焉。是故君子此之为尊敬，然后以其所能教顺百姓，不废其会节。既有成事，而后治其文章、黼黻，以别尊卑、上下之等。”（《孔子家语》）在孔子看来，礼主要是对社会秩序的维护。它体现在对等级制度的严格遵守，尊卑位序的提倡，男尊女卑的固守。

（1）礼是等级制度的体现。“礼不下庶民，刑不上大夫”（《礼记·曲礼上》）很好地诠释了等级社会中礼表现出的阶级烙印。孔子认为尊卑有序的伦理纲常、社会等级是治国理政的根本。《论语·颜渊》中齐景公问政于孔子，孔子对曰：“君君，臣臣，父父，子子。”《论语·八佾》中孔子谓季氏“八佾舞于庭，是可忍也，孰不可忍也？”按照周朝的礼仪规定，只有天子才能使用八八六十四人的乐舞队列，作为正卿大夫的季氏“八佾舞于庭”，在孔子看来是大逆不道、不可以忍受的事情。季氏家族兴师动众违反礼仪规定祭拜泰山，孔子对此十分不满，让冉有去劝阻季氏家祭拜泰山的活动，而冉有不能，孔子大呼并责怪冉有“曾谓泰山不如林放乎”。季氏超越等级名分的无礼行为遭到了孔子的谴责。《论语·公冶长》篇中他又批评了鲁国大夫臧文仲“山节藻棁”，因为在古代，只有天子君王才能在修建房子时把大乌龟藏起来以备占卜吉凶祸福之用，也只有天子君王才能把房子的斗拱雕成山形，再在屋梁柱上画上水草，官为大夫的臧文仲这样做了，所以，孔子说他是不明智的人。可见，在礼的运用中，孔子是非常强调其等级制的，不同等级的官员要严格享有不同的礼遇。齐国贤相管仲被孔子认为是不知礼的人，是一个气量狭小、没有理想和远见卓识的庸俗小人，原因在于管仲“邦君树塞门，管氏亦树塞门。邦君为两君之好，有反坫，管氏亦有反坫”。孔子认为，国君是至高无上、神圣不可侵犯的，君为臣纲，礼一定要严格维护君臣人伦关系。“管仲，世所谓贤臣，然孔子小之”（《史记·管晏列传》），孔子之所以认为管仲渺小是因为管仲的“不知礼”吧。在孔子的思想意识里，礼所规定的等级制度是不可逾越的，否则就是非礼，就是犯上作乱的表现，就应该受到谴责和惩罚。无论是个人从政的思想行为、国内的政治事件，还是国际间关系的处理，孔子都是始终不渝地坚守等级制度的准则，所以孔子曰：“天下有道，则礼乐征伐自天子出；天下无道，则礼乐征伐自诸侯出。”（《论语·季氏》）由此可见，礼在中国自古以来从思想观念上就刻上了等级的标识，在实际操作中就必定有“大人”与“小民”、“尊贵”与“卑微”的区别，礼就有了不平等。

（2）礼是尊卑位序的体现。在中国古代，礼是用以区别尊卑位序的准则。“礼为大，非礼无以节事天地之神明也，非礼无以辨忠臣上下长幼之位也，非礼无以别男女父子兄弟之亲、婚姻疏数之交也”。《礼记·曲礼上》中有：“君臣、上下、父子、兄弟，非礼不定；宦学事师，非礼不亲；班朝治军，莅官行法，非礼威严不行。”孔子评价阙党童子是否是一个追求上进的人时的标准是“吾见其居于位也，见其与先生并行也。非求益者也，欲速成者也”（《论语·宪问》），这是孔子对童子不懂礼貌的责备，因为他不按照尊卑位序行事，而是坐在成年人坐的位子上且与长辈们并肩而行。孔子对尊卑位序更是身体力行，《论语·乡党》记叙了孔子在朝廷中与各种不同官位人物交谈时表现出不同的态度，“朝，与下大夫言，侃侃如也；与上大夫言，訚訚如也。君在，踧踖如也，与与如也”。可以看出，孔子在朝廷上，或是上朝在君王还没有临朝时，与同级别的下大夫说话，是无拘无束，从容不迫；与地位比自己高的上大夫说话，是和颜悦色，中正诚恳，言无不尽。当君王临朝驾到时，孔子则表现得举止恭敬、威仪适度。子路也说："长幼之节，不可废也；君臣之义，如之何其废之？"（《论语·微子》）孔子始终强调人要尊敬长者和尊者、懂得礼让，维护上下尊卑的社会秩序。至今，中国现代的礼仪行为仍留有古代礼制的烙印。例如，在人际交往中以"老"为尊，以"老"为大，以称呼职务来确定人与人之间社会地位的差异，在交往方式上，晚辈及下级通常是尊重长辈和上级的意见，不直接发表个人的看法，避免冲突和驳对方面子，以免有不尊之嫌。

（3）礼是男尊女卑的体现。自春秋战国以来近千年的封建社会，我国就是一个男尊女卑的国家，在社会、家庭上女性都没有地位。《论语·阳货》中子曰："唯女子与小人为难养也，近之则不孙，远之则怨。"规定了男女的诸多不平等关系，以至于汉代董仲舒又强调"君臣父子夫妻之义，皆与诸阴阳之道。君为阳，臣为阴；父为阳，子为阴；夫为阳，妻为阴"。班固更是说"阳倡阴和，男性女随"，把中国女性打入了社会的底层，所以有"举案齐眉"之颂，有"糟糠之妻不下堂"之礼，有"兄弟如手足，妻子如衣服"之论。及至新中国成立以后，妇女翻身解放，男女平等载入宪法，歧视女性的观念多有改变。但是，由"解放妇女"到"妇女解放"，从思想观念上真正达到男女平等尚需一个相当长的历史时期。

三、贬己尊人，以谦逊为美

中国礼文化植根于儒家"礼"传统，强调"贬己尊人"，个体以谦逊为美，以张扬放肆为耻，"谦受益，满招损"，这些观念家喻户晓、妇孺皆知。《礼记·曲礼上》曰："夫礼者，自卑而尊人。"要求人们在待人接物时要贬己、自谦，以示尊重他人。孔子不仅言教学生，而且身体力行，为后人在理论和实践上树立了榜样。子贡盛赞孔子："温、良、恭、俭、让。"（《论语·学而》）而这些美德受到所有国家的当权者的钦佩和赞许。《论语·卫灵公》篇中，孔子教导他的学生："君子义以为质，礼以行之，孙以出之，信以成之。君子哉！"把"以谦逊的语言来表达义理"作为真正君子的一个重要条件，在处理人际关系上要做到"躬自厚而薄责于人"。《论语·乡党》中详细地记述了孔子在朝廷为官上朝和退朝的情景和态度以及出使外国执礼的情形和态度，

“入公门，鞠躬如也，如不容。立不中门，行不履阈。过位，色勃如也，足躩如也，其言似不足者。摄齐升堂，鞠躬如也，屏气似不息者，复其位，踧踖如也”，“执圭，恭敬如也，如不胜。上如揖，下如授。勃如战色，足蹜蹜，如有循”。孔子为了表示对国君和国家的尊重，走进诸侯国君的宫廷大门时，弯腰低头、不敢站立于门的中间，低声细语，大气不敢多喘，当经过国君的位置时，脸色立刻庄重严肃起来，说话时语调很低，显得底气不足的样子。当他到别的诸侯国去访问时，手里拿着代表本国君主的玉器，低头弯腰，弓着身子，非常恭敬的样子，向上举的时候好像作揖，放下来的时候，脸色十分庄重而又兴奋，步子迈得又小又快，总之是战战兢兢、小心翼翼、诚惶诚恐、恭敬谨慎、和颜悦色，尽其所能地缩小自己，以抬高他人。在称呼上，更是遵循“贬己尊人”的原则，《论语·季氏》中曰：“邦君之妻，君称之曰夫人，夫人自称曰小童；邦人称之曰君夫人，称诸异邦曰寡小君；异邦人称之曰君夫人。”这是对一个诸侯国国君的妻子在不同场合的称呼的规定。如今，中国人在称呼自己和自己有关的人和事物时，还习惯说鄙人、鄙姓、卑职、寒舍、糟糠、犬子等，而称呼他人是贵姓、尊职、贵府、贵处、令尊、令堂、尊夫人、公子、千金等，以此表示对他人的尊重，是一种有礼貌、讲礼仪的表现。

四、慎言为礼，以含而不露为上品

俗话用“响水不开，开水不响”来比喻有知识内涵的人应该是“不显山，不露水”，即一个有修养的人，一个懂礼仪的人不能轻易表现自己，要做到“大智若愚”、“大勇若怯”，这既是一种德性修养，又是明哲保身的办法，为了实现这种美德，人们在人际交往中，更是以“慎言”为礼，以“含而不露”为上。孔子强调君子要“敏于事而慎于言”（《论语·学而》），要“先行其言而后从之”（《论语·为政》），“君子无所争，必也射乎？揖让而升，下而饮，其争也君子”（《论语·八佾》），即要求君子要懂得礼貌，要有礼让精神等。在《论语·里仁》中，孔子更是说：“古者言之不出，耻躬之不逮也。”更是让人们不敢多说一个字了，因为一旦话说出了口，如果没有做到或者没有做好，就成了一种耻辱，凡君子者不可不小心而为之也。孔子提出了关于“仁德”的四条外在标准“刚，毅，木，讷”，“讷”即为言语谨慎。孔子谆谆地教导其弟子要“入则孝，出则第，谨而信，泛爱众，而亲仁”（《论语·学而》），说的就是年轻人一定要尊长敬老，言行谨慎。由孔老先生提出的“君子欲讷于言而敏于行”，一直被儒学家门在人际交往或为人处世中奉为宝典，传颂不已。所以，人分四品：含而不露、不含而不露、含而露、不含而露，其中以含而不露为上品，这是谦谦君子的表现，是德性的修炼，同时也是免祸保生、明哲保身的谋略。所谓“姣姣者易污，娇娇者易折”、“以和为贵”、“愚者善说，智者善听”，充分说明了我们以谦虚为美德的传统。人们谨遵“祸从口出”，“出头的椽子先烂”的古训，把谦虚谨慎、不事张扬、少年老成、见人只说三分话等作为为官之道、为事之则、为人之礼。

五、“君子喻于义”，以安贫乐道为修身养性

安贫乐道，是中国百姓自古以来称颂的美德，也是中国礼文化的又一特点。道就是主张、思想、学说。安贫乐道意思是安于贫困生活，以守道为乐，强调君子要安贫乐道，修身养性。《论语·里仁》说：“君子喻于义，小人喻于利。君子怀德，小人怀土；君子怀刑，小人怀惠。”君子要以“义”为重，平凡的人才看重利益，君子关心的是道德，平凡的人贪图安逸私利。孔子称颂“伯夷、叔齐饿于首阳之下，民到于今称之。”（《论语·季氏》）子曰：“士志于道，而耻恶衣恶食者，未足与议也。”（《论语·里仁》）孔子激励人们专心求取“仁道”，做到乐道固贫，而不要为世俗所累，更不要因为自己吃得不好穿得不好就感到羞耻，这样的读书人是没有出息的。“君子固穷，小人穷斯滥矣”（《论语·卫灵公》），颜回是很令孔子称道的学生，孔子说他有贤德而好学，虽家境贫寒，但仍然孜孜不倦地追求圣贤之道。孔子曾连声称赞他说：“贤哉，回也！一箪食，一瓢饮，在陋巷，人不堪其忧，回也不改其乐。贤哉，回也！”（《论语·雍也》）这大概是中国知识分子最早的安贫乐道的典型了。其后历代儒学家们都大力提倡、赞扬君子应安贫乐道，以此修身养性。中国几千年的封建社会主流都是重农抑商，因商人都要趋利之故。而安贫乐道者历来都被称赞，《后汉书》介绍了杨彪理解的安贫乐道：“安贫乐道，恬于进取，三辅诸儒莫不慕仰之。”《晋书》称赞刘兆“安贫乐道，潜心著述，不出门庭数十年”。苏东坡在《荐布衣陈师道状》中说：“臣等伏见徐州布衣陈师道文词高古，度越流辈，安贫守道。”在传统社会中有“为富不仁”之说，因此在人际交往中，为了表明自己乃真君子，富人通常也要夹起尾巴，不能露富，更不能炫耀，反之，凡在他人面前夸耀、显示个人财富者，皆被视为狂傲，是对他人的不尊重、不礼貌，此乃人际交往之大禁忌。

六、“君子坦荡荡”，光明磊落，四海之内皆兄弟

《论语·述而》中子曰：“君子坦荡荡，小人长戚戚。”这句话成为中国人熟知的名言。许多人将此写成条幅，悬于室中，以激励自己。坦荡荡的君子在与人交往时，应该是“事无不可与人言”，光明磊落，相互关切体谅，待人以诚，待人若己，做到四海之内皆兄弟。

孔子为实现自己的理想周游列国，虽屡屡受挫，却始终坚持“克己复礼”，要求一切行动都以礼为基本准则，以礼规范行为，同时通过个人的道德修养完成礼而达到仁。他“发愤忘食，乐以忘忧，不知老之将至”（《论语·述而》）。俗语道：半部《论语》治天下。一部《论语》表现出了孔子的思想、言论、行为中对礼的重视，他从个人修身立命、调剂人际关系、治国安民等方面为礼做出了种种解释和规定。礼经历代儒学家补充发展，经过日积月累的演变，形成了无所不包的社会思想和行为规范，渗透在社会生活的大大小小的各个方面，具有中国特点的礼文化成为中华民族几千年来政治文化传统中最稳固、最持久的思想观念之一。

（本文摘自：《齐鲁师范学院学报》2012 年第 4 期　作者：胡淑芳）

第四篇　高校改革方略

地方高校服务半岛蓝色经济区路径研究

——基于专业设置视角

21世纪被称为海洋的世纪，海洋已成为人类生产生活的新空间，世界范围内悄然升起一场基于海洋资源开发的“蓝色革命”。各个国家尤其是沿海国家陆续将目光投向海洋经济，加大了对海洋资源的研究开发投入和利用程度。在我国，国务院于1998年发表了关于《中国海洋事业的发展》白皮书，明确提出了“积极合理开发海洋资源，持续快速发展海洋经济，建设海洋经济强国”的发展战略目标。此外，胡锦涛同志于2009年4月在山东视察时也强调：“要大力发展海洋经济，科学开发海洋资源，培育海洋优势产业，打造山东半岛蓝色经济区。”不久之后，国务院在2011年的国函1号文件中批复了关于山东半岛蓝色经济区发展规划。这是“十二五”规划在开局之年批准的第一个国家发展战略，不仅如此，它也是我国首次把海洋经济作为主题的区域经济发展战略。

半岛蓝色经济区不仅是一项区域经济发展战略，更是一个系统工程，其实质就是利用沿海优势，整合海洋资源，发展海洋产业。核心内容归纳起来就是以高度发达的临港、涉海、海洋类产业为标志，以海洋资源科学开发与海洋生态环境保护为导向，基于现有海洋产业平台，大力发展现代海洋渔业、海洋装备制造业、海洋交通运输物流业、海洋工程建筑业等，并着力培育一批具有较强带动效应的现代海洋产业、海洋能源矿产业、海洋生物产业以及着力发展壮大海洋文化旅游业、海洋生态环保业等。

高等教育担负着培养海洋类科技人才、振兴海洋科教事业的神圣使命，山东半岛蓝色经济区发展规划中也对高等教育提出了“建立健全人才智力支持体系”的总体要求。因此，半岛区域内高等学校在办学过程中面临的急需解决的首要问题是如何发挥本区域内高校自身的办学优势，突出海洋特色，办有海洋特色的高校。而这其中最为关键的是如何建设和发展涉海类专业，其次是如何通过调整学科专业设置与创新人才培养模式，大力培养实用型、复合型技术人才，从而可以为半岛蓝色经济区的可持续发展提供人力资源保障，这也是区域内高校面临的现实问题。本文以烟台市高等学校为例，对照半岛蓝色经济区的发展规划目标，阐述分析区域内高校在涉海类专业建设和发展过程中学科专业结构存在的一些问题和不足，就加强涉海类专业建设给出一些对策建议。

一、作为半岛蓝色经济区的前沿，烟台市区域内高校专业现状

1. 半岛蓝色经济区城市高校和专业分布——以烟台地区为例

烟台地处半岛蓝色经济区前沿中心，是半岛蓝色经济区所属区域内七个主要城市之一，目前共有高校 15 所。其中本科类院校 7 所，独立学院 1 所，高职高专类院校 7 所。在七所本科类院校中，真正称得上综合类院校的只有烟台大学一所。其他基本上都是单科类院校，如山东工商学院、中国农业大学（烟台）、鲁东大学等。与烟台经济发展对高等教育的要求相比，高等教育力量明显偏弱。单科类院校偏多，综合类院校偏少，高等教育资源配置呈现单科强、综合弱的分布特征。从专业设置角度看，区域内 7 所本科院校共有本科专业 108 个（包括相近类似专业），专科专业 29 个，其中有一半以上主要是经管类和师范类专业，工科类专业偏少偏窄；而占到烟台市高校一半的高职高专类院校，专业设置主要是以机械制造、电机电子类为主的应用型专业，专业面偏窄，与半岛蓝色经济区重点发展海洋产业和烟台市重点发展战略性新兴产业新能源、生物技术、新材料、新一代信息技术以及节能环保高端产业要求差距较远，这方面的专业设置在烟台市区域内高校中几乎是空白。

2. 烟台市区域内高校涉海类专业分布

目前山东省高校中涉海类的相关专业本科层次的共设有 26 个，其中大类有 6 个，分别为海洋资源环境、船舶制造、海洋科学与技术、海洋运输、港口海岸工程、海洋渔业，主要设置在中国海洋大学、中国石油大学、青岛农业大学、青岛科技大学、烟台大学、鲁东大学以及山东交通学院 7 所高校，仅中国海洋大学就占了将近一半，有 12 个涉海类专业。而位居半岛蓝色经济区中心城市的烟台，只有烟台大学海洋学院和鲁东大学交通学院设置了涉海类专业，而且其相关涉海类专业也仅包含水上运输、水产养殖及船舶工程等几个传统专业。而其他如海洋经济、海洋物理、海洋化学、海洋生物、海洋生态、海洋地

质等现代相关涉海类专业在烟台市这一区域中的高校内仍然没有涉及。

二、烟台市区域内高校当前涉海类专业设置存在的主要问题和不足

烟台市区域内共有15所高等院校，根据这些院校的专业设置情况，以及参照半岛蓝色经济区的经济发展规划目标，可以看出，目前在烟台市这一区域内的高等院校关于涉海类专业设置主要存在以下三方面问题和不足：

（1）在高校定位、服务面向及专业规划等方面需要调整，并且关于半岛蓝色经济区内相关产业需要设置的涉海类专业群的建设也需要进一步加强。最近几年，烟台市区域内的高等学校在办学定位和专业设置方面，其培养目标主要是服务半岛内高端制造业基地以及满足新型工业化道路的需要，机械工程类和电子机电类工科专业比较多，包含机械设计与制造、汽车制造与装配技术、机电一体化技术等，而关于海洋产业的涉海类专业仅集中在以港口物流、水上运输、水产养殖等为主的传统产业，但涉及海洋高科技产业等相关的涉海类专业则寥寥无几。

（2）已有的专业与半岛蓝色经济区的发展规划所需要的产业结构不匹配，在专业发展上呈现了一定程度的低质同构化趋势。区域内高校中师范类和经管类专业偏多，如7所本科院校中的6所都开设了经管大类相关专业，而且专业同质类重复严重，鲁东大学和烟台大学有1/3的师范类相关专业相似或相近。而关于涉海类专业的设置却较单薄甚至仍为空白，特别是关于海洋高端产业的海洋装备制造专业、海洋能源专业、海洋生态专业、海洋生物专业、远洋渔业专业等出现的空白点较多，而且也只有烟台大学设置了唯一一个海洋渔业科学与技术专业。

（3）学科专业群的整体结构不尽合理，涉海类专业学科单一，不仅布点少而且过于集中，没有形成相互协同和相互支撑的格局，不仅如此，其培养的人才层次结构也不尽合理。烟台市区域内高校涉海专业主要集中在烟台大学海洋学院，根据对烟台大学的调研，烟台大学相关涉海类专业只在海洋学院开设，而且基本是有什么条件才开设相应专业，缺乏前瞻性和系统性规划，从整体布局上看涉海类相关专业体系建设仍处于起步探索阶段，学科专业之间关联度较低，相互渗透与交叉不够，距离建成相互支撑、协调发展的专业群还有较大差距。专业发展也不够平衡，新建涉海专业基础比较薄弱，专业改造与调整

的任务还比较艰巨，缺少纵深、厚度，没有形成能互相依存、互相促进的有机学科专业群。目前尚无省级及以上的涉海类重点学科和特色专业，更没有相关涉海类的博士点和博士后流动站，部分学科还没有清晰的研究领域与研究方向，学科专业优势不明显、整体水平不高。

三、服务半岛蓝色经济区，构建地方高校涉海类专业体系的建议

要大力发展海洋教育，尤其是海洋高等教育，为半岛蓝色经济区发展提供智力支持和人才保证，力争使海洋类相关人才资源的总量、素质、结构适应半岛蓝色经济区的健康有序发展。烟台地处半岛蓝色经济区核心和前沿地带，具备发展临港产业和海洋经济得天独厚的条件，也有发展临港产业基地的优势，四大海洋支柱产业突出，具备发展海洋旅游、海洋经济和海洋生物产业的基础，服务山东半岛蓝色经济区不但为烟台区域内高校的生存和发展带来了机遇，而且对区域内人才培养模式提出了新的挑战和要求。建议采取以下措施，以凸显区域内高校办学特色，更好地为地方经济建设服务，有力促进高等学校的持续稳定发展：

1. 政策引导，加快区域内涉海类高等教育资源整合发展

为了更好地为山东半岛蓝色经济区的发展服务，要加快相关院校增设涉海类专业的步伐，这需要与其他一系列有关要素做系统配套，而在配套过程中相关涉海类特色专业将得到发展。所以，要在调整与优化涉海类专业的过程中取得最大效益，关键是区域内高等教育资源的合理配置。各级政府有必要加强对相关院校涉海类专业体系建设的扶持力度，制定相关倾斜政策，从政策上加以引导。可以考虑对区域内相关高校以及相关院校相关专业进行整合，提高相关院校整体办学水平。可以借鉴其他省份的经验，如 1995 年由湛江水产学院和湛江农专组建而成的湛江海洋大学，自学校诞生之日起，得到广东省委、省政府的大力扶持，已实现了“三大跨越”，目前已成为广东省 8 所重点发展大学之一。1998 年，在浙江水产学院和舟山师范专科学校基础上合并组建而成的浙江海洋学院，在组建后的 5 年时间里，学校获得了跨越式的发展，规模迅速扩大，内涵不断提高，目前已成为我国大陆海洋类排名第三的综合类院校。而福建集美大学由厦门水产学院与集美航海学校等一些涉海类学科、专业合并而成，目前也已成为了福建省内一所著名大学。针对烟台市区域内单科性院校偏

多、综合类院校偏少的现状，有必要对相关院校与专业进行相应的整合，以提高相关院校整体办学水平和竞争力。

2. 科学地组建涉海类学科专业群

高等教育从功能和类型两个方面不断细分，从而导致不同高等院校的产生，无论是哪一所高校都无法涵盖高等教育的所有类型、所有层次以及所有的功能。因此，各个高校只能根据自身条件，选择相关专业来满足部分社会需求，并以此来发展壮大自己。在烟台市区域的高校必须通过重点突破创建一批关于涉海类的品牌专业及特色专业，从而可以促进部分学校中有关涉海类专业的结构调整优化以及质量的提高。如山东工商学院发挥管理学科优势，在管理工程学院开办工业工程专业，着重解决涉海类造船业焊装生产线的开发、设计和制造中的相关课题。因此，首先以涉海类专业建设统领全局，制定并逐步完善学科、专业建设和发展中长期规划，进一步调整学科结构，完善学科布局；其次根据涉海类学科专业大类组建涉海类学科专业群，这有利于提高高校涉海类专业设置的科学性，从而可以克服当今各个学科、各个专业之间孤立发展的现象，进而可以满足山东半岛蓝色经济区在不同的发展时期、不同海洋产业的发展需要；最后可以把涉海类专业划分成水产类、航海类、海洋经济与社会发展类、海洋工程类、信息类和海洋生物类六大类学科专业群，并基于此沿着“品牌特色专业—学科专业群—学科专业体系”这一新的模式构建科学专业体系，即把品牌专业和特色专业作为龙头，并围绕相关学科专业进行学科专业群的组建，进一步在这些学科专业群的基础上打造一个学科合理的专业体系。只有这样，才能适应山东半岛蓝色经济区对人才要求的新变化，才能免于过于频繁地对学科专业的结构和方向进行调整；新专业的设置也能依托已有的相关学科专业，对现有的办学条件进行充分的利用，最终实现最优化的资源配置。

3. 深化涉海类专业内涵

专业结构从规模、门类以及比例方面规划学校专业整体框架的构建及调整，而专业内涵则体现一个学科专业的特定内涵，它从专业的培养目标、培养模式、课程体系和教学内容、教学手段及其管理方式等方面对专业的教育质量提出了要求，两者是一个相互交织的整体。人才培养的质量高低可以大体反映学科专业调整的效果，而专业结构与专业内涵两者能否协调发展直接关系到专业建设质量的高低。所以，必须高度重视专业内涵的深化。涉海类专业建设体现了鲜明的行业特色（特别是水产类与航海类专业），即具有鲜明的职业性、实践性和应用性，应按照涉海类学科专业发展的内在逻辑要求来安排课程，而且也要注重适应社会需求的变化；而关于课程内容方面，应当注意吸收当今国内外科技发展的新成果。如山东工商学院为了更好地服务地方经济建设，有力促进学校的持续稳定发展，在各专业开设一系列有关地方经济发展的特色课程。为探索这方面的办学经验，学校决定首先在经济学院和管理学院本科专业第五学期和全校选修课中开设《山东半岛经济社会发展概论》课程，配合学校办学定位和发展目标的要求，真正培养出符合地方经济发展需要和高素质、强能力的人才。因此，烟台市区域内高校应主要从以下三个层面来发展提升涉海类学科专业的内涵：首先是继续深化发展那些具有优势的传统的水产类学科专业，如水产养殖、水产品加工以及贮藏工程等，并充分发挥这些传统学科专业的优势，加大传统学科专业（如海洋渔业等）的建设力度；其次是拓展如海洋经济、海洋科学、海洋工程及生物工程（海洋生物方向）等海洋科学与技术类专业；最后是重点发展与海洋高端产业配套的学科专业，如重点发展海洋文化、海洋旅游、海洋经济等专业，争取在海洋教育、蓝色意识以及可持续发展的模式选择上取得突破，以进一步提升山东半岛蓝色经济区发展的软实力。

4. 专业设置突出蓝色经济导向

山东省委省政府从全局角度和战略高度出发做出了一个重要的战略部署，即大力促进海洋经济的发展，增强开发海洋资源的科学性，培育具有优势的海洋产业，打造山东半岛蓝色经济开发区。它为半岛区域内高校的学科建设及人才培养指明了前进的方向。在海洋开发的热潮到来之际，如何开发和管理海洋是我们面临的现实问题，而其中保护海洋生态环境成为首先必须解决的问题。但必须要明确一点，绝不能再走“先开发，后治理”的陆地发展道路，否则人类将面临着难以想象的灾难，后果将难以预料。因此需要从战略高度，统筹发展。基于适度开发和保护海洋环境角度，同时结合综合管理海洋的理念，在涉海类专业体系的设置中，开设部分海洋管理和海洋环境保护等方面的课程，使专业的设置及其在建设的过程中符合可持续发展的科学发展理念，并把“海洋环境保护与可持续发展”看作是区域内高校培养人才的必备理念，使每个学生不仅真正地具有“一技之长”，而且时刻把保护海洋环境、实现可持续发展作为开发海洋的基本理念。作为蓝色经济区主要服务对象的烟台市区域内高校，要积极贯彻落实规划精神，更新观念，转变思想，科学规划，集成发展，以蓝色经济为导向，瞄准半岛蓝色经济区产业规划发展目标。如山东工商学院为深入贯彻“特色兴校”战略，进一步突出半岛经济研究特色，全面服

务地方经济，于2009年6月成立半岛经济研究院，配备了完整的行政机构并增设了专职科研人员，下设半岛城市群与产业发展、半岛区域经济评价与规划、半岛区域生态与可持续发展、半岛区域社会与文化发展四个研究所。突出半岛经济区域特色，坚持学术研究与服务地方经济相结合的原则，打造学校学术品牌，参与省情市情调研、政府政策论证和研究信息反馈的参事功能；承接地方企业委托项目研究，解决企业实际问题的服务功能；担当半岛经济研究学术交流和信息资源平台建设的组织功能。在专业设置方面，重点加强涉海类相关学科专业的建设，占领制高点，巩固优势点，培育增长点，补足空白点，避免重复点，调整学科专业，优化专业布局。

（本文摘自：《山东工商学院学报》2013年第1期　作者：盛国军　杨家珍）

区域经济发展视阈中的高校办学特色研究

——以山东工商学院为例

高校必须走特色发展之路已成为高等教育界的共识，与此相关的研究也很多。但高校怎样才能形成办学特色，特别是数量与类型众多的地方院校应当如何培育与区域经济发展相适应的办学特色，相关研究依然不足，亟待进一步拓展和深入。本文以山东工商学院探索特色办学发展之路为例，对此问题进行探讨。

一、研究现状简述

国内学者对高校办学特色也进行了广泛研究，现有研究主要集中在以下四方面：

1. 办学特色的内涵研究

学者对办学特色这一问题的研究很多，主要从精神理念意义和制度文化两方面展开研究，具体体现在治学方略、办学观念、办学思路、科学先进的教学管理制度、运行机制、教育模式、人才特点、课程体系、教学方法以及解决教改中的重点问题等方面。王宗敏将办学特色界定为学校在长期教育实践中形成的独特的、优质的、稳定的教育风貌，将办学特色概括为学科特色、科研特色、人才培养特色、校园文化特色四个方面，这是当前比较有代表性的一种认识。教育部2003年颁布的《普通高等学校本科教学工作水平评估方案（试行）》对办学特色的界定更加宽泛，体现在治学方略、办学观念、办学思路，科学先进的教学管理制度、运行机制，教育模式、人才特点，课程体系、教学方法等方面。不过，学者对此并未达成共识。

2. 追求办学特色的原因分析

办学特色已成为国内高校的普遍追求，对于其原因，学者多有研究。李泽彧认为，社会需求是高校追求办学特色的关键原因。白同平等认为，来自社会的竞争压力是当前高校普遍追求办学特色的重要原因。2003 年教育部对高校教学工作的评估文件单独设立了一个“特色项目”，并明确规定评估结论为“优秀”的学校必须“特色鲜明”。所以学者们也普遍认为，教育部的政策导向对高校办学特色影响很深远。

3. 形成办学特色的途径研究

关于如何形成办学特色的研究，学者一方面从理论上加以提炼，另一方面从自身实践中进行总结。方中雄认为，高校只有在发展自身优势的过程中逐渐形成稳定的办学风貌，才能适合现实形成特色。刘献君认为，除建设研究型大学、教学研究型大学、教学型大学外，还应该建设教学服务型大学，这样更有利于凸显大学的办学特色。赖华清等结合各自高校实践提出了办学特色形成的一些经验，对地方高校在特色凸显的创新战略下，选择和构建地方经济服务的路径问题进行了研究。也有学者从阻碍高校办学特色形成的角度进行研究，黄启兵就从制度层面分析了我国高校办学特色难以形成的外在原因，认为重点大学制度和高度集权的管理体制是办学特色建设中的桎梏。逄锦聚从国家制度和政策、学校发展历史环境和文化、党委和校长、教师和学生四个方面全面讨论了影响高校办学特色的因素。

4. 服务区域经济对地方院校办学特色形成影响的研究

学者们普遍认为，地方院校在办学特色建设方面应当突出地方性和实用性。但对地方院校办学特色建设中存在的问题、原因和如何构建办学特色则观点各异。袁小鹏等指出，地方高校要从自身特点、优势、传统和区位等因素出发，确立本校服务社会特有的区域空间、独具特色的人才培养模式和规格以及与之相适应和配套的教育风格与运行机制。郭勇义等认为，实现地方院校持续发展的核心逻辑是办学特色和学校的培养能力。很多学者从个案出发，讨论高校办学特色和服务地方经济关系问题。如李泽彧等以龙岩学院这一新建地方本科院校为例，论述了培育、凝练办学特色以及服务地方经济社会发展的思考与实践。综合以上分析可以看出，关于高校“办学特色”的研究已经很多，在许多方面达成了共识。但也存在一些不足：①现有研究主要以理论分析和个案描述为主，缺乏广泛调研基础上的系统总结和提炼，尤其是对地方财经院校办学特色的研究成果比较缺乏；②学者们对办学特色的内涵与外延等的认识尚存在较大分歧，直接影响到研究成果在实践中的应用；③现有研究主要从高等院校也就是人才供给的角度展开，很少从社会经济发展对人才需求的角度展开，所研究的特色主要是不同高校之间相比较而言的，缺乏与地方经济社会发展相适应的内涵。在高校办学特色建设实践上，国内许多高校已经取得了一定的成绩，但也存在着特色趋同、特色迷失、为特色而特色等问题。

二、山东工商学院的实践探索

烟台市作为胶东半岛制造业基地，是山东省经济建设和社会发展的重点，急需高层次人才支撑，而目前烟台市及威海市等周边地区高层次人才的供需矛盾尤为突出，急需高校为地方经济建设和社会发展做出更大贡献。山东工商学院是一所文理工管结合、文理渗透的财经类大学，学校不强调学科的大而全，更看重对区域经济发展需求的满足。

1. 以区域经济社会发展为导向实施教学改革

多年来，山东工商学院以烟台经济社会发展趋势为导向，不断调整专业结构，并且在各专业开设一系列有关地方经济发展的特色课程，积极与地方企业开展合作开发，振兴地方经济，支持了地方支柱产业、特色产业的发展。

首先，开办旅游管理专业。近几年烟台市旅游业有了较快发展，市场巨大潜力需要进一步挖掘。针对人才相对短缺的现状，工商管理学院开办了旅游管理专业。结合城市旅游特点，提出烟台要加强旅游大项目和基础设施建设，突出主题、培育主角、打造特色，提高城市旅游的层次和水平项目规划。并就蓬长龙旅游板块区域合作，整合旅游资源，积极发展休闲度假旅游，构筑起跨区域整体联动的旅游体系。各市（区、县）都要发挥自身优势，打造热点和亮点，促进旅游产业上档升级。多年来，积极与政府企业合作，并与企业合作共建了多个产、学、研中心及多个实习基地，如在烟台市政府旅游部门组织下，参与了烟台市《龙口市旅游规划》、《昆嵛山旅游规划》等 6 个单位的旅游规划评审工作。其次，山东工商学院外国语学院针对韩国在胶东半岛投资增加，对专业韩语人才需求，及时开办了韩语专业。目前，在烟台的韩资企业共有上千家，随着两国经贸往来和文化交流的日益频繁，韩国人已由最初的个人来烟台投资转变为现在的举家在烟台定居。山东工商学院国际交流学院为推进更纯正、更地道的韩国语教学的开展，还与韩国产业人力公团海外教育研修机构——（株）韩中国际交流中心联合开设特色韩国语培训班，授课讲师全部来自韩国并由韩国政府机构严格筛选，以韩国的授课方式、活泼的课堂氛围、严谨的教学态度倾力打造烟台地区最“韩”环境，真正使学习者在中国也能享受到和在韩国留学同样的学习感受，更快速、地道地掌握并使用韩语。最后，山东工商学院在管理工程学院开办工业工程专业也是针对以汽车制造为龙头的半岛制造业基地建设的需求。着重解决汽车焊装生产线的开发、设计、制造中的相关课题，重点解决汽车柔性焊装生产线的开发、设计和制造系统的研究问题，以适应汽车工业多品种、小批量以及换代周期不断缩短的发展趋势。已研究的领域涉及计算机集成制造系统（CIMS）和价值工程，包括生产线三维立体动态设计、计算机辅助设计（CAD）、计算机辅助生产管理（CAPM）、柔性制造系统（FMS）和工业机器人等多个前沿学科在汽车焊装生产线的应用研究。学校还为烟台气动元件厂、渤海汽车三泵有限公司、烟台港务局、贺利氏招远贵金属材料有限公司等解决了实际问题，研制开发了 F 系列阀去毛刺机、可调式恒张力自动跟随系统等产品，自动化程度大大提高，产品质量和劳动效率实现了飞跃。为龙口新达工具厂开发制造的汽车轮胎扳手自动抛光机，将原产量由 100 件/天提高到 600 件/天。先后组织教授开展移动式码包机、BSP—I 型轮胎扳手自动抛光机研制、钻夹头计算机辅助设计系统软件、汽车尾气净化装置研制、配门调整线电控系统、实用车体生产线和模具设计 3D—CAD 软件系统的开发研究、全自动连铸生产线、自由曲面数控加工研究、车体焊接生产线开发设计与研制等合作研究，实实在在地为打造胶东汽车制造业基地提供技术支持和技术服务。

另外，为了配合山东省发展软件产业需要，在山东工商学院信息学院和计算机技术学院的基础上成立了山东省高校首家服务外包软件学院，先后与十多家单位签订了服务外包人才培养协议，培养服务外包人才 1034 人，被确定为首批“山东省重点服务外包人才培训机构”。近年来，计算机科学与技术学院将教学和学生工作紧密结合，突出专业竞赛，围绕培养学生专业技能和实践动手能力、提高专业就业竞争力这一主线积极开展工作，通过 IT 附属工厂（虚拟运行），引进项目化教学模式，极大地提高了学生的专业技术水平和实践动手能力；依据专业建设学生社团，扶持学术型、竞赛型社团，成立了开源软件协会、aceclub、四叶草和数字媒体四个专业社团，围绕大赛开展常态性的学术学习和技术讨论，形成了浓厚的学术氛围，为烟台地区储备了人才。

2. 以区域经济社会发展为导向进行科研创新

山东工商学院主动适应地方经济建设和社会发展需要进行科研创新，相继出台了一系列政策，不断深化科技体制改革，加强基础理论研究，注重科技创新，加快科技成果转化，科研立项、经费、成果和获奖数量大幅度增加。

（1）山东工商学院在地区重大问题咨询方面发挥了主要作用。为了发挥教授的群体优势，更好地为地方经济建设服务，山东工商学院2001年成立了“山东工商学院教授联谊会”。烟台经济技术开发区通过教授联谊会，邀请山东工商学院教授为其重大工程进行技术、法律咨询，以提高政府决策能力。半岛经济研究院副院长朱孔来教授应邀参加科学筹划十二五规划及今后一个时期烟台的经济工作参加会议，提出了加快烟台发展应坚持“环湾建新城、品牌树形象、协同谋发展，全力打造成山东省第三个省域中心城市”的总体思路，并就城市定位、产业定位、品牌定位以及如何加快中心城市建设、调整产业结构、推进全面改革等问题阐述了自己的观点和具体建议，受到有关领导和专家的肯定。在烟台市蓝色经济区专家咨询委员会成立暨工作推进会议上，烟台市蓝色经济区专家咨询委员会共聘请市内外31位专家，山东工商学院的王广成、梁启华、傅志明、朱孔来、刘冰五位教授被烟台市人民政府聘为烟台蓝色经济区专家咨询委员会委员。

（2）山东工商学院紧密围绕烟台市支柱和优势产业、工业集中区建设、重点项目和重点企业，找准切入点和结合点，及时掌握企业的科研需求动态，有针对性地组织力量深入有合作意向的大中型企业开展专题调研，以促成横向合作，全方位参与烟台市经济社会发展实践。承担的横向课题主要有《烟台市2006~2007年度人才引进目录》、《烟台市产业集聚于人才急剧的发展对策》等数十项，为企业咨询服务、成果转化提供了智力支持。山东工商学院积极服务山东半岛蓝色经济区、胶东半岛高端产业聚集区和黄河三角洲高效生态经济区“三大带动战略”，开展了区域经济评价、海洋经济与临港产业、特色农业、经济文化强省与烟台发展等多方面的研究，《山东各市创新能力的综合评价和比较分析》等一大批咨询报告或研究报告被省部级以上机关或企事业单位采用，产生了良好的经济效益和社会效益。制定并实施了《山东工商学院服务烟台行动计划》，积极开展企业培训和承担烟台市公务员培训任务。近几年，完成各类企业培训590班次，培训人员近3万人次，连续3年被评为“烟台发展贡献单位”。

（3）山东工商学院还积极参与产业结构优化调整的规划统筹与企业管理创新研究，倡导国际化合作，承担中日韩东亚环黄渤海经济技术协作市长会议等重要课题的制定和调研。先后为烟台市完成了工业企业结构调整战略和芝果

区第二产业发展的调研，并为烟台华联集团上市公司、喜旺集团、烟台木钟厂、龙口电厂等多家企业承担了管理制度研究和发展战略研究等课题。另外，为最终建成东亚环黄渤海经济贸易区，中日韩十城市已召开了十届市长会议。山东工商学院不但完成了市长会议课题，而且先后承担了十城市产业国际化方向如何加强密切合作、山东半岛城市群外部支撑系统研究、山东半岛城市群休闲产业的研究、济青烟城市化研究、中小城市产业化结构调整等教育部和省社科基金项目的研究。经过多年的探索实践，山东工商学院服务地方的思路越来越清晰，措施越来越具体，一大批咨询和研究报告被政府部门或企事业单位采用，产生了良好的经济效益和社会效益。2011 年，山东工商学院新签横向课题 38 项，横向进账经费 596.955 万元。

3. “培养具有新儒商精神的高素质应用型人才”办学思路的提出

在 2011 年 8 月举办的山东工商学院全体学校领导和正处级干部参加的 2011 年工作会议上，校长刘全顺教授在对经济社会发展需求和山东工商学院学科布局、办学理念、区位优势、毕业生就业去向等办学实际进行全面分析后，提出要以培养“具有新儒商精神，具备新儒商素质”的人才为主线统领人才培养过程、培养体系、培养模式，打造山东工商学院的人才培养特色。这一办学思路得到了与会者的积极响应。之后，学校党办发文，把“培养具有新儒商精神的高素质应用型人才”作为学校办学思路正式提出。“培养具有新儒商精神的高素质应用型人才”这一办学思路的提出，是山东工商学院在学校层面人才培养的特色追求的新探索，标志着特色办学更加鲜明、思路更加明确。

山东工商学院是一所植根于齐鲁文化沃土的大学，在二十多年的历史发展中，不仅为经济社会发展做出了积极贡献，而且积淀了以“惟平惟准，近知近仁”为核心、具有一定底蕴和个性的山东工商学院文化。新儒商文化是秉承学校文化传统和办学理念、顺应经济社会发展需要、立足地处齐鲁之乡的文化区位优势、结合自身财经类院校的类型特征，对山东工商学院文化的新提炼、新概括，是新的历史条件下山东工商学院文化发展的新方向。通过新儒商文化建设新儒商文化深入人心，形成体现新儒商精神的优良校风、教风、学风，开发一套彰显新儒商精神的大学文化识别系统，打造一批有特色的新儒商文化活动品牌项目，培育一批有影响的新儒商文化研究成果，培养具有新儒商精神的高素质应用型人才，努力使山东工商学院成为传承、发展儒商文化的重要基地、示范区和辐射源，打造山东工商学院的人才培养特色和校园文化特色，推进特色兴校战略，提高学校的知名度和竞争力。“十二五”期间，学校把实施“新儒商精神文化建设”、“新儒商物质文化建设”、“新儒商行为文化建设”作为战略重点，以实现新儒商文化建设的有序、快速和整体推进。新儒商文化建设涵盖和渗透在我们山东工商学院工作的方方面面，是一项长期而复杂的系统工程，我们还在积极探索实践中。

三、关于特色的两点思考

一所大学要在高等教育大发展的机遇和挑战面前有所作为，首先必须明确两个问题：一是高水平教育教学在学校各项工作及发展中应居于什么样的地位；二是我们所要实施的是什么样高水平教育教学，有什么特色。因此，特色办学是一所大学生存和发展的根本。根据对山东工商学院的特色办学之路的探索，我们提出两点思考：

（1）办学特色需要与当前社会发展需求相契合，还必须符合各自学校的办学实际，还要体现区位优势。例如，山东工商学院是一所地方性、教学型财经院校。地方性、教学型、财经类三大特征不仅决定了高水平教育教学在山东工商学院各项工作及发展中的地位，也决定了所要实施的高水平教育教学应具有的特色。这里所说的地方性，不仅是指学校在行政隶属关系上归山东省管理，更重要的是指学生的来源及毕业后的就业去向都以山东为主。作为一所教学型院校，教育教学水平是学校办学水平最集中的体现，教育教学水平就代表了学校的水平，代表学校在全国同类型院校中的地位，也代表学校在国家高等教育体系中的地位。因此，实施高水平教育教学应当是学校的中心任务，在学校的各项工作及未来发展中，应当居于主导地位。地方性、教学型、财经类三大特征决定了山东工商学院所实施的高水平教育教学应突出以下三方面特征：一是立足于地方、服务于地方，更好地为地方经济建设与社会发展服务；二是人才培养的目标与规格应当是应用型、复合型高素质人才；三是人才培养的重点或主体应当是经济与管理专业人才。这三方面归结到一起就是山东工商学院所要实施的高素质教育教学的特色，即培养适应地方经济建设与社会发展需要的应用型、复合型高素质经济与管理专业人才。因此，在牢固树立为地方经济建设与社会发展服务理念的同时，努力把握地方经济建设与社会发展对人才的需求，在专业设置、教学内容、课程体系及培养模式上，与地方经济建设与社会发展的需要紧密结合起来，根据财经学科的特殊性及高水平教育教学的要求，构建高水平教育教学平台，同时加强实践性教学环节，突出学生实际应用能力的培养。

（2）特色的凝练需要将人才培养过程、培养体系、培养模式统领起来，在学校层面有统一明确的追求。办学特色和学校的办学定位密切相关，它对于一所学校在办学过程中表现出来的有别于其他学校的独特的办学风格、独到的办学理念以及在人才培养、科学研究、校园文化等方面的特色需要有一个明确的方向性选择，只有明确了方向和思路，才能对学校的发展产生引导作用。像山东工商学院，以前更多的是教学模式改革、教学体系改革、人才培养模式改革等微观层面的思考和探索，而对于学校层面的办学特色的思考较少。“培养具有新儒商精神的高素质应用型人才”这一办学思路的提出解决了这一问题。有了准确的定位，学科专业设置、科学研究和人才培养模式改革等都有了明确的方向。当然，办学特色对于一所学校至关重要，但是，办学特色并不是需要经常改变的，一旦明确，更多的工作是需要在具体工作方面去落实。西方国家历史悠久的著名大学，如剑桥大学在800多年的历史发展中、哈佛大学在300多年的历史发展中，已形成了相对固定的传统和风格。因此，这些历史悠久的著名大学并不经常讨论办学特色与办学目标。与这些大学相比，我国的大学办学时间普遍较短，面对社会经济的发展和全球化进程的加速，对我国大学来说，深入思考“办一个什么样的大学，怎样办好这样的大学”是一个非常重要的问题，在传承中创新、在发展中积淀，进而形成符合各自特色的稳定的办学模式，意义重大。

（本文摘自：《高教研究与实践》2013年第1期
作者：杨家珍　吴树勤　葛喜艳）

浅谈高校聘任制下的教师绩效考核体系

随着科技进步、社会发展、环境变迁，传统计划经济下高校的人事管理模式已经难以适应高校的发展。部分高校已经将高校的人事改革与学校的长远战略联系起来，深化学校的用人制度，实行教师聘任制。尽管有关绩效考核的问题研究历史悠久，但是聘任制下高校教师的绩效考核问题仍需要深入探讨，一套合理科学的教师考核体系亟待完善。

一、高校聘任制势在必行

推进教师聘任制是《教师法》、《高等教育法》的法律规定，是贯彻党中央和全国人才工作会议精神的迫切要求，符合国家事业单位人事制度改革的方向，是实施“人才强校”战略、加强高校教师队伍建设的重要措施，是关系高校改革和发展战略全局的重要问题。教师聘任制最终实现的是人员能入能出、职务能上能下、待遇能高能低。教师聘任制有利于全面提高教师队伍的大局意识与全局观念，有利于淘汰不合格的教师，从而促进高校和教师教学水平和能力的提高。与此同时，教师聘任制的实施离不开高校教师的内部管理的加强、不断完善的教师管理的规章制度以及健全的教师绩效考核制度。由此，教师聘任制的实施将会实现高校人事管理一次大的变革，使高校资源的重新配置，为高校内部管理体制改革指明新的方向。

二、对绩效考核的认识

结合高校的聘任制，我们将绩效考核定义为：高校在既定的战略目标下，运用特定的标准和指标，对高校教师过去的工作行为及取得的工作业绩进行评估，并运用评估的结果对教师将来的工作行为和工作业绩产生正面引导的过程

和方法。高校在制定发展规划、战略目标时，为了更好地完成这个目标，需要把目标分阶段分解到各二级学院以及各个科室，最终落实到每一位教师身上，也就是说每位教师都有任务。绩效考核是将高校中长期的目标分解成短期目标，不断监督教师实现、完成的过程，有效的绩效考核能更好地帮助高校实现其战略目标。绩效考核是一个不断发现问题、改进问题的过程。高校的绩效考核与利益挂钩，“与利益不挂钩的绩效考核是没有任何意义的”。但是高校的绩效考核并不只是与利益有关系，合理科学的绩效考核有利于高校教师个人的发展和能力的提高。

三、我国高校在绩效考核实践中存在的主要问题

1. 绩效考核与高校的战略目标相脱节

绩效考核与高校的战略目标相脱节有以下三种情形：①高校的战略目标不够明确，战略目标不明确导致无法与绩效考核体系联系起来。②高校战略目标明确，但是绩效考核纯粹是为了方便老师的利益分配，不能实现两个系统的有机统一。③高校战略目标模糊，绩效考核体系也不完善，虽然高校有将两者结合起来的想法，但是因为系统的不完善，无法实现。以上三种情形不利于高校战略目标的实现，同时也会导致绩效考核失去方向。

2. 绩效考核体系不够科学和规范

绩效考核体系的不规范主要是高校没有按照系统论的观点将高校的战略目标转化为各二级学院、各科室、个体等不同层面的目标。尤其在协同一致的努力上完全不够，只是简单地将考核指标进行分解，也没有配套相关的规章制度，缺乏有效的绩效沟通。绩效沟通应该是贯穿于整个绩效考核的过程中的，在制定学校、各二级学院、各科室、个人的绩效目标时，必须有合理的绩效沟通，合理的绩效沟通是绩效目标达成的关键。但是在高校的绩效考核过程中，缺乏有效的绩效沟通，大部分是采用“设定目标—秋后算账”的方式，或者绩效沟通存在严重的滞后性和随意性。

3. 高校绩效考核缺乏有力的支持

高校绩效考核工作缺乏有力的支持在高校至少体现在以下三个方面：①高校领导不够重视。高校领导对高校绩效考核全部交给相关的人事部门，对于绩效考核的结果很少过问。领导的不重视导致绩效考核在教师当中也很难引起足够的重视，显然不利于绩效考核的开展。②没有科学的绩效考核工具和方法。

我国高校对老师进行考核的方法太传统、太单一，实际上只是传统的绩效评价，工具的缺乏和方法的传统单一使之没有形成系统。③缺乏专业的管理人员。现阶段，对高校教师进行考核的大部分是各科室办公室主任以及相关的人事管理人员。考核人员专业知识的欠缺是高校教师绩效考核的“瓶颈”。

4. 过分关注短期绩效而忽视长期绩效

随着社会主义市场经济体制的建立，急功近利的思想不仅在我国企业人员的脑海中根深蒂固，在我们高校教师的脑海中也渐渐成形。他们出于个人或团队对于利益的诉求，牺牲长期绩效来获得短期利益，严重干扰高校的整体战略布局。

四、高校聘任制下教师考核体系的方向

1. 从高校的战略层面来重视绩效考核

绩效考核与高校战略相脱节会使高校的战略无法得到有利的实施，当然也不利于高校聘任制的实施。在确定高校的使命、愿景和战略之后，高校应该通过各种渠道积极与教师进行有效沟通，将高校教师的绩效考核与高校的战略目标结合起来。

2. 建立科学规范的考核体系

在高校聘任制下，教师绩效考核的成效取决于众多因素，其中科学的考核体系是必需的。笔者认为应该从以下五个方面建立科学规范的考核体系。

（1）选择科学适合的考核工具，现有高校的绩效考核工具太过传统单一，可以在高校绩效考核过程中，引入关键指标和平衡计分卡等绩效考核工具。两者相对而言，平衡计分卡更胜一筹，但是结合我国高校聘任制实施时间较短的特点，应该选择适合学校校情的考核工具。

（2）保障专业力量，考核人员专业知识的欠缺是高校教师绩效考核的“瓶颈”，因此高校对人力资源管理专业人才的引进势在必行，专业力量的保障是高校聘任制下绩效考核体系完善的必要条件。

（3）创新教师的考核手段。传统的教师考核手段太过单一，主观性太大，影响了考核信息的全面性和准确性。高校教师考核可以通过360度考核法来进行。360度考核法又称全方位考核法，最早被英特尔公司提出并加以实施运用。该方法是指通过员工自己、上司、同事、下属、顾客等不同主体来了解其工作绩效，通过评论知晓各方面的意见，清楚自己的长处和短处，来达到提高

自己的目的。高校教师可以通过自己、院系主任、办公室同事、学生等不同的主体来了解自己的工作绩效，各个考核主体通过不同的量化标准来进行打分，最终确定考核等级，这样避免考核主体单一（领导或学生）从而造成考核结果失真的现象发生。360度考核法可以防止高校教师的急功近利行为，在一定程度上增加了教师的自主性和对教学工作的控制，使教师的积极性更高，对学校更忠诚，提高了教师的工作满意度。360度考核法可以避免学风浮躁、学术成果短期化的弊端。

（4）强化和规范绩效沟通的意识。绩效沟通应该是贯穿于整个绩效考核的过程中的，在制定学校、各二级学院、各科室、个人的绩效目标时，必须有合理的绩效沟通，合理的绩效沟通是绩效目标达成的关键。而且在绩效考核完成以后，要积极地与教师进行沟通，对绩效考核的结果做出正确合理的评价，并说明下一周期如何改进自己的绩效。这样不仅能体现领导对教师绩效的重视，让教师感受到学校的“爱”，同时也有利于利益的分配，以及高校教师的个人发展。

（5）加强高校的基础管理和配套制度的建设。当前我国高校的管理水平和管理制度建设还处于整体落后、良莠不齐的局面。现阶段，高校聘任制的实施要求我们不得不建设高校的基础管理和配套的制度。只有将高校教师的绩效考核与教学水平、科研水平等有机结合起来，实现绩效考核通过传导机制有效地嵌入整个高校的子系统当中，才能确保高校聘任制的顺利实施。深入推进高校教师人事改革，优化人才配置，提高人才质量，促进高校教学科研水平提高，关系到高校未来发展的命脉，也关系到每位教师的切身利益。但高校聘任制是一项系统工程，需要高校拥有进一步办学自主权，需要社会保障体系的进一步完善。在良好的政策环境和社会保障措施下，我们借鉴国外高校的良好经验和做法，不断思考、不断完善，才能有效地推进高校教师聘任制改革的步伐。

（本文摘自：《新西部：中旬·理论》2013年第4期　作者：张卫纲）

高校实践应用型社团存在的问题与对策研究

著名教育家陶行知先生主张“生活即教育”、“社会即学校”、“教学做合一”，他倡导“学习”就是实践，在学习中必须把握实践性原则。无论从教育本质和使命，还是从当下“社会需求导向”教育理念的需求上讲，实践性必然成为教育的显性特征并越来越受到关注。在当下高校社团百花齐放的情况下，实践应用型社团的比例逐渐增多，也越来越受到大学生的青睐。

一、实践应用型社团的内涵与特点

实践应用型社团是高校学生在自愿的基础上，主要以提高学生实际应用技能为宗旨，组织学生参加社会实践、科技创新等系列活动的学生群众性组织，旨在增强学生的实践能力、创造能力和专业知识综合运用的能力，帮助和引导学生适应社会，实现教育的“预就业”和“预社会化”，如职业发展协会、公共关系协会、冲浪口才协会、电脑协会等。实践应用型社团除具备高校普通社团共有的特点外，因其独特的活动方式和群体特征，实践类社团还具有自己的特点。

1. 以实践性为根本特性

实践性是指人们在进行创造性思维的活动中参与实践，在实践中促进思维能力的进一步发展，在实践活动中检验思维成果的正确性。没有实践，思维的发展就失去了原有的动力，就不会有创造性思维产生。从社会发展的角度来看，人类是在参与社会劳动中产生的，人的思维、意识能力也是在实践劳动中形成的，实践应用型社团的实践特性是其最鲜明的特点。近年来，随着高校社团数量的快速增加，社会实践类社团的比例逐步攀升，与此同时，具有较强专业知识背景的社团也越来越受大学生欢迎。随着高校毕业生数量的增多和

“社会需求”导向的高校培养人才模式的转变，实践类社团受到大学生热捧、具有较高的参与度的根本原因就在于这类社团以参与社会实践为主要活动目的，大学生在参与社会实践的过程中“受教育，长才干”。

2. 以培养能力为首要任务

高校学生社团作为繁荣大学校园文化和拓展学生素质的主媒介，得到了前所未有的发展。社团组织体现出了当代大学生特有的精神面貌，也代表了追求理想、自强自信、有着共同志趣和爱好的大学生群体，不仅能极大地丰富大学生的课余生活，也能够为他们提供展示自身个性和才华的广阔舞台。大学生利用课余时间参与社团活动，使习惯了应试教育环境下学习方式的学生将更多的精力和注意力转向课外，把课外领域的社会实践当成培养自己的重要途径。学生在参加实践的同时，一是能把所学的知识用于实践活动中，可以缩短理论与实践的距离，二是能够更快地了解社会需要，从而调节自己的知识结构，做到未雨绸缪。

3. 以社会化为终极目标

人如果在出生以后与社会隔绝，不与社会文化接触，将仍然是一个动物性的人。“野孩”、“狼孩”的故事告诉我们，人要想在社会中生存，必须要经历社会化的过程。格奥尔格·齐美尔围绕社会群体形成过程首先提出了“社会化”的概念。社会化是社会将一个自然人转化成为一个能够适应环境、参与社会生活、履行一定社会角色的社会人的过程。社会化的最终目的就是塑造与社会生活相适应的“社会人”，大学教育的最终目标也是培养有素养、有知识、有道德的能够适应社会的人，因此帮助大学生“社会化”亦是大学的重要使命所在，这与当下提出的高校要以“社会需求为导向”培养人才模式是不谋而合的。而要想实现人的“社会化”，一般认为需要身心条件、社会条件和人与社会交往条件，实践应用型社团恰恰能够提供大学生与社会交往的机会，让大学生在与社会交往的过程中实现社会化。社会化是实践应用型社团的终极目标，也是实践应用型社团的生命力所在。

二、实践应用型社团存在的问题与对策

1. 实践应用型社团发展目标定位不准确

实践应用型社团的发展目标定位不准确是当前这类社团存在的普遍现象。对于社团的发展而言，设定目标可能要比如何实现它更为重要，一旦目标被设

定，达到目标在一定程度上就只是行动问题。有些高校的公共关系协会在社团组建当初没有经过细致的考察和设计，缺乏明确的定位和发展目标，比较盲目，只是凭着创建者一时的热情而建立起来，没有核心理念作为支撑，容易在日后的发展中偏离方向，造成“实践社团无实践”的现象，毫无特色可言。北京大学的山鹰社是北大乃至全国“办得最好、影响最大的社团”，首先就是因为它有明确的自身定位和鲜明的社团精神。实践应用型社团的发展目标定位不准确，主要在于对这类社团功能的理解偏失和对社团独特性把握不准确。社团是一种组织，在巴纳德（Barnard）的组织理论中，组织目标是一个正式组织的三个要素之一，而且是最为根本的要素，是一个组织真正独特的主体性所在。组织目标的设定需要能够整合来自组织内部和组织外部环境的要求，成为体现组织主体性和组织追求的标志，组织目标本身的存在就具有极其重要的价值。认识到实践应用型社团的社会化、培育实践、生活教育等功能，就能够给该类社团一个很好的发展定位，社团发展就不会盲目，所有的活动都会围绕这个目标展开，实践应用型社团的发展问题就会迎刃而解。

2. 实践应用型社团活动内容缺乏独特性

实践应用型社团活动依赖性强，活动内容缺乏创意和独特性也是目前不少实践应用型社团存在的问题。当学校主管部门发出号召，实践应用型社团能够积极参与并有效地开展一些活动，但内容和形式却是与其他社团无多大差异。实践应用型社团停留在简单的校外专家报告会、校外青年志愿服务者活动上，很难吸引大学生特别是高年级学生的积极参与，甚至存在有些社团是为了开展活动而开展活动的问题，社团成员聚在一起逛公园，也都算在社团举办活动的范围之内。有些实践应用型社团会模仿其他社团的活动形式，如有些学校的职业发展学会开展诸如电影赏析之类的社团活动，缺乏与其他社团活动的差异性，没有形成自己的品牌活动。社团组织的发展犹如一个企业的发展，同样要讲究发展战略。任何组织的发展战略都是以其生存发展作为起点和归宿，是对组织所拥有的资源进行分配和调整的决策依据。迈克尔·波特指出，战略是由组织独特而有价值的定位所创造出来的，它涉及一连串不同的活动。世界上若真有一个理想的定位，那就不需要战略了，所以战略性的定位本质是选择有差异的活动。差异化是任何组织凭借其独特性和不可替代性来取得优势地位的关键所在。实践应用型社团的发展亦是如此，实践应用型社团缺乏独特性思维和差异化竞争战略是其活动缺乏差异性的原因所在。

3. 实践应用型社团组织机构缺乏灵活性

好的社团需要有适合的组织体系，目前实践应用型社团的组织体系设置与自身的业务存在很大的偏差，没有结合自己社团的特点进行组织设置，导致活动的开展偏离了社团主旨业务轨道。例如，职业发展协会应当是以职业规划与服务为核心，但是其组织设置中却缺乏与职业发展相关的部门，如缺乏职业发展部、策划部、人力资源部等与职业发展社团主旨业务紧密联系的部门来开展职业发展讲座、招聘会、社会实习实践等活动。没有合适的组织机构就很难把握好社团的发展方向，社团的活动主旨方向必然会偏离。很多实践应用型社团的组织机构设置都是模仿其他社团的组织机构模式，设立了许多无用的组织机构而忽视了自己社团的独特性。实践应用型社团的组织机构设置缺乏灵活性，一是由于好多实践应用型社团处于社团的初创阶段，规模比较小，关系简单，社团组织结构相对不正规，社团的发展处于模仿阶段，当社团发展进入正规阶段，组织不断扩大，可能会产生建立在职能专业化基础上的社团组织机构，且分工明确。二是由于实践应用型社团的发展目标定位不准确，没有正确的方向定位，组织机构的设置就会停留在模仿的阶段，开展活动必然无的放矢。

4. 实践应用型社团文化建设薄弱

实践应用型社团存在社团文化建设薄弱的现象，大部分实践应用型社团没有自己的愿景、宗旨、旗帜、会歌之类的文化建设内容，更谈不上自己的社团价值归向。有很多实践应用型社团的活动停留在“简单地到社会上转转”，往往是一些“有实践之名，无实践之实”的社团活动。社团文化的传承在一定意义上能够影响社团活动质量进而影响社团的发展，符合社团理念和文化的活动是高质量的社团活动，也只有策划和举办有本社团文化气息的活动，社团才能够健康发展。如果社团活动只是为了活动而活动，不注重对社团文化的建设，必然会导致社团的发展动力不足。社团文化对一个社团的发展具有深远的影响，其不会因为成员的改变而改变。

实践应用型社团存在社团文化建设薄弱的问题首先是对社团文化建设的重视程度不够。只有思想上意识到社团文化对于一个社团发展的重要性，社团文化建设才能够有所发展。其次就是社团文化建设的趋同化问题。社团的类型不同、理念不同、成员不同等必然要求文化的差异性。

实践应用型社团文化建设中“机械模仿”的现象比较突出，文艺化、公益化实践应用型社团必然导致自身社团文化的缺失。社团文化建设的趋同化亦是社团文化的缺失，社团必须注重自身特色文化的建设，必须结合自己的实践建设符合自身特色的社团文化，这样的社团文化才具有超强的生命力。

5. 实践应用型社团数量总体不足

某大学2011年社团总数大约为261个，而其中的实践类社团只有10个。综观目前各类高校的社团结构类型，实践应用型的社团数量明显偏少。总体而言，社团中文体娱乐型较多，而实践应用型明显少于其他类型。大学生社团多集中在文体等方面，如球类、舞蹈等，因此使社团发展方向充满着趣味性、娱乐性，相比较而言实践类的活动相对较少，并且活动水平也不够高，气氛不够浓。相对于社会对高等教育发展的要求和实践应用型社团的功能，其数量完全不能满足学生发展的要求。

实践应用型社团的数量总体不足，首先是各高校对实践应用型社团的重视程度不够，没有认识到实践应用型社团在人才培养中的作用。新社团的成立和创立效仿其他高校的成分比较多，很少有高校会结合自己高校的学科特色去建设实践应用型社团。其次是实践应用型社团的活动存在一定的复杂性，与其他类型的社团相比较，实践应用型社团的活动开展必须具备一定的实践性、探索性，这无形中增加了此类社团发展的难度。

（本文摘自：《牡丹江教育学院学报》2013年第1期　作者：李新瑾　任祥华）

基于辅导员视角的“90 后”大学生班级文化建设探索

大学生班级是大学的基础教育单元，班级文化就是这个班级的核心，一种良好的班级文化可以增强对大学生的组织凝聚力，班级文化也是一种无形的教育力量，并以此为源头将先进的知识文化辐射到每个学生身上。辅导员作为大学生班级的直接管理者和责任者，协助学生构建一种良好的文化氛围可以使得很多事务顺利开展。同时“90 后”大学生已成为大学生的主体，他们这代人相比前几代人有明显的不同，一些传统的构建班级文化的方式方法已然落后，作为学生辅导员要审时度势，因势利导，在新环境和新形势下探索新的大学生班级文化建设方式。

一、“90 后”大学生创新班级文化建设的必要性

班级文化为全体成员所普遍认可和接受的理想信念、价值取向、生活态度、思维方式、行为方式的总和。很多研究者认为班级文化分为三个层面：制度层面、物质层面、精神层面，具体内容包括班级风气、班级理念、班级奖惩制度等。在当前的社会环境下，一些传统的班级文化方式与当今大学生特点不匹配，班级文化的三个层次出现严重的脱节，导致了班级文化推行困难，从而导致班级向心力弱，组织离散。

“90 后”大学生有很多自身的特点，如独立性和依赖性并存、接受新事物较快、关键时刻能体现责任感、心理承受力弱、人际交往能力欠缺、自我意识强等。在时代发展的今天，班级文化也发生深刻的变革：①班级文化的独立性。大学生在市场经济条件下的个性开始凸显，不愿意过多模仿别人，希望有自己的思维，既有各种活动的“规定动作”，也有很多“自选动作”，这种独立性是当今大学生班级文化特有的标志。②班级文化的多元性。网络、媒体的

日新月异以及社会的多元化价值观导致了班级文化的多元性。③班级文化的成长性。从大一到大四学生的人数可能不变，但是这个阶段大学生的思想是成熟非常快的阶段，所以班级文化需要一种动态的变化来适应学生思想的成熟。可见时代在变化，班级文化和学生主体的特点都在发展，一种新的班级文化形式需要符合大学生的特点，这样才能发挥班级文化的集体趋同性、学生主体性、独特性、动态性等特点，实现班级文化的教育功能、凝聚功能、辐射功能、制约功能、心理调节功能等。

二、辅导员在班级文化建设中的作用体现

通过对“90后”大学生特点以及当今班级文化的发展特点来看，他们之间需要一种桥梁、一个向导，使得双方能够配合好，能够相互衔接，这时候作为班级的主要管理者——辅导员就大有文章可做，需要进一步地开拓新的建设方式。传统的辅导员工作方式既有可取之处，也有很多内容跟不上形式，如对班级文化建设缺乏深刻认识、对班级文化的构建缺乏规划特别是动态的规划、班级文化建设缺乏平台、班级文化建设与日常管理脱节、班级文化建设忽视网络与新媒体等。所以辅导员在面对“90后”大学生的班级文化建设时要敢于打破传统，探索新的建设方式，以符合班级文化发展规律，满足“90后”大学生的需求。今后的工作可以注重以下四点：①培养学生的主体意识。当今大学生主人翁意识很强，一种主体意识可以使大学生在参与班级文化建设时在精神层面有一种主动参与精神，进而在制度和物质层面有所突破。②发挥网络功能。网络和新媒体现在已然是当今社会必不可少的一种媒介手段，微博等及时消息发布工具成为学生们的最爱，辅导员要学会利用网络和新媒体开展班级文化建设。③重视同辈文化的影响。作为学生群体，一些人的做法很容易被他人模仿，通过一种开放式的文化建设体系，大学生可以经受更多的锻炼，增强学生对多元文化的鉴别、选择、批判、抵制能力。④班级文化要有明显的标识性。一种显著的文化标识性可以极大地增强学生对班级的认同感。

三、班级文化建设的新探索

1. 提倡和鼓励“90后”大学生撰写“班级日志”，提供内在活力

班级日志是一种良好的班级文化载体。通过对班级日志的记录可以升华学

生的内在情感，同时班级日志可以采用一天一人的记录方法，这样可以使得学生们更加容易交流和沟通，使得班级文化潜移默化地影响班级所有同学，最终形成一种优良的班级文化载体。

班级日志具有凝聚和激励作用。通过班级日志的形式，班级文化以一种内在的、潜性的方式发挥辐射作用。日志的撰写对学生行为具有良好的导向作用，使得班级内所有学生的行动目标能趋于一致，这就实现了凝聚作用。另外，日志中的一些典型案例可以起到带头模范作用，并激励所有读者。班级日志也可以扩展到网络，加入班级微博或者班级博客。

2. 加强班级虚拟社区的建设，发挥网络平台作用

（1）网络班级或者班级虚拟社区是新媒体高速发展、班级文化日新月异的一种有效应对。新媒体有良好的可视性、互动性、多样性等特点，使得“90 后”大学生很容易执着于新媒体，传统的一些班级文化的建设方式落后于时代，抓不住当今学生的思想和行为特点。引导和帮助学生建立操作性强的网络班级或者虚拟社区可以有效把握学生的思维动态，并辅以有效的教育手段和方法，将思想政治教育融入其中，使得学生更加易于接受。

（2）网络班级文化建设需要重视两个转变。一是单主体向双主体的转变。在网络里辅导员不能“一言堂”，要把学生也作为主体纳入到班级文化建设中来，同时学生思维活跃，由他们来主导可以实现班级虚拟社区的创新发展。二是平面化向立体化的转变。大量的图形、图像以及视频等成为阅读的主要内容，这使得审美情趣呈现感性化特征，会使大学生内心的深度指向缺失，而变得思想“平面化”。这急切需要我们建设“立体化”的网络班级文化，在“立体化”的班级文化建设中，要密切注意大学生的文化动态，从中及时发现他们的心理状态和精神面貌，进而引导大学生建立多元立体化的感情世界，一定要注意网络的负向功能对大学生的不利影响，多开展一些有特色的网络文化活动，在实践过程中形成“全方位，立体化”的班级文化。

（3）网络班级或者班级虚拟社区要实现网络文化与班级文化以及校园文化的融合，实现文化的导向、凝聚、辐射作用。

3. 个案工作方法的引入

注重个体发展班级文化是一个共性的概念，但是不容忽视的是大学生的个性问题，特别是“90 后”大学生特有的一些特点，在共性和个性之间需要一种协调机制，使得学生能够认同这种班级文化的共性。同时也不能忽视学生的个体发展，注意把握个体发展与班级文化共性之间的平衡度。

个案工作方法主要通过一对一谈话方式，找到学生个体的特点和发展意愿，然后通过适当的引导使其加强对班级文化的认同，也可以针对学生诉求对班级文化的建设方式进行调整，以期双方达到一种默契。这种默契的存在一方面有利于文化共性的作用发挥，另一方面有利于学生个性的施展。

4. 学生活动导入企业形象战略，加强文化认同

在“品牌化”的视野下，班级文化的独有性和特殊性显然能够吸引当前大学生的眼球。就像肯德基等名企，一种直观的 LOGO 可以直接抓住顾客的关注点。班级文化同样需要“品牌化”，这就需要在学生活动这个文化载体中导入企业形象（CI）战略。CI 战略的导入可以实现班级文化的鲜明性、独特性，如班级特有的班级口号、班徽、班旗等。同时也可以开展如班级之星、优良学风班的评选，形成专业与专业之间、班级与班级之间、学生个人之间创先争优的良好局面。在导入 CI 战略时一定要注意要和学生专业特色结合起来，将班级文化与专业相结合，特色班级文化就是“窗口”和“名片”，能给班级带来好的声誉，能充分展示一个班级的班风班貌、价值取向，具有强大的教育功能和广泛的宣传效果。

四、结束语

大学生班级文化对学生有巨大的影响力和推动力，把握了文化大的方向，对学生进行思想政治教育就变得事半功倍、富有实效。当然文化是随着时代前行的，在当前的环境下，面对着“90 后”大学生，文化实施的对象不再同于以往，文化教育的手段不再同于以往，文化辐射的方式不再同于以往。这就要求我们辅导员要与时俱进，牢牢把握针对学生特点开展班级文化建设创新这一主线，这样才能培育出优良的班级文化，使得学生享受这种文化氛围，为创建和谐的校园打下最坚实的基础。

（本文摘自：《哈尔滨职业技术学院学报》2013 年第 2 期　作者：左杨）

商务英语教材使用实证研究

——基于山东省内30所高校教材使用问卷调查

一、引言

截至2011年，我国有32所本科高校设立了商务英语专业，开设商务英语方向或课程的本科院校达到540所，在校本科生达到20万。商务英语学科的迅速发展为商务英语教材出版的繁荣提供了客观条件，目前市场上可搜集到的商务英语系列教材多达300多种。商务英语教材建设已成为商务英语学科发展、商务英语教学与研究的重要课题，越来越受到国内专家学者的重视。本文基于对山东省开设商务英语方向课程和专业的30所高校的调查，旨在对商务英语教材使用现状做出分析和研究，并指出存在的问题。

二、商务英语教材的概念和功能

研究商务英语教材，首先需要对“商务英语”概念加以明确。商务英语可以分为普通商务英语（English for General Business Purposes）和专业商务英语（English for Specific Business Purposes）。普通商务英语是个总的概念，它指商务环境下听、说、读、写的语言学习，而特殊商务英语则指某一个国际商务行业领域所使用的、带有明显的该行业特质的英语。如国际商务法律法规英语、国际金融英语、国际物流英语等。目前，市场中的一些国际商务英语教材可分为普通商务英语教材和专业商务英语教材。例如，华夏出版社和剑桥大学出版社合作出版的《剑桥国际商务英语》系列（第三版）、人民邮电出版社的《新剑桥商务英语》系列以及经济科学出版社的《新编剑桥商务英语》系列等，这些教材涉及国际贸易、国际支付、国际物流等众多行业，所以属于普通商务英语教材。而有的教材内容主要涉及某一个领域，如《国际货运代理专业英语》[①] 便属于专业商务英语。

三、商务英语教材研究现状

关于商务英语教材定位的研究，刘法公教授根据 Cunningsworth 在《Choose Your Course Book》一书中对外语教材的定义，总结出商务英语教材应该具备如下功能：①学习者学习商务领域内英语表达的资源；②学习者开展商务交际互动活动的资源；③学习者掌握商务英语语法、词汇和句法特点的真实语料；④获取商务基本知识的渠道之一；⑤师生课堂商务英语活动的范本；⑥通过教师讲解和学生自学而实现目标的学习大纲；⑦可以向缺乏商务英语教学经验的教师提供帮助的参考书。

对于目前商务英语教材存在的问题，很多专家学者也提出了自己的观点，束定芳指出，需求分析在我国外语教学理论研究中是个薄弱环节；莫再树认为，教材和材料真实性不高，仅有 13.7% 的被调查教材表明其所选范例来自真实的商务沟通或英语母语环境。

对于商务英语教材发展方向，王立非教授指出，从目的性、科学性、先进性和知识服务的完备性等入手，建设英语写作资源库，开发网络写作课程和教材，创建写作学习中心，大力发展计算机辅助英语写作评测，全面支持信息技术与课程整合。2009 年，由对外经济贸易大学主持编写了《高等学校商务英语专业教学大纲》，此大纲列出了商务英语所涉及的跨学科知识的内容及大致比例，成为编写商务英语教材的重要依据。

四、商务英语教材出版和使用现状调查

近几年，商务英语教材的出版和发行成果丰硕，市场上商务英语相关教材多达几百种。本文所做调查仅以高等院校在校生为目标人群的商务英语系列教材为研究目标，使用目的以满足商务英语课堂教学的教科书形式。目前笔者可搜集到的此类教材达 30 多种，涉及出版社 16 家，其中高等教育出版社、对外

---

① 中国国际货运代理协会．国际货运代理专业英语［M］．北京：中国对外经济贸易出版社，2004.

经济贸易大学出版社、外语教学与研究出版社、清华大学出版社在出版量上位居前列。近五年，商务英语系列教材出版年份分布情况如图 1 所示（系列以第一本出版时间为准）：

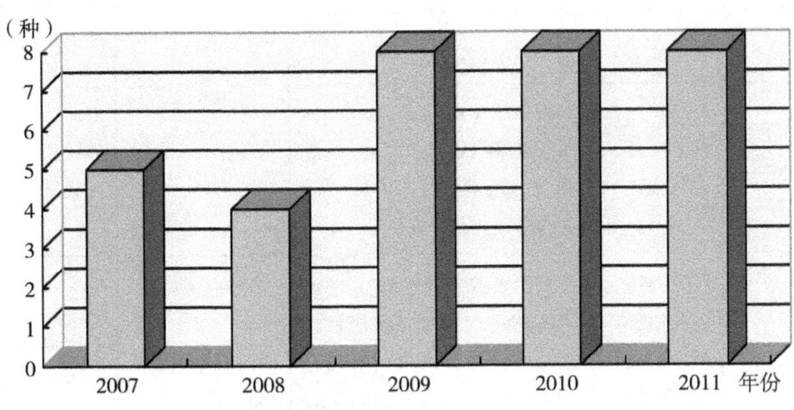

图 1　商务英语系列教材出版年份分布图

通过对山东省 30 所开设商务英语专业课程的高校教师和学生以调查问卷形式，就选择教材种类、使用体会等问题做出实时调查，调查结果显示使用者有 80% 以上集中在下列 8 套系列教材（由于开设课程体系不同，以上系列教材为选择性、交叉性使用），如表 1 所示：

表 1　常用商务英语系列教材综合列表

序号	总主编	教材名称	出版社及时间	备注
1	陈准民	共 8 册：《国际贸易实务》，《商务英语口译》，《商务英语翻译（英译汉）》，《商务英语听说》，《商务英语阅读》，《商务英语写作》，《工商导论》，《国际经济导论》	高等教育出版社 2003 年	“十五”国家级规划教材商务英语系列教材
2	肖云南	共 9 册：《商务英语阅读（精读本）》，《商务英语选读（泛读本）》，《商务英语写作》，《国际商务谈判》，《国际贸易实务》，《国际市场营销》，《国际支付与结算》，《国际商法》，《商务英语听说》	清华大学出版社和北方交通大学出版社联合出版 2003 年	国家教育部新世纪网络课程建设工程项目商务英语系列课程教材

续表

序号	总主编	教材名称	出版社及时间	备注
3	余慕鸿、张汝雯	共8册：《商务英语入门》，《商务英语阅读》，《商务英语写作》，《商务英语谈判》，《商务英语翻译》，《商务英语听说》，《商务英语实务》，《商务英语演讲》	外语教学与研究出版社2005年	高等学校英语拓展系列教程（商务英语类）
4	科顿、法尔维、肯特等	在由培生教育出版集团出版的MarketLeader和Powerhouse系列教材的基础上改编，《综合教程》、《听说教程》、《同步练习》、《教师用书》和配套的录音、录像资料	高等教育出版社2005年	体验商务英语系列教材
5	李波阳	共10册：《商务英语英汉翻译教程》、《商务英语汉英翻译教程》、《商务英语谈判》，《商务英语函电》、《商务英语口译教程》、《商务英语专题写作》、《商务英语口语教程》、《国际商务英语文章选读》、《商务英语一综合业务》、《商务英语综合练习》	中国商务出版社2008年	全国高等院校国际商务英语统编教材
6	辛克尔曼、米歇尔等	共12册：由美国世界贸易图书出版社最新引进，涉及商科知识的各个领域，包括国际经济学、国际贸易、管理学、营销学、国际商法、商务谈判、商业伦理、商业文化、商业合同、商业支付等	上海外语教育出版社2009年	简明商务英语系列教程
7	王立非	共11册：《商务英语综合教程1～4》、《商务英语口译教程》、《商务英语阅读教程1～4》、《国际贸易实务与操作》、《商务英语翻译教程》	上海外语教育出版社2010年	新世纪商务英语专业本科系列教材
8	刘白玉	共8册：《国际贸易实务》、《国际商务谈判》、《国际商务英语实务写作》、《商务英语阅读》（上、下册）、《人力资源管理》、《国际市场营销》、《国际商务礼仪》	中国人民大学出版社2011年	新视界商务英语系列教材

对比以上几套商务英语教材可以发现，新世纪网络课程教材与简明商务英语系列都是从商务知识和技能的培养着眼，侧重经济学、管理学、商法等商科知识的完整框架，同时兼顾跨文化的沟通交际能力，在教材上突出了“商务

模式”，属于专业商务英语；而“十五”国家规划教材、拓展系列教材和中国商务出版社的统编教材则是以跨文化交际课程群为核心，强调在商务环境下英语的听说读写的能力培养，更突出“英语模式”特色，属于普通商务英语教材。其中，新世纪网络课程教材和“十五”国家规划教材是开设商务英语课程学校选用最多的，对商务英语发展的贡献功不可没，但是由于出版时间较早，又主要由非从事商务工作的英语教师编写，所以书中涉及专业知识有的概念不清楚，甚至错误，编排顺序也显得凌乱、不系统，经过近两年的陆续再版，教材质量得到了很大改善。另外，值得关注的是由对外经济贸易大学和上海外语教育出版社共同策划的“新世纪商务英语专业本科系列教材”，是国内首套按照《高等学校商务英语专业本科教学要求（试行）》编写的商务英语专业教材。这套教材的优势在于话题新颖时尚、多媒体资源丰富，视频材料增加了语言学习的趣味性和输入的有效性，满足了个性化教学需要，反映了未来商务英语教材编写的发展趋势，正越来越受到业内人士的关注，特别是受到商务英语专业院校的青睐，但是由于出版时间较短，市场反馈的数据资料还不宜收集。这里两套原版引进和改编的教材值得我们关注，简明商务英语系列教材引进原版国外专家著作，权威性和时效性强，语言简明流畅，概念阐释明确，深入浅出；体验商务英语系列更注意吸收了国外教材版面生动活泼的优点，以学生为课堂教学主体，融入了先进的教学理念和教学方法，体现了今后商务英语教学改革的方向，这些都是我们在今后商务英语教材编写中值得借鉴的。

五、商务英语系列教材存在的问题

对于如何评价一部教材，国内学者钱媛在 T. Hutchinson & A. Waters 的“主观需要分析”与“客观对象分析”相互对照的客观评价方法基础上，提出评价体系中的每个评价项目是对某一特定时期理论的相应反应，评价者可以对所处的时代环境做出适时的评价选择。依据以上理论，我们设计了一份 18 道题的调查问卷，1～5 题是针对教学对象，6～10 题为教学内容和教学目标，14～16 题是针对教学方法，其中有 5 道题是主观性问题，用来了解教材使用者对于教材的要求，其余客观性的问题是为了获取教材本身信息。

此次商务英语教材使用调查问卷的数据分为两部分。教师组为参加“烟台 2011 年山东商务英语研讨会”的 30 所高校任课教师；学生组为山东工商学院外国语学院英语 073、074 班的 71 名学生。随机从 30 份教师问卷和 71 份学生问卷中各抽取10份，并甄选出有效数据，运用SPSS软件进行分析，结果发现：师生对商务英语教材的评价不尽相同，教师对所用教材的评价（均值为7.8155）低于学生的评价（均值为8.1251）；标准差小于1，具有一定的信度与效度，如表2所示。

表2　商英教材问卷调查数据分析表

调查项目	N	Min	Max	Mean	StdDeviation
学生对教材的评价（10分制）	20	7.30	9.10	8.1251	0.67465
教师对教材的评价（10分制）	20	6.80	8.90	7.8155	0.89632

从以上统计结果可以看出，教师组对商务英语系列教材的评价低于学生组的评价，与教师专业授课难度大、教材低于教师预期效果有关。调查数据显示，有65.4%的在校生认为目前所用教材难易度适中，外贸知识全面，注重知识的实用性和运用性，知识结构完整、知识框架清晰，对于提高商务技能和英语应用水平都很有帮助。另有44.6%的被访者提出对现有教材不感兴趣，原因是不习惯用英语去理解和解释商务知识，教材案例较少，内容枯燥没有趣味性，联系实际内容太少。调查问卷显示，有53%的被访学生喜欢英文原版教材，因为其版面设计活泼，内容丰富时效性强，语言原汁原味，可以接触到更多的名词和概念。教师的调查数据显示44%的任课教师认为目前所有教材难易适中，比较满意，一多半的教师对现有教材不满，原因是教材重点不突出，系统整体性差，案例分析太少，缺少教师用书，备课量大，原版教材重点不易掌握，知识框架模糊等，其中以下几个问题比较突出：

1. 系统性欠缺

从问卷调查中发现，系列统编教材大多没有得到统一使用，“十五”国家规划系列商务英语教材和教育部新世纪网络课程商务英语系列教材在调查问卷中是师生反响良好、选用最多的教材，有一半以上的被访学校选用了以上两个系列的教材。但是，由于系列教材各单行本之间质量参差不齐、编写缺乏内在联系和依据，无法形成系统性，这些对商务英语学科建设和商务英语教学都是不利的。

2. 时效性、实用性不强

由于涉及贸易规则或惯例的内容经常被国际商会等组织修订，实践中也有一些人们普遍接受的流行的习惯做法，这些特点对商务英语教材的时效性和实

用性要求很高，但是一些商务英语教材的编写却是照本宣科，没有从实际出发。以《国际贸易实务》为例，《跟单信用证统一惯例》早已在2007年就出版《UCP600》的最新版本了，还有学术界热议的《鹿特丹规则》等，都对《UCP500》做出了很多变动，但是国内出版的很多商务英语教材并没有及时地更新相关知识。令人欣慰的是2010年高教出版社的“十五”国家规划系列教材最新版《国际贸易实务》已经将这部分内容做出了修订，可以看出教材编写与最新国际贸易规则与惯例的颁布存在时滞，当然这个问题有时难以避免，要靠授课教师的课堂补充和解释去弥补；另外，在介绍运输单据的章节，目前国内能搜集到的《国际贸易实务》教材出现了很多雷同，都用大篇幅介绍提单种类、运输流程等，却对现在外贸运输实务中的“电放”等最流行、最实用的概念鲜有提及，使教材在实用性上有所欠缺，造成现在很多毕业生反映许多外贸知识需要在工作实践中现学的现象；再有，现在国际上已经流行简明商务英语信函，但有的商务英语写作教材仍然套用以前的陈旧格式和句型，有的甚至在新出版的教材中还保留电报，却忽略了电子信箱（E-mail）这部分内容。E-mail在现代商务工作中具有不可取代的作用，其特有的简洁高效的语言和庞大的功能是很值得语言学习者学习和研究的，一篇措辞经典的E-mail可以给公司带来巨大经济效益，国外大公司都愿意高薪聘请这样的专业E-mail“写手”。随着对外经济活动的增加和市场的需求，这也将必然成为国内行业的发展趋势。所以今后编写商务英语写作教材时，编者应当关注时代的发展和社会的需求，将E-mail作为重要内容，增强教材的时效性和实用性，这样我们培养的学生才能受到社会的欢迎。

3. 概念不清

商务英语教材中涉及的商务知识对于学语言的学生来说都是很陌生的概念，先入为主的印象非常重要，如果基本概念定义错误，对学生继续学习混淆思路影响很大，毕业后在工作中运用失误损失更大，所以这样的概念性错误是比较严重的。例如，高教出版社“十五”国家规划教材02版《国际贸易实务》第135页，将collecting bank翻译成托收行，而在国际支付与结算中，托收方式下collecting bank是进口地的代收行，remitting bank才是出口地的托收行，这种概念的错误是比较严重的。再如，清华大学和北京交通大学出版社的新世纪网络课程系列的《国际支付与结算》第70页附的汇出流程图，将importer和exporter位置颠倒。这些错误不但给学生理解带来困难，给教师授课也带来不必要的麻烦。教材在编写中一定要注意专业知识的准确性，因为本身英语专业学习商科的专业知识在理解上就存在障碍，作为对教与学起主导作用的教材发生了错误，其严重性可想而知。

4. 教学资源缺乏

商务英语是近年来由英语语言文学分化出来的新兴学科，授课教师来源于原来的英语语言学专业教师和商科专业教师，有的原来从事的是基础英语和英语语言文学的教学工作，尽管英语水平很高，但是对商务英语及其教学却比较陌生。还有少数商务英语教师虽然具有一定国际商贸方面的理论基础知识和较高的英语水平，但他们又缺乏商贸实际工作经验。从这个角度来讲，有配套教材的教学资源，如教师参考书、PPT 课件、补充练习、练习答案、辅导材料、自学手册、录音带、录像带、光盘、复印材料、报纸杂志、广播电视节目、幻灯片、照片、卡片、教学实物等，势必会为商务英语教学带来很大便利和效果。在这方面，王立非主编的新世纪商务英语专业本科系列教材做了有效尝试，特别是《商务英语综合教程》附光盘，提供了大量的信息和资料，多媒体手段运用丰富；另外，笔者编写的教材《商务英语》也配套了 PPT 课件练习答案以及 5 套试题及答案。可以判断这将是今后商务英语教材编写努力的方向。

5. 理论及评价系统缺失

“交叉与复合”是商务英语学科理论体系的逻辑起点。将相关教学理论应用于商务英语教材的编写中，是提高国际商务英语教材编写层次、提升教材功能水平所必须遵循的原则。但是目前的商务英语教材大都专注于教学内容，还未能很好地将教学法的设计与教材内容相结合。其中做得比较好的是新世纪商务英语专业本科系列教材，这套教材贯彻任务教学法，设计丰富多彩的学习任务，训练学生的交际能力和合作学习能力，符合当代外语教学思想和方法的发展趋势。另外，中国人民大学出版社出版的《国际商务谈判》运用案例教学法，这种思路也是值得肯定的。

商务英语教材评价也是商务英语教材建设教学研究的一项重要内容。程晓堂（2002）在其所著《英语教材分析与设计》一书中提出两种教材评价方法：印象性评价和有系统的评价。印象性评价指的是教材评价是由有经验的教师凭借他们的直觉和教材使用情况以及教学经验，对教材进行的主观的、随意的、印象性的评价。有系统的评价指评价教材本身或内在的科学性、合理性、有效性，其实也就是 A. Cunningsworth 提出的建立在客观性、原则性、程序性之上的深入评价。建立一种易于操作的、客观科学的教材评价体系是商务英语教材朝着更高层次目标发展的必由之路。

六、结语

按照教育规律，教材是一个学科发展的基石，就如同地基对于摩天大楼；没有精品教材，就不可能培养出适应社会发展的精英。作为商务英语学习和研究的载体，商务英语教材对于学科发展、教学研究都起着非常重要的作用。但是从本文对山东省商务英语教材使用现状做出的调查问卷统计结果不难看出，目前商务英语教材在使用中还存在不少问题。作为商务英语研究者，应跟随商务英语专业的发展趋势，重视商务英语教材的理论研究，以《高等学校商务英语专业教学大纲》为依据，以社会对商务英语人才需求为导向，结合商务英语专业性、时代性和实务性的特点，借鉴国内外外语教材的研究成果，精于研究、勇于探索，推动商务英语这一新兴学科迈向更高更远的目标。

（本文摘自：《高等财经教育研究》2011 年第 4 期　作者：扈珺　刘白玉）

对《旅行社经营管理》课程建设的若干思考

——以山东工商学院为例

一、《旅行社经营管理》课程建设的研究回顾

自2007年以来，关于《旅行社经营管理》课程建设的研究逐渐引起学界的重视，教学方法是学者们关注的焦点。陈月华、伍建海、刘晓洁等，任春红、黄葵、李云等对项目教学法的应用进行了系统的研究；李维秀提出引入“基于项目的团队学习”教学模式，并通过设置高度实践性的教学项目引导学生进行以团队协作为基础的自主学习；吴丽云等探讨了参与式教学法在课程教学中的应用；可娜、张颖辉对作业教学法的应用进行了探讨；孙素对案例教学法的优势、问题和对策进行了分析。此外，何向等对《旅行社经营管理》的实验课程建设进行了相应的研究。曹华盛、蒋艳等、刘蕊等从参观实习、专题调查、情景模拟、团队作业、创业大赛、管理软件等方面对该课程实践教学模式进行了探讨。

综上所述，对《旅行社经营管理》课程建设的研究主要集中在教学方法、实验教学和实践教学环节的设计等方面，而对课程建设的其他方面，如课程定位、教学目标、教学内容、师资队伍建设等的研究则是凤毛麟角。

二、山东工商学院旅游管理本科专业《旅行社经营管理》课程建设现状

山东工商学院原名中国煤炭经济学院，始建于1985年12月，2003年2月更为现名，是一所教学型、多科性、有特色的财经类高等学校。依托山东省

"九五"、"十五"、"十一五"重点建设学科——企业管理，山东工商学院于2001年获批旅游管理专科专业并开始招生，是烟台市最早设立旅游管理专业的高等院校。2006年获批旅游管理本科专业并开始招生；2009年9月，旅游管理成为山东工商学院重点扶持学科，形成了资源开发与管理、旅游企业管理和旅游产业经济与政策三个研究方向；依托旅游管理专业和学科建设，2011年获批酒店管理本科专业并开始招生，为山东省首批获得教育部审批的酒店管理本科专业。

从专科招生开始，《旅行社经营管理》一直是学校旅游管理专业的核心专业课之一，但该课程长期停留在应付教学的状态，课程建设相对滞后。2009年7月，《旅行社经营管理》成为校级重点建设课程。经过近2年的建设，现已形成5名教师组成的教学团队，整体教学效果优秀；主持编写《旅行社经营管理》教材1部；获批课程建设为主题的校级教研项目2项；积极探索适合本课程特色的教学方法，积极进行教学手段改革，建立了稳定的实践教学基地2处，形成了不断更新和完善的多媒体课件、试题库和案例库；目前正积极推进课程网站建设。

三、对《旅行社经营管理》课程建设的几点思考

1. 科学地进行课程定位与设计

课程定位是指课程在专业人才培养中的地位与作用。目前很多院校旅游管理本科专业仅从整体角度把《旅行社经营管理》作为人才培养方案中的专业基础课或专业必修课，而未能考虑到专业方向的细分。山东工商学院的旅游管理专业本科人才培养方案细分为旅游管理和酒店管理两个专业方向，而有的院校中还细分出会展管理方向、旅游房地产方向、国际旅行方向等。针对这种方向划分，《旅行社经营管理》在人才培养方案中更适合作为限制性选修课程出现。此外，一些研究型的高校将《旅行社经营管理》定位为纯理论性课程，主要以理论学习和课堂讲授为主，不注重实践教学环节的设置，脱离了行业发展需求。笔者认为，《旅行社经营管理》的定位应该是，一方面通过探究性和研究性学习使学生掌握旅行社经营管理的基本原理、规律和方法等；另一方面，在课程中始终贯穿素质培养的理念，使学生能熟悉旅行社经营管理运作并掌握一定的操作技能。

基于上述定位，可以将该课程的教学目标定为：通过本课程的教学，将经

济学、管理学、市场营销学等基础理论知识和旅行社经营管理实际紧密结合，使学生系统地了解旅行社企业经营管理的基本特点和旅行社经营管理的一般规律，熟悉旅行社经营管理的基本原理和国内外相关旅行社发展的历史和现状，可以参与旅行社经营管理实践，具备分析解决旅行社经营管理中具体实际问题的能力。为提升教学效果，该课程需在学生系统地学习了管理学、经济学、旅游学原理等学科基础课后开设，最好是在学生专业实习结束后开设。因此，将《旅行社经营管理》设在第六学期或第七学期开课较为合理，总课时控制在48学时之内。

2. 精心设计教学内容，合理分配学时

《旅行社经营管理》课程教学内容的选择与设计应遵循如下三个原则：一是根据教学目标来选择教学内容。二是依据旅行社行业经营管理环境的变化不断更新教学内容。如2009年5月起实施的《旅行社条例》及其《实施细则》为旅行社经营管理带来诸多变化，这就需要在教学内容上对以往的教学大纲进行更新，并相应增加学时。三是根据该课程的前导课和后续课的开设情况合理选择和调整教学内容。如在《旅行社经营管理》课程开设之前，学生已系统地学习了管理学、财务管理、市场营销学、企业战略管理等课程，因此在讲授相关章节，如旅行社组织管理、财务管理、营销管理、战略管理等时，可相应减少该章节基础理论的导入时间或者采取案例教学、讨论法直接切入正题，进而减少学时分配。若上述前导课并未开设或学习效果不理想，则应相应增加相关章节的学时分配。若《旅行社经营管理》的后续课程中有旅游企业人力资源管理、旅游市场营销等课程，在设计或讲授相关章节时，也应考虑课程内容之间的衔接，做到详略得当、重点突出、学时分配合理。为保证课程讲授内容的一致性和同步性，课程组应在充分论证的基础上，共同编制教学大纲和授课计划，如能实现课程组每位成员分别承担相应章节的教学工作，则教学效果将更为理想。

3. 综合使用多种教学方法，切实提高教学效果

（1）理论与实践结合教学法。《旅行社经营管理》课程的实践性、应用性和可操作性强，在教学方法上，应注意理论联系实际。例如，在课程学习过程中，组织学生模拟策划一条旅游线路（可选择自己的家乡、喜欢的城市或由教师指定目的地）。学生利用业余时间进行线路策划，将班级学生分为4～5组对策划方案进行演示，并由授课老师进行点评和小组互评，将理论学习与能力训练结合在一起。此外，还可加强与旅行社和景区景点的联系，邀请部分旅

行社的管理人员来授课或做讲座，同时组织学生到旅行社实地参观考察，以增强学生对旅行社运营的感性认识。

（2）案例教学法。通过案例研究增强学生对理论知识点的掌握，并训练学生分析问题和解决问题的能力。如在旅行社战略管理一章中，为学生提供基本资料和数据，让学生用 SWOT 方法分析某一旅行社的现状和问题，并引导学生为其提供相应的发展战略。

（3）课堂辩论与交互式教学。组织多次课堂辩论，讨论的议题包括旅行社在旅游业发展的地位和作用，旅行社和饭店企业的关系，导游人员的薪酬设计与职业枯竭问题，以及旅游线路策划与设计、旅行社发展战略等有争议的问题。学生在对这些问题展开激烈争论的过程中，激发了学习潜能，明确了学习目标。教学中还应注意采用多种交互式策略，如课堂教师提问、鼓励或指定学生提问、学生就某个知识点进行主题发言后老师点评等。

（4）个性化学习与因材施教。由于之前学科基础课和专业课的开设，部分学生已经具备了一定的研究能力。因此，教师在教学过程中，可有意识地鼓励优秀学生选择部分探索性、创新性的相关主题来做进一步的探讨。如针对新《旅行社条例》的出台，让学有余力的同学在老师的指导下，利用课余时间对我国前后四次旅行社管理条例的变化进行分析和总结，并针对当地旅行社的发展提出一定的建议和对策。而对于学习较差或学习兴趣较低的学生，教师也应加强与学生的双向沟通，进行有针对性的指导。

4. 优化师资队伍结构，重视团队建设

师资队伍是课程建设的根本。首先，应慎重选择课程负责人。课程负责人除应具备课程建设要求的职称、学历与专业背景、知识结构等条件外，还应具备较强的凝聚力和组织协调能力，只有这样才能够将学校提供的资源合理地进行配置。同时，对课程负责人要有一定的激励约束机制，防止负责人“不作为”或“资源侵占”现象的发生。其次，对课程组成员的选拔切忌临时拼凑，要有长远规划，做到“年龄上要有梯队，职称上要有衔接，知识和教育背景上要互补与交叉”，只有这样才能实现团队内部的合理分工，防止成员间角色冲突。最后，为提升整体教学效果，课程组应定期组织课程建设研讨，共同制定教学大纲和授课计划，集体进行试题库和案例库建设，共同参与教材编写，组织成员集体听课与相互听课，针对青年教师可在课程组内推行“传帮带”制度等。

此外，为推进理论教学和实践教学相结合，提升实践教学效果，可聘请旅行社的中高层管理人员加入课程组，并承担部分实践性和操作性较强章节的授课工作，如旅行社接发团业务流程、采购管理等内容。

综上所述，本文以山东工商学院旅游管理本科专业为例，从课程定位与设计、教学内容、教学方法和团队建设四个方面对《旅行社经营管理》课程建设的经验进行了总结。课程建设是一项系统工程，既需要学校有人力、物力和财力等的投入，又需要在充分认识和把握课程建设一般规律的基础上充分考虑建设课程的特点。因此，课程建设不可能一蹴而就，需要团队合作和系统思考，并常抓不懈。

（本文摘自：《牡丹江教育学院学报》2012 年第 1 期　作者：刘涛）

烟台大学生篮球运动消费研究

消费是人类社会经济活动的重要行为和过程，也是社会经济生活中的一个重要领域。体育消费作为一种体育文化的消费，是指“个人在满足基本的生存消费之后的以追求发展和享受等方面需要”而引起的消费活动，属于较高层次的消费活动。体育消费不仅是指人们买票去观看各种体育比赛或体育演出，更主要的是指人们为了取得身心健康、陶冶高尚情操、获得美的享受、欢度余暇时间，促进人的体力和智力的全面发展而花钱去从事各种各样与体育有关的个人消费行为。

随着CBA和NBA篮球联赛的蓬勃发展及篮球名将姚明带来的全球篮球热，篮球已成为现代社会最为流行的运动方式之一，篮球是一项非常有意义的运动，不仅可以锻炼身体、增强体质，还可以培养球员的意志品质和队员之间的团队合作精神。烟台是篮球之乡，它是中国最早引入篮球运动的城市之一，已出现孙杰、鞠维松、范斌、张兆旭等众多篮球名将，山东队还曾经选择了烟台作为CBA联赛主场，因此烟台人对篮球的热爱要远在其他城市之上。因此，以山东烟台大学生为例，研究和了解高校大学生的现状及影响因素，对于正确地引导大学生进行合理、健康的体育消费，以及促进体育产业的发展有一定的实际意义。

一、研究对象与方法

1. 研究对象

在烟台大学、鲁东大学、山东工商学院3所高校中，随机抽取500名，其中男生318名，女生182名，共同组成本文研究对象。

2. 研究方法

采用文献资料法、访谈法和数理统计法等方法，利用自行设计的问卷采用当场发放回收的方法，共发放问卷500份，回收有效问卷487份（男313份，女174份），总有效问卷回收率为97.4%。

二、结果与分析

1. 烟台大学生参加篮球运动及消费的特征

（1）烟台大学生参加篮球运动的现状。烟台大学生参加篮球活动的人数由表1可以看到，男、女大学生“经常参加”和“参加”篮球锻炼的人数分别占被调查人数的44.4%和28.2%，两者有显著差异。大学生整体参加篮球运动的比例为38.6%。由此可以看出，男生参加篮球运动的比例很高，而女生较少，从而使得总体参加篮球运动的比例减小。

表1 男、女大学生参加篮球运动现状

	经常参加		参加		偶尔参加		基本不参加		不参加	
	人数	百分比（%）	人数	百分比（%）	人数	百分比（%）	人数	百分比（%）	人数	百分比（%）
男	41	13.1	98	31.3	106	33.9	44	14.1	24	7.7
女	8	4.6	41	23.6	60	34.5	45	25.9	20	11.2
合计	49	10.1	139	28.5	166	34.1	89	18.3	44	9

大学生在入学前，小学、中学体育课均设有篮球运动项目，有利于学生健康观念的形成，将会使他们更好地认识到篮球乃至体育运动对身心健康的益处，对参与体育运动的行为有着积极的作用。同时，女生喜静不喜动，大多不爱篮球运动的情况十分明显。

（2）大学生对篮球课教学效果的评价。表2可反映出大学生对篮球教学的认可态度，大学生对篮球课的教学满意认可率男生为77%，女生为87%，表明烟台高校篮球课教学及组织方法受到大学生的欢迎和肯定。男生满意率低于女生，主要是男生更酷爱篮球，尤其是更喜欢教学比赛形式，说明男同学对篮球运动的技战术要求高于女生，而女生不太喜欢直接对抗的运动，表明她们只求学篮球技术，不求学篮球战术配合的心理，这也比较符合女生的运动心理特点。表2显示，对非常满意的选择，男女大学生所占比例都比较小，一方面与体育教师的篮球教学方法和教学条件有关；另一方面与大学生迫切打好篮球的愿望有关。选择很不满意的男生占11%，女生占5%，男生明显多于女生。教师不断提高教学质量对引导学生、培养学生树立篮球价值观起着事半功倍的作用。

表2 大学生对篮球课教学效果的评价

	非常满意		满意		比较满意		不太满意		很不满意	
性别	人数	百分比（%）	人数	百分比（%）	人数	百分比（%）	人数	百分比（%）	人数	百分比（%）
男	44	14	85	27	113	36	37	12	34	11
女	38	22	61	35	52	30	14	8	9	5
合计	49	10.1	139	28.5	166	34.1	89	18.3	44	9

（3）大学生参加课外业余篮球活动的基本情况。调查结果，有44名男生不经常参加篮球活动，106名男大学生每月偶尔参加2～3次，经常运动的学生只有41人，还有24人根本不参加篮球运动；而女大学生不参加篮球运动的有20人，有60名女生同学只是偶尔或者有时参加篮球运动，很明显男生参加篮球锻炼的比率高于女生。经常参加课外篮球活动的大学生，活动时间在1小时以上的男生有31人，女生2人；在1小时以内的男生有10人，女生有6人。此次调查的大学生有44人根本不参加业余篮球活动，究其原因，除了没时间以及受身边朋友和同学参加其他运动项目影响外，主要是兴趣和身体条件以及身体素质欠缺造成的。对于影响因素，男女大学生存在差别，男大学生认为场地器材是影响自己参与篮球运动的主要原因；女生从体能、性格、爱好方面分析，她们更喜欢对抗性较小、富有韵律及娱乐性更强的运动项目。因此，对大学生认识不足的原因应该从体育课教学、学校场地设施及校园篮球运动氛围多方面去寻找，并积极改变这一现状。

2. 大学生篮球运动不同类型的消费情况

表3 大学生篮球消费分类调查表

	很多		较多		一般		较少		没有	
	人数	百分比（%）	人数	百分比（%）	人数	百分比（%）	人数	百分比（%）	人数	百分比（%）
A	0	0	0	0	0	0	15	3	472	97
B	0	0	0	0	24	5	83	17	380	78

续表

	很多		较多		一般		较少		没有	
	人数	百分比（%）	人数	百分比（%）	人数	百分比（%）	人数	百分比（%）	人数	百分比（%）
C	5	1	15	3	234	48	180	37	53	11
D	15	3	53	11	282	58	102	21	34	7
E	78	16	161	33	127	26	68	14	53	11

注明：A 购买门票观看现场比赛；B 租用场地器材；C 购买运动服饰；D 购买相关报刊书籍；E 上网阅览和收集国内外篮球信息。

对大学生篮球消费可以分类为：①实物消费。它是指人们在参与体育活动中消耗的实物成品，主要包括运动服装、鞋帽、运动器材、食品饮料等。从表3中看到，大学生在这一类消费中很少或无消费的人数占比较高，为48%。大学生除了购买运动服饰外，其他方面表现出被动的实物消费。②精神消费。购买门票观看现场比赛方面基本没有，这表明，一方面大学生没有经济条件以及购票去观看篮球比赛的意识，另一方面说明需要购票的高水平篮球赛事较少。③体育信息消费。它是指人们为获得有关体育知识、信息而购买体育期刊、书籍、报纸、杂志、音像或上网查寻收集相关资料所进行的消费，也称体育精神型消费。大学生对上网阅览和收集篮球相关信息的比例很高，这与当今互联网的快速发展和普及息息相关。④体育健身消费。它是指群体为了身体健康、体育健美、娱乐休闲、促进体力和智力的协调发展而参加各种体育活动所支出的费用。调查显示，大学生在此类消费中无消费的比例很高，可见，花钱买健康的体育意识在学生观念中很淡薄。烟台没有高水平篮球运动专业队，高校又少，精彩激烈的比赛场面较少，无良性刺激带动，也没有明显效应，这是大学生参与性消费明显较低的主要原因之一。

三、结论与建议

（1）现阶段国民经济全面提升，大学生有了一定可支配的零花钱，但这部分钱都不高，且有一定的区域差异，随着整体经济大环境的提高，大学生可支配零花钱将不断增加。

（2）大部分大学生在对相关篮球运动方面的消费普遍不高，有的相关项目甚至没有消费。表明他们没有对篮球运动消费的意识，潜意识里对篮球没有足够重视，这就要求高校的体育工作者加强引导，提高学生的参与意识，树立适当的篮球运动消费习惯。

（3）大学生对篮球运动消费类型的情况研究表明，大学生对篮球运动的热情还不高，篮球运动的开展氛围还不够，要求各高校积极开展不同级别篮球赛、三人篮球赛，并引进高水平篮球赛等。增进篮球氛围使他们主动参与篮球运动及篮球运动的消费，增加篮球运动人口，使其成为终身体育的项目。

（本文摘自：《科技信息》2012 年第 18 期　作者：张卫星）